주도섹터
돌파매매 전략

주도섹터
돌파매매 전략

김대현 지음

전미투자대회 우승자들의
핵심 매매 기법 II

이레미디어

추천사

김대현 저자의 신작인『주도섹터 돌파매매 전략』은 추세추종 매매 전략을 실전에서 어떻게 활용할 수 있을지에 대한 중요한 해답을 제시하는 책입니다. 특히 기술적 분석의 중요성과 함께, 주도섹터를 선정하는 방법, 차트패턴을 분석하는 기술을 깊이 있게 다룹니다. 이를 통해 투자자는 시장의 흐름을 정확히 읽고 최적의 매매 시점을 파악할 수 있는 전략을 얻을 수 있습니다.

추세추종 매매는 투자에서 성공적인 접근 방식으로 널리 알려져 있습니다. 이 책에서는 단순히 이론에 그치지 않고 실제 차트를 통해 손잡이가 달린 컵, 삼각수렴, 플래그 등 다양한 차트패턴을 국내 시장에 어떻게 적용할 수 있는지를 실전 예제를 통해 명확하게 설명합니다. 특히 상대강도(RS) 지표를 어떻게 해석하고, 이를 통해 주도주와 강세 주식을 선별하는 방법에 대해 상세히 안내하고 있어 투자자들에게 매우 유익한 정보를 제공합니다.

또한 '기술적 분석의 당위성'과 '돌파매매의 당위성'에서 이들 전략이 왜 유효한지를 철저히 설명하며 '매매 시점 파악'에 대한 구체적인 방법론을 제시합니다. 이 책은 초보자부터 숙련된 트레이더까지 모두에게

실용적인 전략과 통찰을 제공하고 시장에서 경쟁력을 갖추는 데에 필요한 기술적 분석의 깊이를 더해줍니다.

『손실은 짧게 수익은 길게』 저자, 깡토

전미투자대회 우승자들이 압도적인 성과를 거두는 비결 중 하나는 주도섹터에 집중하되, 스텝 2 구간에서 승부를 거는 전략에 있습니다. 이는 보통 단기 전고점 또는 신고가를 돌파할 때 가장 큰 시세가 나오는 경우가 많아서입니다. 꾸준히 수익을 내는 트레이더는 단순히 종목을 고르는 데에 그치지 않고 시장의 돈이 몰리고 있는 결정적 순간을 포착합니다.

『주도섹터 돌파매매 전략』은 손잡이가 달린 컵 이론을 심도 있게 다루어 하나의 완성된 기법으로 승화시켰을 뿐만 아니라 주도섹터의 개념과 선정 방법까지 명확하고 체계적으로 설명합니다. 저자의 풍부한 데이터와 경험이 집약된 책을 읽으면 독자 역시 재현 가능한 돌파매매 전략을 직접 체득하고 활용할 수 있습니다.

주도섹터의 흐름을 읽고 그 안에서 대장주가 돌파하는 순간을 포착해 진입하는 기법을 배우고자 하는 분들에게는 필독서라 해도 과언이 아닙니다. 『주도섹터 돌파매매 전략』은 시장에서 오래 살아남고 싶은 모든 스윙트레이더에게 반드시 권하고 싶은 책입니다.

『차트박사의 승률 80% 신 매매기법』 저자, 성경호

국내 최고의 돌파매매 전문가로 손꼽히는 김대현 저자가 집필한 놀라운 신간이 나왔습니다. 이번 책은 기존의 『돌파매매 전략』에서 다루지 못했던 세부 내용을 심화 설명하여 한 단계 진화했습니다. 특히 차트분석은 그야말로 현미경으로 들여다보듯 세밀하고 정교합니다. 독자는 눈앞의 차트가 왜 그렇게 움직이는지, 그리고 다음 국면에서 어떤 변화가 나타날지 예측할 수 있게 될 것입니다.

또한 윌리엄 오닐, 마크 미니비니, 데이비드 라이언 등 세계적인 트레이더들의 기법을 완벽 정리하여 한국 시장 환경에 맞게 재구성했습니다. 『주도섹터 돌파매매 전략』을 읽으면 단순히 패턴을 암기하는 데

에 그치지 않고 원리를 깊이 이해하며 차트의 흐름과 구조가 한눈에 보이는 놀라운 경험을 하게 되리라 확신합니다.

『주도섹터 돌파매매 전략』은 단순한 투자서가 아닙니다. 돌파매매의 이론과 실전을 모두 아우르는 교과서이자 시장에서 바로 활용할 수 있는 살아 있는 실전 매뉴얼입니다. 주도섹터를 어떻게 선별하고, 그 안에서 대장주의 돌파 타이밍을 잡아내며, 위험을 최소화하면서도 수익을 극대화하는지에 대한 구체적인 로드맵이 담겨 있습니다. 추세추종 매매를 진지하게 고려하는 투자자라면 반드시 책장에서 가장 가까운 곳에 두고 반복해 읽어야 할 필독서입니다.

『주식투자 ETF로 시작하라』 저자, systrader79

프롤로그

해외를 포함하여 우리나라에는 이미 수많은 기술적 분석서가 있지만 산업 액션(Industry Action)과 종목의 선정에 대해서 자세히 다룬 책들은 매우 희소합니다. 물론 제시 리버모어의 『제시 리버모어의 주식투자 바이블』과 스탠 와인스타인의 『주식투자 최적의 타이밍을 잡는 법』에서 산업 액션에 대해 일부 다루기는 하지만, 그 내용은 함축적이고 좀 더 자세한 설명이 필요합니다.

산업 액션은 기업의 펀더멘털, 가치, 심지어 기술적 분석보다 특정 종목의 주가 상승에 큰 영향을 미칩니다. 단 하루 만에 1조 원을 넘게 번 개미왕 리버모어는 산업 내 그룹 액션의 중요성에 대해 수차례 강조를 하고 "주도산업의 주도주만을 한정적으로 매매하라."라는 가르침을 후대에 남깁니다.

저의 전작인 『돌파매매 전략』은 기술적 분석에 지나치게 치우친 면이 있습니다. 따라서 올바른 매매를 하기 위해 기술적 분석에 더한 산업 액션, 즉 특정 산업의 특정 종목이 어떻게 주도섹터의 주도주가 되는지 그리고 이들을 어떻게 기술적 분석에 반영하는지에 대한 추가 설명이 꼭 필요했습니다. 산업 액션은 그만큼 기술적 분석에 있어서 중요하며 단순히 매매뿐만 아니라 시장예측과 자금 노출도 설정에 있어서 매우 중요한 역할을 합니다. 이번 신간 『주도섹터 돌파매매 전략』은 이러한 산업 액션 분석과 기술적 분석이 어떻게 함께 시너지를 내는지 알려 주는 책입니다.

 전작에서 많은 분들께서 불편을 겪으신 차트 크기의 문제와 해상도를 해결하기 위해 큰 노력을 기울였습니다. 출간 후에도 지속적으로 독자분들과 교류하며 질문이 있을 시 성실히 답변해 드리겠습니다. 질문을 남기실 곳은 저의 메타(구 페이스북) 계정(https://www.facebook.com/nicholasdavars.technofundamentalist)에 남겨 주시면 됩니다.

 이 책을 쓰기까지 인도해 주신 하나님 우리 아버지께 모든 감사와 영광을 돌립니다.

김대현 드림

목 차

추천사 004
프롤로그 008

Chapter 1 기술적 분석으로 주도섹터를 선점하라

1   왜 주도섹터를 공략해야 하는가   016
2   주도주로 시장 흐름을 읽는 전략   019
3   차트패턴으로 주도섹터를 포착하는 전략   025
    펀더멘털의 함정을 피하는 방법 | 나무(종목)에서 숲(섹터)을 찾는 방법 |
    '돌파 순서'로 포착하는 주도섹터
[실전] 제약·바이오 섹터 분석   041
[실전] 관심종목 분류 기준   056
[실전] 더 쉽게 종목을 분류하는 실전 팁   061

Chapter 2 핵심 차트패턴 분석

1   왜 기존의 차트분석은 통하지 않는가   066
2   불코우스키식 패턴 vs 오닐식 추세추종 매매   068
3   패턴을 완성하는 힘, 강력한 RS   070
    RS 차이에 따라 달라지는 결과

4	손잡이가 달린 컵 완전 정복	076
5	강한 패턴의 출발점, 베이스 형성	078
	매물대란 무엇인가	성공적인 패턴의 최소 베이스 형성 기간	
6	7주 베이스에서 시작되는 컵 패턴의 성공 조건	085
	손잡이의 위치에 따른 최소 베이스 형성 기간	
7	마크 미너비니의 로우칫 전략	091
8	W 패턴과 Long W 패턴의 실전 응용	096
	Long W 패턴	
9	수익을 만드는 단 하나의 패턴, 손잡이가 달린 컵	102
	손잡이는 반드시 10% 이내로		
	이상적인 손잡이 조건은 깊이 10%, 위치 25% 이내	
10	돌파가 실패하는 이유와 그 대처법	113
[실전]	조건 검색을 활용한 정량적 필터링	116
[실전]	마크 미너비니 체크리스트	121
[실전]	체크리스트를 활용한 매수 종목 선정법	124

Chapter 3 기술적 분석을 활용한 시장예측 전략

1	고수익 전략의 오해와 현실적인 접근 방법	132
2	일간·주간 추세 반전 포착법	134
	주간추세 반전의 예시	
3	주도주로 읽는 시장 방향과 매도 타이밍	144
	반도체 조정을 미리 알린 피봇 돌파 실패	
4	매도 신호 실패 시 대응 전략	158

Chapter 4　왜 기술적 분석을 해야 하는가

1　수익률이 기술적 분석을 증명한다　166

Chapter 5　왜 돌파매매를 해야 하는가

1　눌림목 매매의 한계　176

Chapter 6　왜 매매 시점이 중요한가

1　스테이지 2에서만 매수하라　184
2　이동평균선을 활용한 쉬운 매도법　187
3　손절은 어떻게 설정할 것인가　196
　　대가들의 손절 기준
[실전]　마크 미너비니의 스태거드 스톱(Staggered Stop)　199
4　베이스카운트(Base Count) 활용　201

Chapter 7　주요 차트패턴의 확장

1　손잡이가 없는 컵 패턴　210
2　평평한 베이스(Flatbase, 5주)　214
3　베이스 형성 기간이 짧아도 되는 패턴　219
4　베이스 온 베이스(Base on Base)　224

5	추세 전환의 신호를 포착하는 팔로우스루 데이(FollowThrough day)	231
	FTD에 대한 오해 ㅣ 돌파 성공률이 높은 FTD 셋업	
6	데이비드 라이언의 그냥 선만 잘 그어(Just Draw the Line)	235

Chapter 8 기술적 분석 심화

1	고점을 알아차리는 매물대 파악(Overhead Supply Detection)	246
2	매물대와 RS의 관계	248
	차트가 힘을 비축하는 구간인 베이스 재형성(Re-basing)	
3	강한 종목도 잠시 쉬어가는 RS 흔들기(RS Shakeout)	258
4	점진적 베팅(Progressive Exposure)	262
5	정성적 베팅(Quality Based Exposure)	265
6	돌파매매가 실패하는 이유	267

Chapter 9 2023~2024 실전 분석

1	기관은 강세장에서 매도한다	274
2	기관 투자자의 절망 패턴	276

Chapter 10 실전 차트 예제와 설정

1	강한 종목에 집중하라	286
2	남들보다 먼저 움직이는 조기 베이스 형성(Early Turn)	336
[실전]	바차트 환경 설정법	340

이번 Chapter에서는 기술적 분석만을 이용한 주도섹터 선정법을 배울 예정입니다. 그렇다면 주도섹터 선정법을 알기 전에 왜 주도섹터를 선정해야 하는지, 즉 당위성을 알 필요가 있겠죠?

Chapter 1

기술적 분석으로 주도섹터를 선점하라

1
왜 주도섹터를 공략해야 하는가

흔히들 시장의 등락을 예측하는 것은 불가능하다고 이야기를 하는데, 사실 주도섹터의 움직임을 이용하면 어느 정도까지는 예측이 가능합니다. 닷컴버블, 서브프라임 모기지 전 급락을 정확히 예견한 마크 미너비니(Mark Minervini)[1]와 같은 기술적 분석가들이 존재하고 저 역시도 코로나, 디커플링(탈동조화) 하락, 엔 캐리 트레이드 및 계엄령 전 시장의 급락을 정확히 경고한 바 있습니다.

---

[1] 전 세계에서 가장 공신력 있는 투자대회인 전미투자대회(U.S Investing Championship)를 2회 우승한 오닐식 추세추종의 대가. 전미투자대회 우승자들의 스승이라 불리며 시장의 급락 전 정확한 예견을 하는 것으로 명성이 높음. 『주도섹터 돌파매매 전략』은 그의 시장예측 전략에 기반을 두고 집필함.

[그림 1-1] 마크 미너비니의 40년간 투자 기록

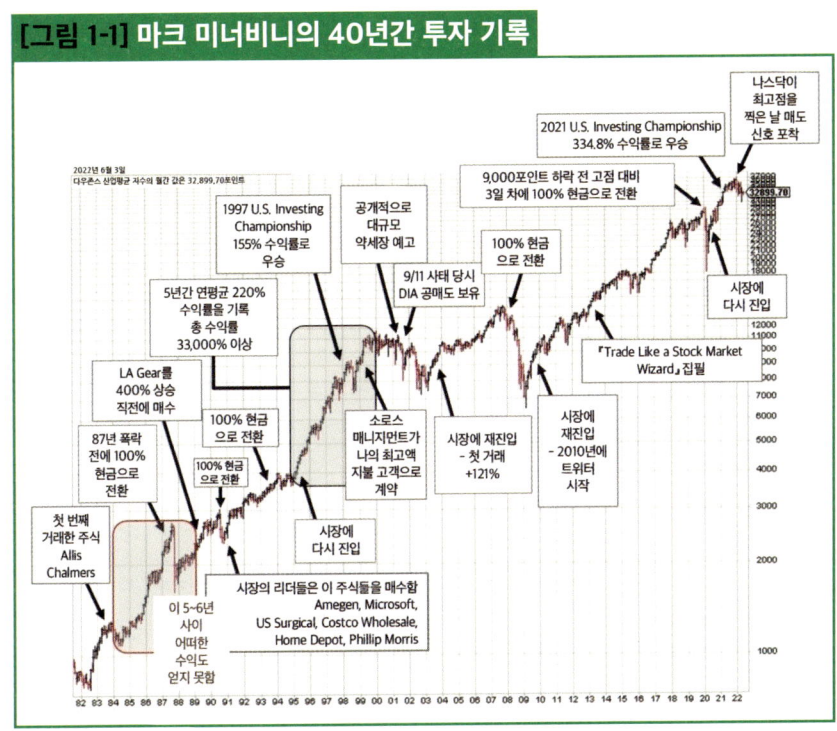

* 출처 : x.com/markminervini

[그림 1-1]은 마크 미너비니가 시장을 지속적으로 예측해 온 연도와 날짜를 표기한 그림입니다. 마크 미너비니는 이러한 시장예측 정확도를 바탕으로 조지 소로스(George Soros)[2] 펀드와 자문계약을 맺기까지 했습니다. 그러므로 이 책은 미너비니의 주도주를 이용한 시장예측 전략에 대해 다룰 예정입니다.

---

2 3대 투자 귀재 중 한 명으로 불리는 헝가리 출신의 미국인 투자가. 헤지펀드 업계의 전설적인 인물이자 매크로 분석의 달인으로 불림.

시장의 급락은 어느 정도 예견이 되지만, 문제는 언제(When), 얼마나 하락할지(How low)를 가늠하는 것인데 예측을 이용해 롱(Long), 숏(Short)[3] 전략을 세우는 것은 쉽지 않습니다. 그러면 '매매에 적용하기도 어려운 시장예측 기술을 연마해야 하는 이유는 무엇이냐?'라고 의문이 생길 수 있습니다. 그에 대한 대답은 '자금 노출도를 정하기 위해서이다.'라고 할 수 있습니다. 시장의 등락을 어느 정도 예측함으로써 하락이 예상되는 시기에는 차익실현을 하고 신규 매수를 자제하며, 상승이 예상되는 시기에는 베팅과 포지션 사이즈를 늘리는, 즉 자금의 시장 노출 정도를 정할 수 있다는 것입니다.

---

3 롱은 시장 상승에 베팅, 숏은 시장 하락에 베팅하는 방식. 전형적인 예로 공매도를 들 수 있음.

2. 주도주로 시장 흐름을 읽는 전략

"주도주는 시장을 주도한다." - 윌리엄 오닐

[그림 1-2]를 한번 봅시다. 초록색 점선이 주도섹터에 속한 주도주, 노란색 점선이 지수(S&P 500, 코스피 등)라고 봤을 때 주도주가 시간차를 두고 지수를 선행한다는 사실을 알 수 있습니다. 즉, 주도주의 움직임을 통해 시장의 등락 예측이 어느 정도 가능하다는 것입니다.

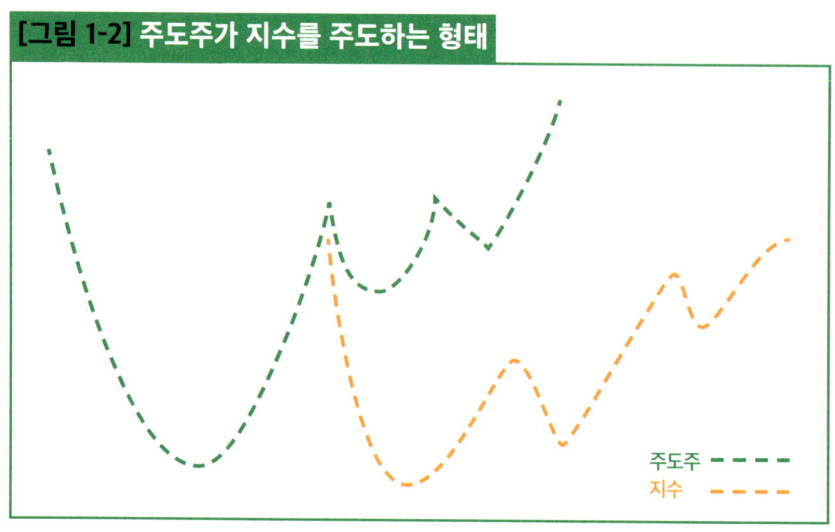
[그림 1-2] 주도주가 지수를 주도하는 형태

주도주 ----
지수 ----

　그렇다면 주도주의 상승 시 신규 베팅 금액을 늘리고 포지션 사이즈를 늘리는, 즉 자금의 시장 노출도를 높이는 적극적인 투자 전략도 세울 수 있겠죠. 반대로 주도주가 돌파를 실패하거나 조정을 받게 되면 시장의 하락을 예상하여 신규 베팅을 자제하거나 베팅 액수를 줄이고, 이미 수익이 나 있는 종목들은 차익실현을 통해 수익을 잠그는 등과 같은 적극적인 계좌보호 전략을 세울 수도 있습니다.

> "네가 맞고 틀리는 것은 중요한 게 아니야. 정말 중요한 것은 네가 맞았을 때 얼마나 크게 벌고, 네가 틀렸을 때 얼마나 적게 잃느냐이지." - 조지 소로스

　우리는 주도주의 선행성을 이용해서 자금 노출도를 조절할 수 있다

는 사실을 알았습니다. 그렇다면 실제로 주도주가 지수를 선행하는지를 입증해야겠죠. 2023년의 주도섹터였던 반도체, 그중에서도 대장주였던 한미반도체를 예로 들어 보도록 하겠습니다.

일단 한미반도체를 살펴보기에 앞서서 '반도체 섹터의 대장주는 한미반도체가 아니라 삼성전자 아니야?'라고 생각하는 분들이 많을 것 같습니다. 시가총액에 있어서, 대한민국을 대표한다는 상징성에 있어서 흔히들 삼성전자가 반도체 대장주라고 하는데, 제 기준상 삼성전자는 단 한 번도 대장주였던 적이 없었습니다.

시장에서 생존하는 기본기

대장주(주도주)란?
1. 시장의 상승률보다 몇 배 더 큰 상승률을 보여 투자 시 큰 수익이 납니다.
2. 하락장에서는 시장보다 먼저 바닥을 찍고 상승하고, 상승장에서는 시장보다 먼저 고점을 찍고 내려옵니다.
3. 시장보다 선행을 하는 경향이 큰 종목이라 할 수 있습니다.

삼성전자는 단 한 번도 위 3가지 조건을 충족시킨 적이 없습니다. 반대로 한미반도체야말로 대장주의 교과서적인 요건을 모두 갖추고 있습니다.

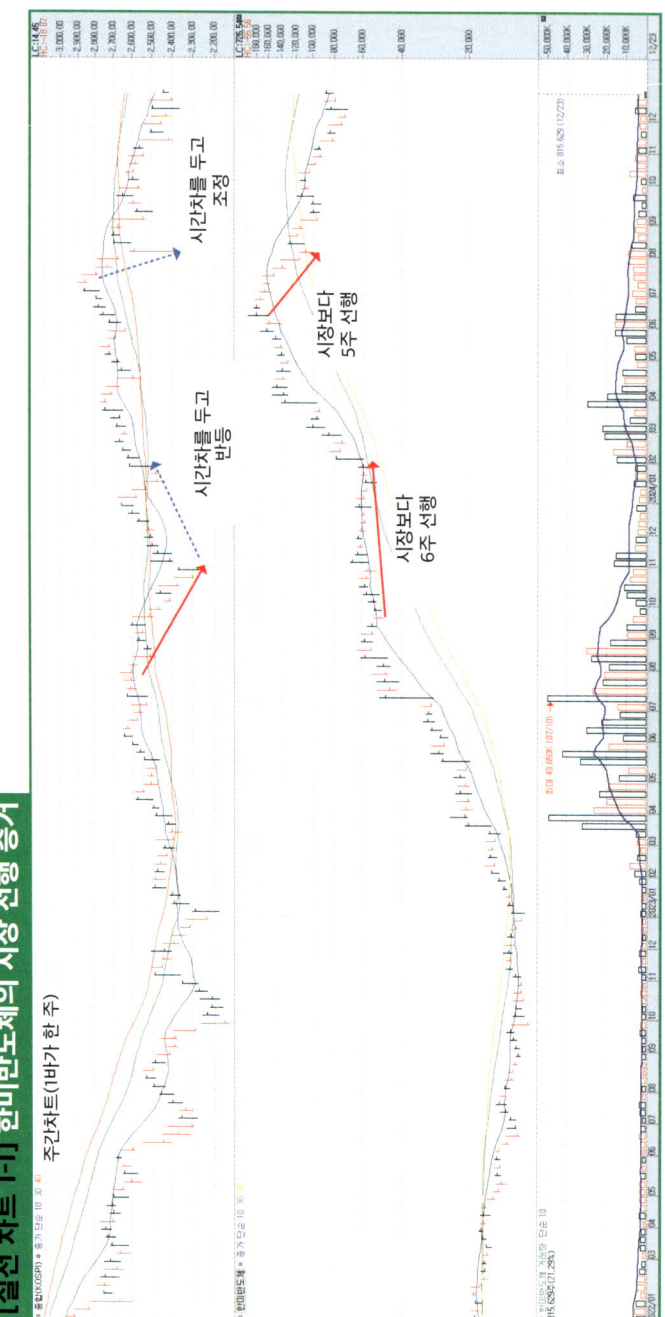

Chapter 1

[실전 차트 1-1]을 살펴보면 '제 기준'상의 반도체 대장주인 한미반도체는 시장 대비 큰 수익을 제공했을 뿐만 아니라 시장 선행지표로 쓰일 수 있다는 사실도 알 수 있습니다. 그런데 삼성전자는 수익률이 떨어질 뿐만 아니라 시장의 상승기에 지속적으로 하락하는 반대 양상을 보이곤 합니다. 무엇보다 안 좋은 것은 시장의 하락을 앞두고 한미반도체는 시장보다 먼저 조정을 받으면서 경고 신호를 발생시킨 반면, 삼성전자는 시장 하락 전 오히려 상승을 내며 매수 신호를 발생시켰다는 점이죠.

이런 잘못된 신호가 발생하게 되면 사람들은 '한미반도체, 테크윙, SK하이닉스에서 얻은 근사한 수익을 낙폭과대주 삼성전자에 재투자' 하고, 대장주의 하락 이후 발생한 시장 전체의 긴 하락장을 정면으로 받으면서 그 수익을 고스란히 시장에 반납하게 됩니다.

증권 방송을 보면 전문가라는 사람들이 삼성전자를 대장주라고 부르면서 외국인 자금 유입을 분석해 시황을 설명하는데, 이들의 분석이 틀리는 근본적인 이유가 여기에 있는 것입니다.

"리더는 시장을 리딩한다." - 제시 리버모어

[실전 차트 1-2] 한미반도체와 삼성전자 비교

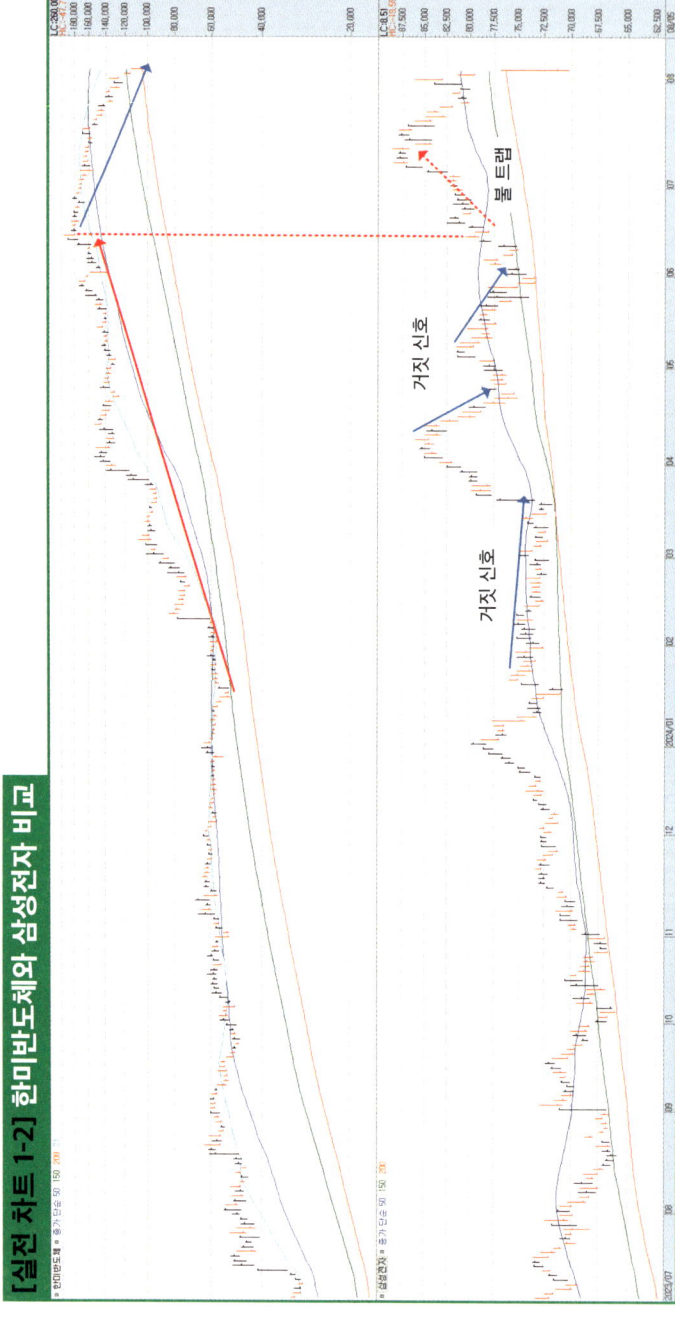

거짓 신호(False Signal)와 불 트랩(Bull Trap)[4]을 지속적으로 발생시키는 삼성전자의 차트입니다.

---

4 시장이 미치 호황장(Bull)이라는 착각을 들게 하여 호황장에 베팅하고자 들어오고 나면 시장이 하락 덫(Trap)에 걸리게 만드는 현상.

024 Chapter 1

3

차트패턴으로 주도섹터를 포착하는 전략

우리는 이제 주도주(대장주)를 발굴하는 이유가

   1. 시장을 아웃퍼폼(Outperform)하는 큰 수익을 내기 위해서
   2. 시장의 등락을 예측하여 자금 노출도를 결정하기 위해서

라는 것을 알게 되었습니다. 그렇다면 어떻게 주도주를 발견할 수 있을까요?

펀더멘털의 함정을
피하는 방법

캘리포니아에서 금광이 발견되어 골드러시 붐이 일었을 때 실제로 돈을 번 사람은 광부들이 아니라 광부들에게 청바지를 팔았던 리바이스 형제라고 하죠? 이와 비슷한 일이 21세기에도 벌어졌습니다. 2023년 3월에 발표된 ChatGPT는 투자자들에게 앞으로의 시장은 AI가 이끌 것이라는 확신을 심어 주었습니다. 골드러시 때처럼 투자자들은 너도나도 클라우드, 소프트웨어, 의료AI 관련주에 투자를 하기 시작했지만 결국 돈을 번 사람들은 청바지, 즉 AI의 연산 프로세스를 빠르게 진행시켜 주는 도구인 반도체주를 산 사람들이었죠.

우리는 미래를 이끌어 갈 산업군을 예측할 때 산업의 펀더멘털, 시황, 리포트 등을 보고 결정을 합니다. 그리고 이런 본인의 통찰력에 의존한 판단은 골드러시 때의 광부들처럼 헛다리를 짚기 마련이죠.

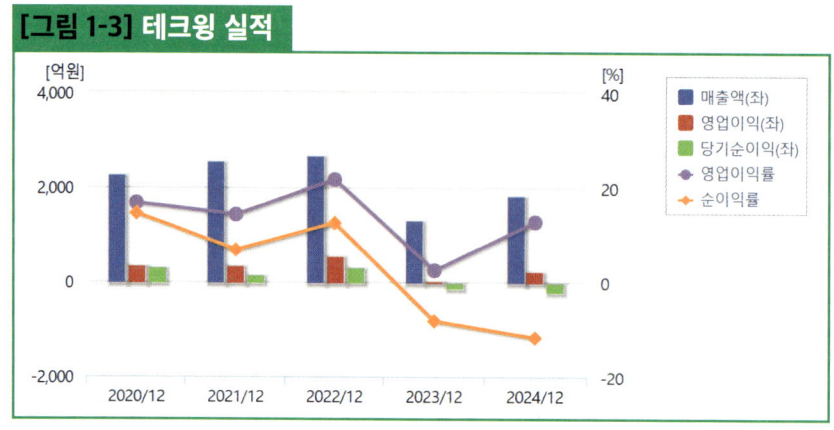

* 출처 : finance.naver.com

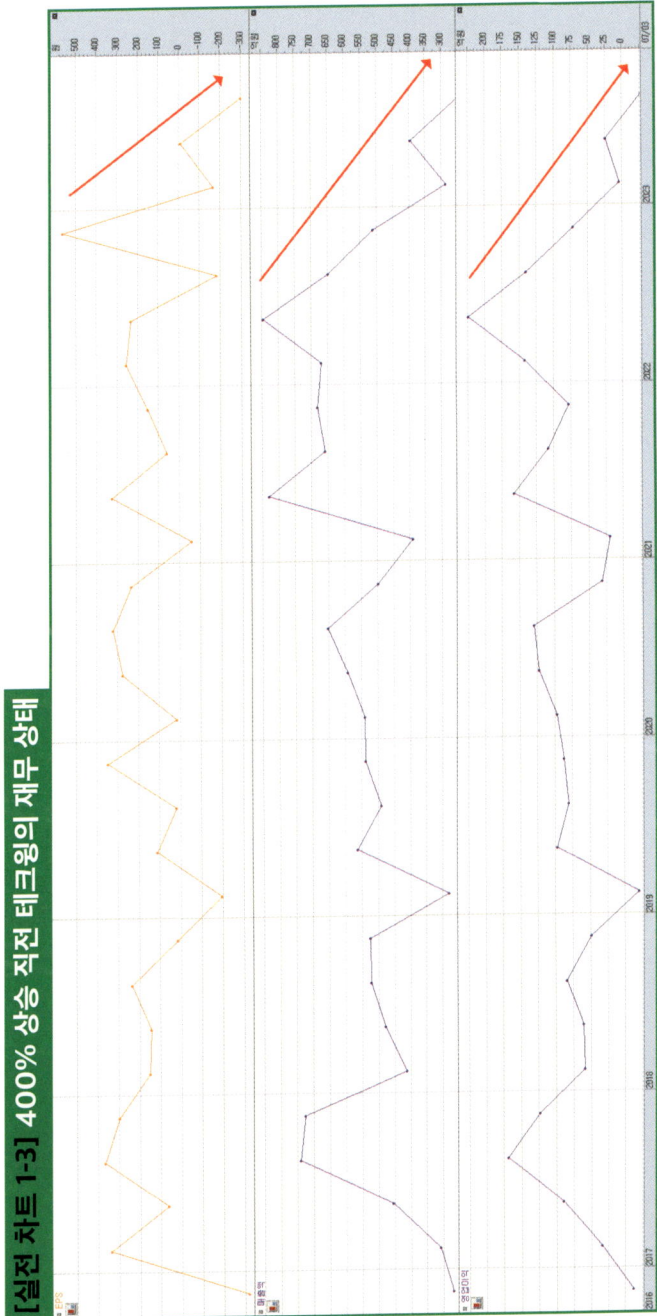

[실전 차트 1-3] 400% 상승 직전 테크윙의 재무 상태

기술적 분석으로 주도섹터를 선점하라

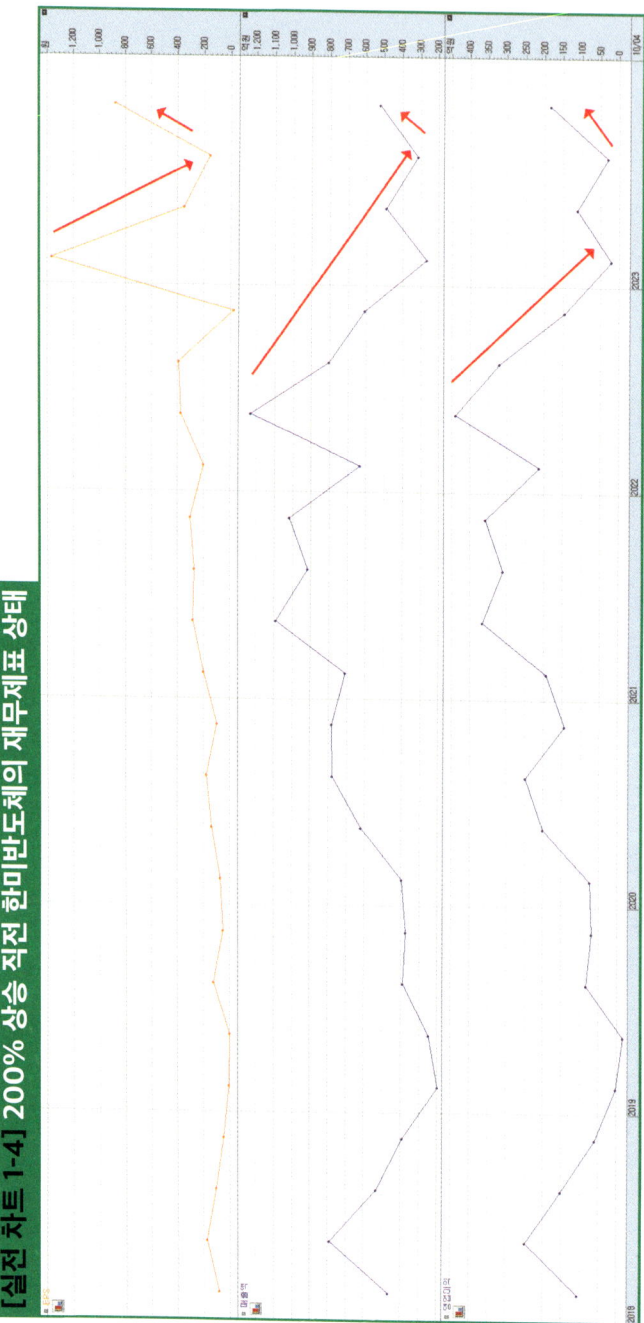

[실전 차트 1-4] 200% 상승 직전 한미반도체의 재무제표 상태

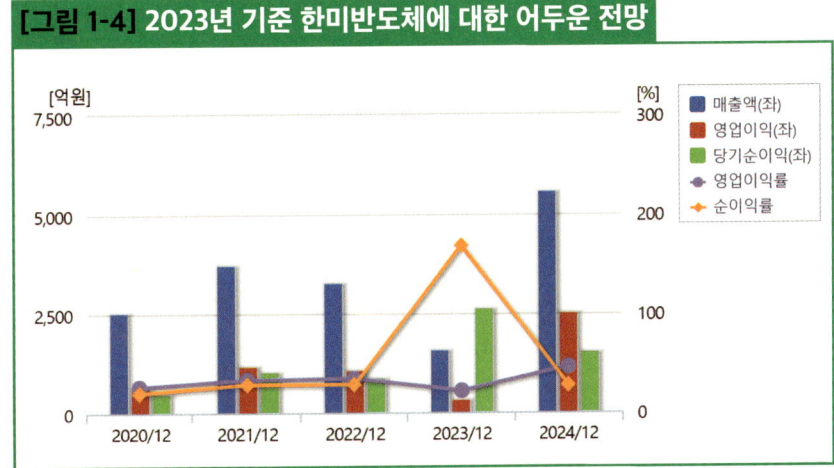

[그림 1-4] 2023년 기준 한미반도체에 대한 어두운 전망

* 출처 : finance.naver.com

이렇듯 2023년을 이끌었던 반도체주들은 상승 직전

1. **재무제표의 부진**
2. **전문가들의 반도체 업황에 대한 어두운 전망 분석**

이라는 공통점을 갖고 있었습니다.

이렇게 이야기하면 흔히들 "국장이라서 그렇다."라는 반박을 많이 하는데, 펀더멘털과 주가는 상관관계가 없다고 믿는 투자자가 많기 때문입니다.

이는 미국도 별반 다르지 않습니다. 2023년 5월 엔비디아의 300% 이상 상승 직전 재무제표를 보면 매출과 이익이 모두 꺾이고 있는 것을 확인할 수 있습니다.

[실전 차트 1-5] 엔비디아의 2022년 4분기 실적(2023년 2월 22일자)

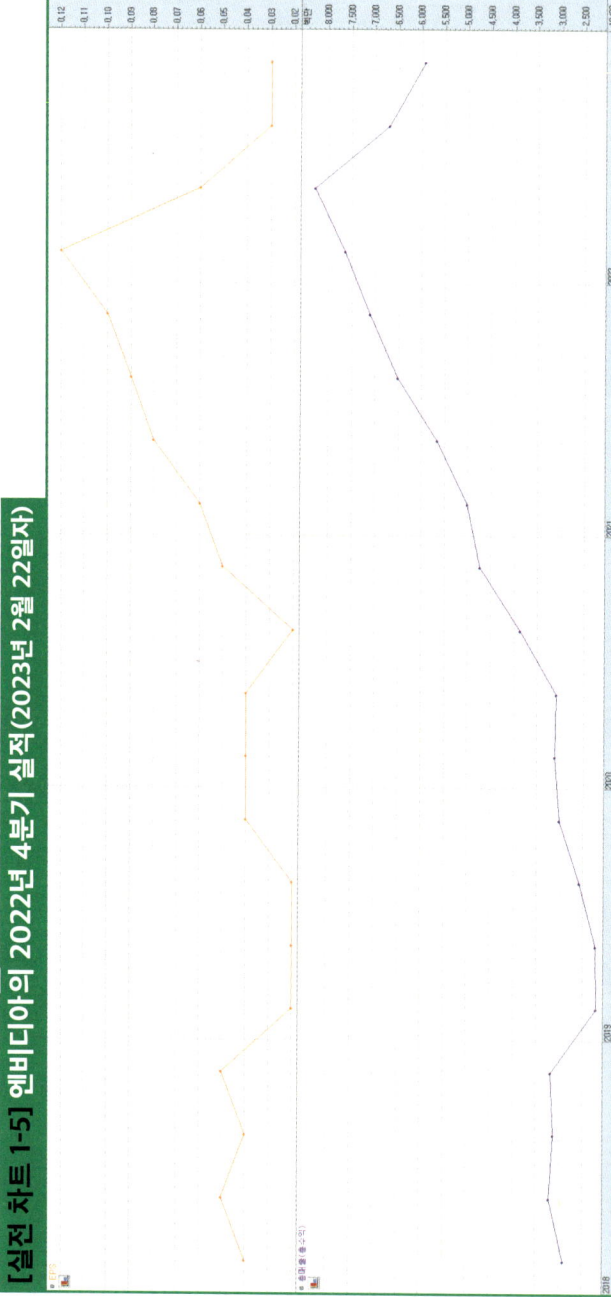

부진한 펀더멘털에도 불구하고 손잡이가 달린 컵 패턴 돌파 후 300% 이상 상승했습니다.

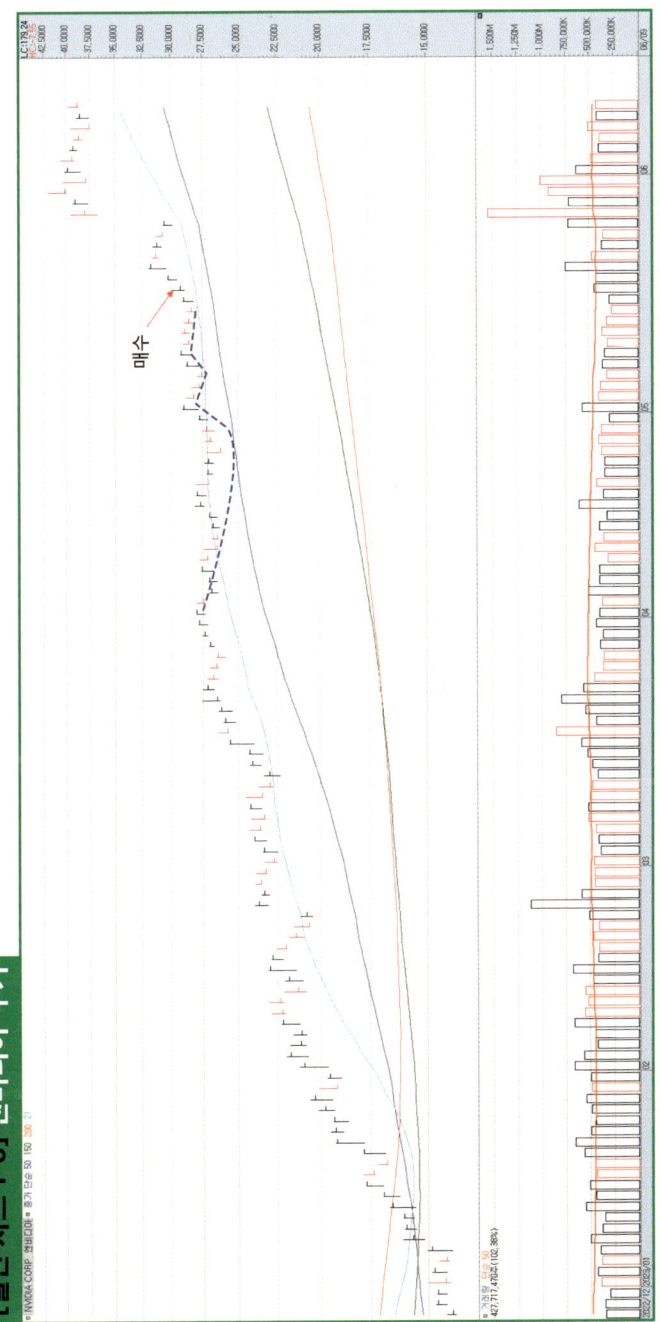

[실전 차트 1-6] 엔비디아 주가

기술적 분석으로 주도섹터를 선점하라

나무(종목)에서
숲(섹터)을 찾는 방법

기존의 전통적인 주도주 발굴법은

1. **업황, 뉴스, 재무제표 등을 참고하는 펀더멘털 분석 방식**
2. **톱다운(Top-down), 즉 섹터의 호황을 포착한 뒤 그 안에서 주도주를 찾는 방식**

이렇게 2가지인데, 1번 방식은 앞에서 설명한 대로 정확하지 않다는 단점이 있고, 2번 방식은 주도섹터를 발견한 후 주도주를 고르면 주도주들은 이미 30~50% 이상 상승해 있는 경우가 대부분이라는 약점이 있습니다.

이러한 기존의 주도주 발굴법의 한계를 절감하고 있던 유명 투자자 마크 미너비니는 방법을 완전히 바꾸어 보자는 아이디어를 내게 됩니다. 주도주를 먼저 포착했을 때 그 주도주가 속한 섹터가 주도섹터가 될 확률이 높다는 사실을 깨닫게 된 것이죠. 이것이 마크 미너비니의 시그니처 주도주 발굴법인 '돌파하는 순서대로(In order of Breakout)'입니다.

우리는 이 책에서 미너비니의 전략뿐만 아니라 또 다른 기술적 분석의 대가 스탠 와인스타인(Stan Weinstein)의 '섹터 내의 셋업 완성도(Setup Proliferation)'를 같이 사용하여 주도섹터를 포착하는 전략을 수립하는 법을 다룰 예정입니다. 여기서 셋업이란 매매 준비 구간을 가격이 강하게 돌파하면서 실제 매수 신호가 발생하는 때를 의미합니다.

다시 한 번 정리하면

> 1. 숲이 아니라 나무를 보는, 섹터 전체가 아니라 개별 종목을 먼저 포착하는 '돌파하는 순서대로' 전략과
> 2. '섹터 내의 셋업 완성도'로 1번을 확증(Confirm)하는 방식

을 쓸 예정입니다.

'돌파 순서'로 포착하는 주도섹터

먼저 비교적 최근의 반도체 섹터를 예로 들어 살펴봄으로써 주도주와 주도섹터를 발견하는 방법을 알아보겠습니다.

"주도주는 먼저 바닥을 찍는다."라는 말이 있습니다. 난세에 영웅이 나타나듯 시장의 장기간 하락과 뒤이은 횡보 시기에는 시대에 획을 긋는 주도주들이 나타나기 마련이죠. 그 전형적인 예가 2023년 12월에 W 패턴 돌파를 성공한 테크윙입니다.

[실전 차트 1-7] 테크윙 일간차트 - 2023년 12월 13일 W 패턴 돌파

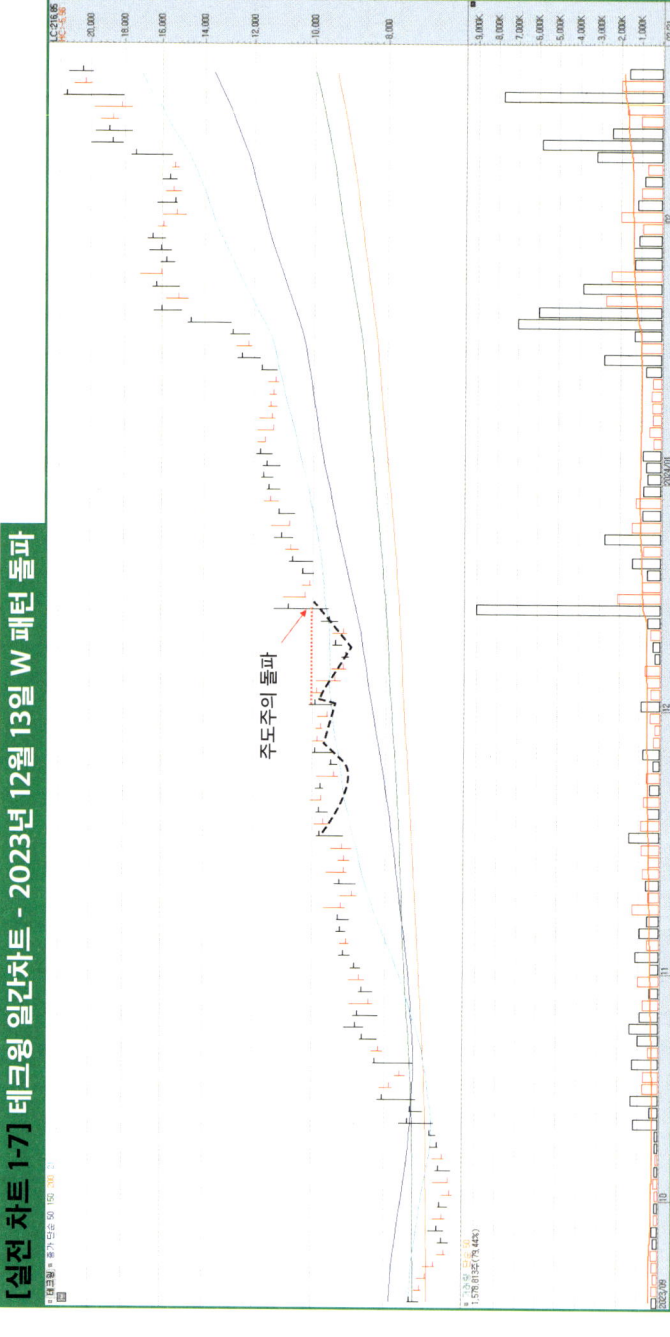

주도주로 예상되는 종목이 잘 만들어진 셋업을 돌파하게 되면(1. 돌파하는 순서대로, 2번 방식인 셋터 셋업의 완성도를 확인해야 합니다. 테크윙이 2023년 12월 13일 돌파를 성공할 당시 테크윙이 속했던 HBM 섹터 내의 종목들 중 어떤 종목이 좋은 셋업을 형성하고 있는지 확인해 봅시다.

Chapter 1

[실전 차트 1-8] HBM 섹터 내 종목들의 셋업 형성 정도

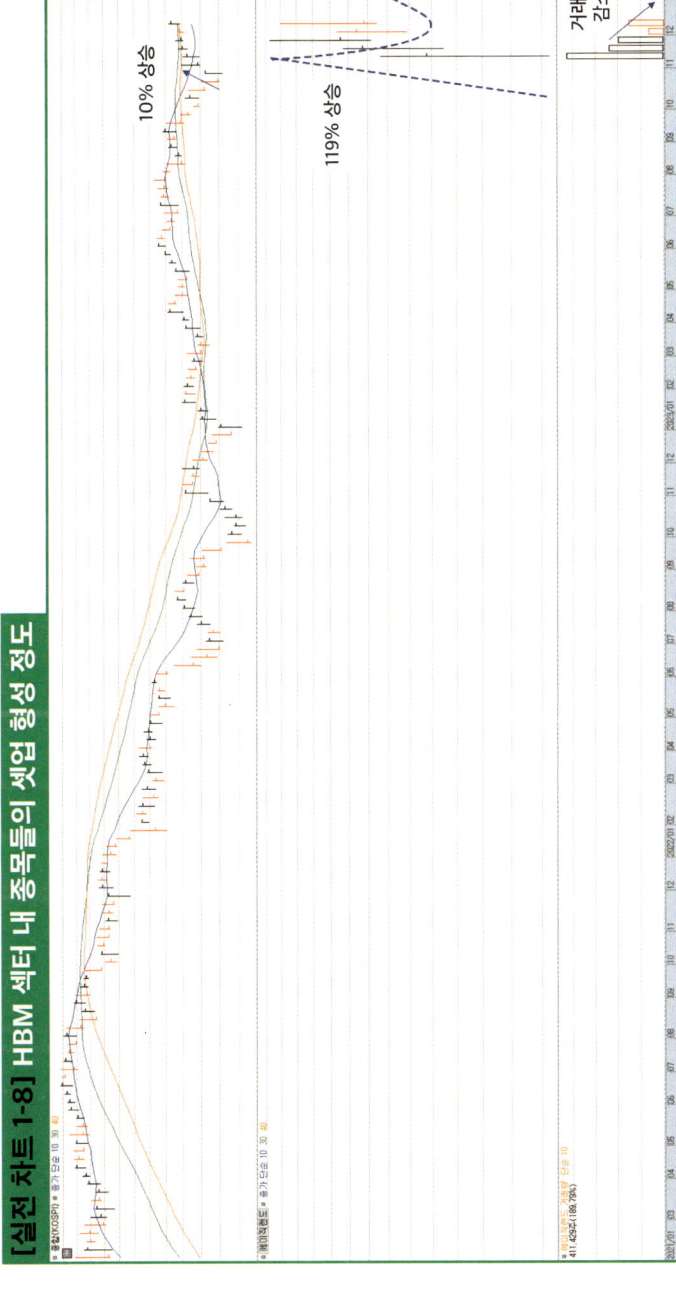

에이직랜드의 주간차트입니다. 강력한 거래량을 동반하는 폭발적인 주가 상승(기관 투자자들이 매수할 때 나타나는 전형적인 특징)을 보이며 손잡이가 달린 컵 패턴을 형성합니다. 급격한 상승 이후 발생하는 필연적인 조정 기간(4주) 동안 거래량이 급격하게 감소했습니다. 이는 거대한 매수세로 주가를 부양시킨 기관 투자자들이 매물을 내놓지 않고 있다는 증거입니다. 최적의 손잡이가 달린 컵 패턴을 만든 후 손잡이를 돌파할 준비를 하여 강력한 셋업을 형성 중인 상황입니다.

기술적 분석으로 주도섹터를 선점하라　035

[실전 차트 1-9] 에스티아이 주간차트

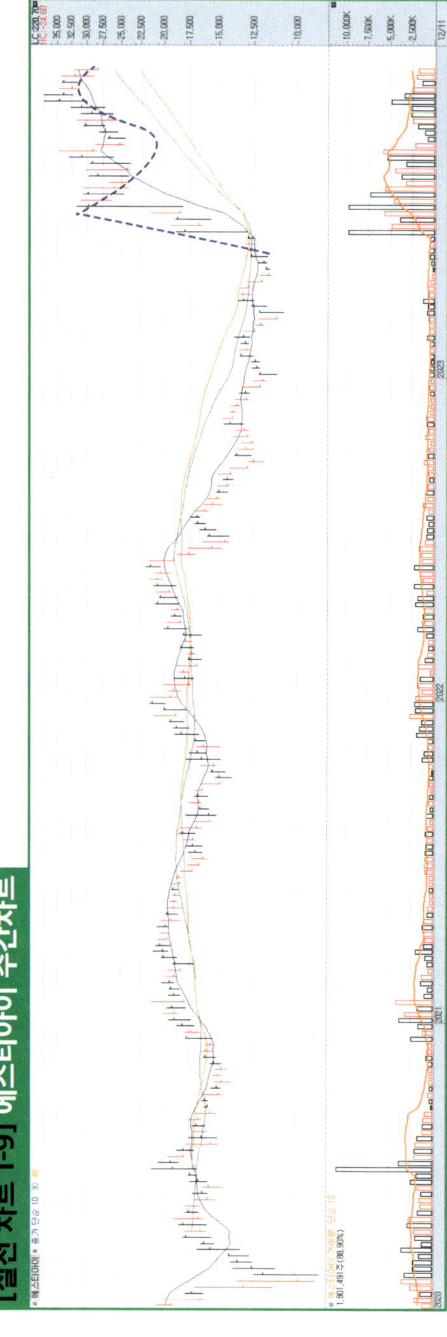

역시 강한 거래량을 동반한 지수 대비 큰 폭의 상승(강력한 RS[5])을 보이며 23주짜리 빅 베이스(Big Base)를 형성했습니다. 주가가 상승할 때는 거래량이 증가, 하락할 때는 거래량이 감소하며 강력한 차트 셋업(손잡이가 달린 컵 패턴 형성 직전)을 형성하고 있습니다.

---

5 Relative Strength, 지수 대비 상대강도.

[실전 차트 1-10] 오로스테크놀로지 주간차트

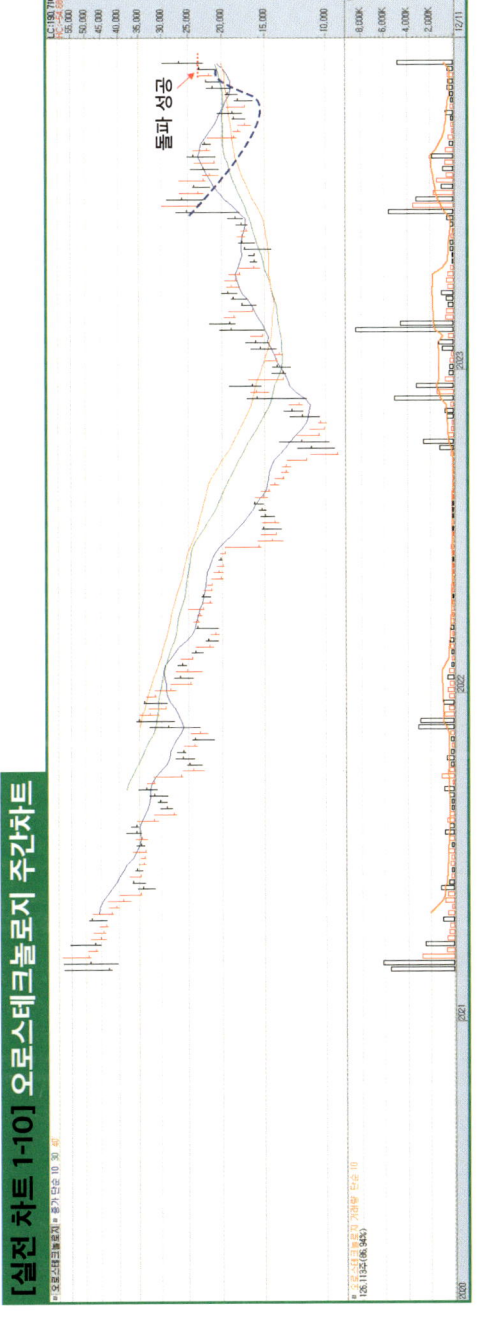

조기 베이스 형성[6]입니다. 손잡이가 달린 컵 패턴을 강한 거래량과 함께 돌파했으므며 HBM 섹터의 향후 강세를 예측하게 해 주는 중요한 근거가 됩니다.

---

6 주요 이동평균선이 정배열되지 않은 상황에서도 매매가 가능한 셋업. 이 책의 후반부에 설명 예정.

기술적 분석으로 주도섹터를 선점하라 **037**

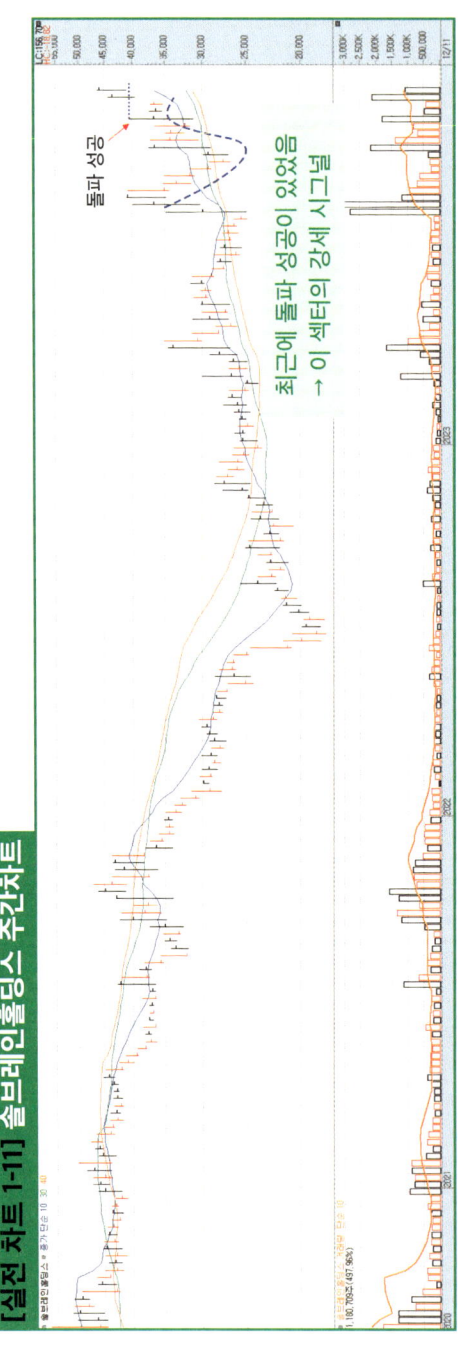

[실전 차트 1-11] 솔브레인홀딩스 주간차트

역시 거래량을 동반한 시장 대비 강한 상승세를 보이며 손잡이가 달린 컵 패턴을 형성하고 있습니다.

[실전 차트 1-12] 큐알티 주간차트

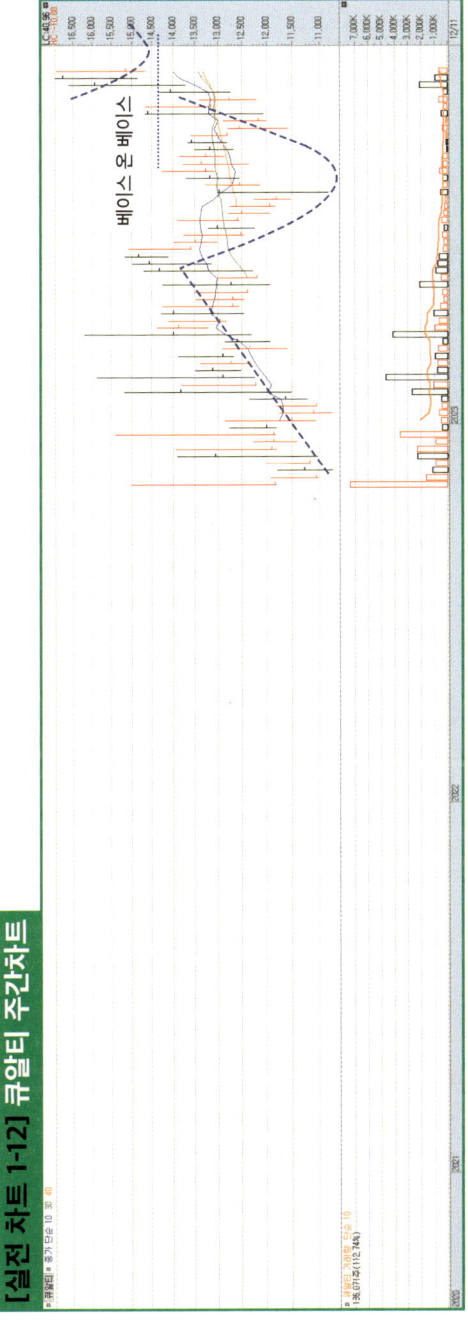

베이스 온 베이스 형태가 보입니다. 강력한 거래량과 상승 추세 이후 거래량이 마르면서 긴 베이스를 만들어 강력한 차트 셋업이 형성된 것으로 볼 수 있습니다. 특히 주간차트에서 드러나는 것처럼 낮은 거래량(10주 거래량 이동평균선 하회)으로 장기간에 걸쳐 베이스(바닥을 다지는)를 만드는 경우, 장기투자 계획을 갖고 있는 기관 투자자들이 대중들이 눈을 피해 평단가를 올리지 않으면서 지속적으로 분할매수나 물타기를 하고 있다고 보면 됩니다.

기술적 분석으로 주도섹터를 선점하라 **039**

[실전 차트 1-13] 한미반도체 주간차트

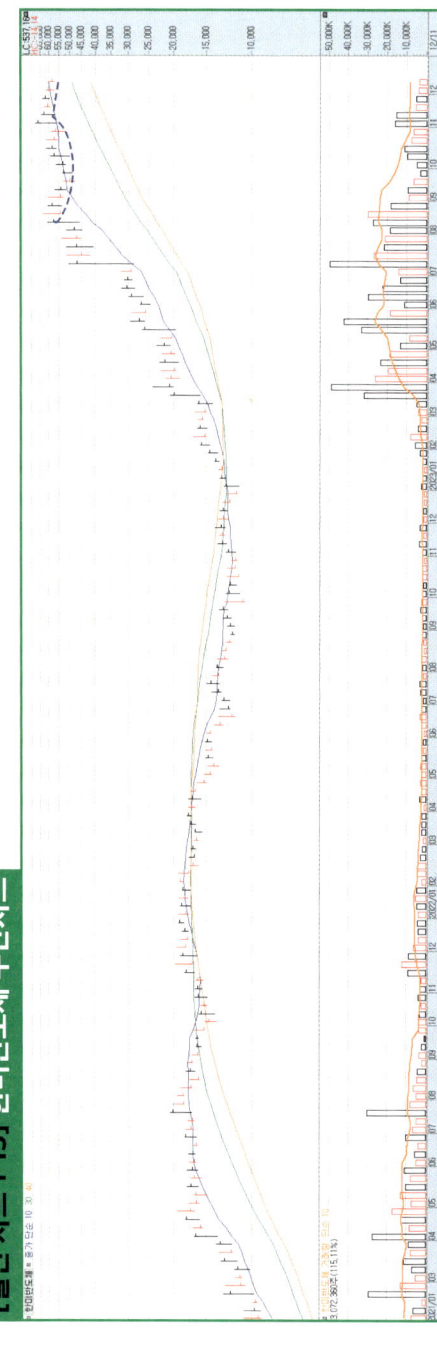

2023년 중순의 강력한 상승세(강력한 추세가 있어야 한다는 전제 조건 만족) 이후 거래량이 줄어들면서 베이스를 만든 후 손잡이가 달린 컵 패턴을 형성하고 있습니다. 강력한(Bullish) 차트패턴입니다.

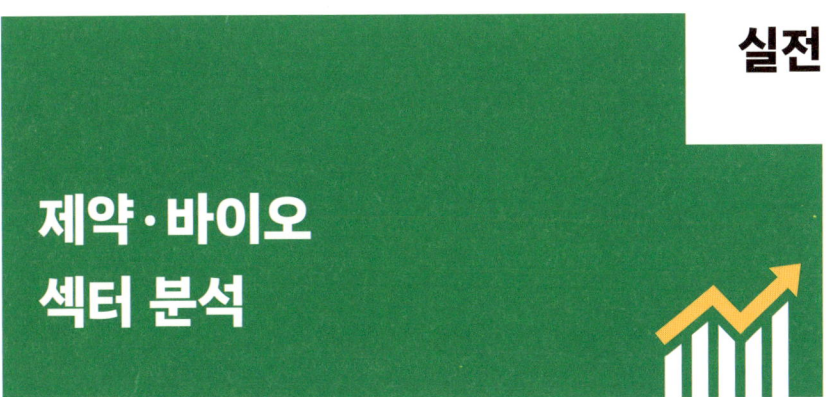

실전

제약·바이오 섹터 분석

똑같은 방식으로 2024년 9월의 주도섹터 제약·바이오 종목에 어떤 현상이 발생했는지 살펴보겠습니다. 2024년 9월 11일에 삼일제약에서 W 패턴 돌파가 발생했습니다.

[실전 차트 1-14] 삼일제약 일간차트

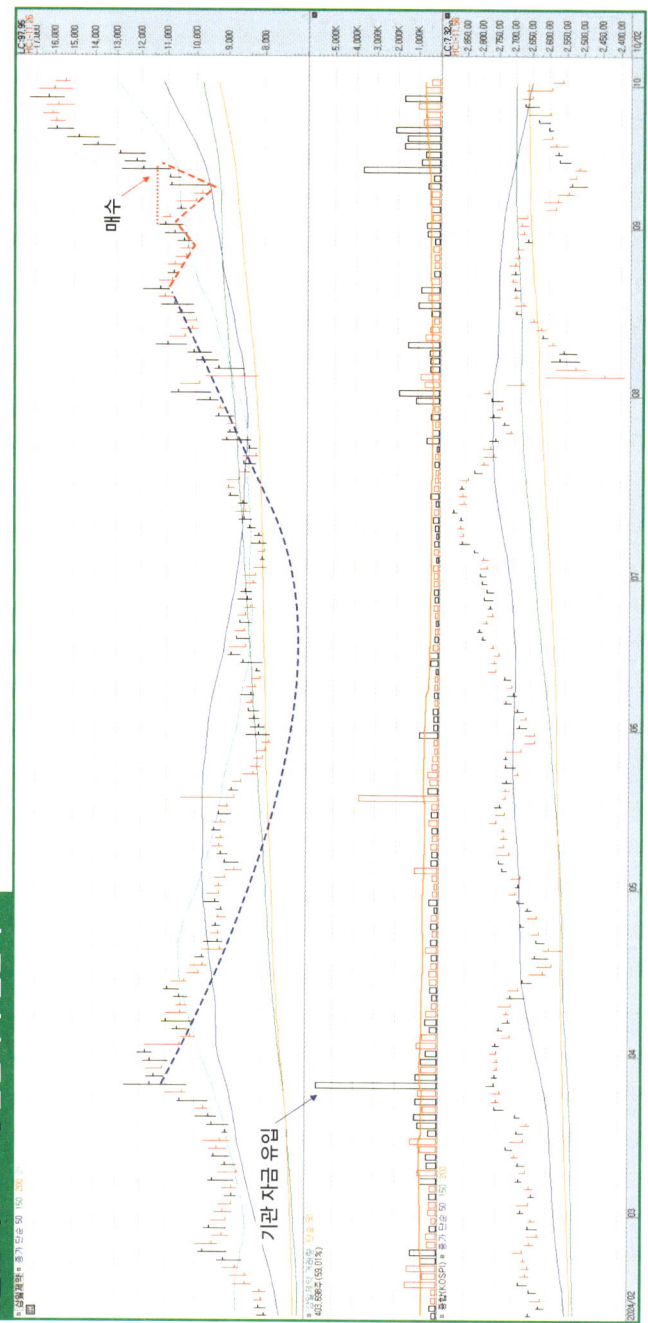

2024년 3월 기관 투자자들이 대량으로 물량을 매집(파란색 화살표)한 이후 적은 거래량으로 지속적으로 매수를 하며 긴 베이스를 형성했습니다. 이 큰 베이스 안에 작고 촘촘한(변동성 감소패턴, Volatility Contraction Pattern) W 패턴이 완성된 후 돌파에 성공했습니다. 그리고 돌파 당일 삼일제약이 속해 있던 섹터 내 제약·바이오주들의 셋업들은 다음과 같습니다.

[실전 차트 1-15] 사페론 - 그냥 선을 그어 패턴

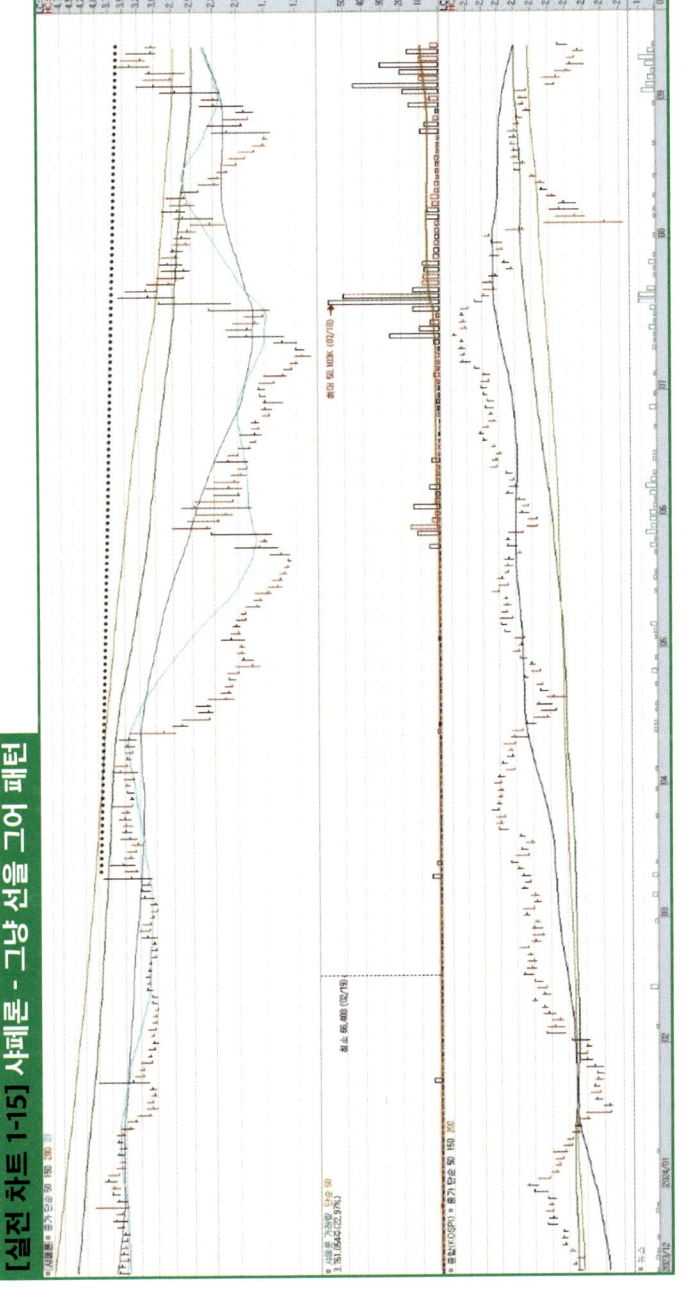

사페론의 일간차트입니다. 시장의 조정에도 불구하고 마치 '강물을 역행하는 연어'처럼 상승하는 높은 RS를 보여 주고 있습니다. 매우 강력한(Bullish) 차트패턴입니다.

기술적 분석으로 주도섹터를 선점하라 **043**

[실전 차트 1-16] 휴온스글로벌 - 손잡이가 달린 컵 패턴

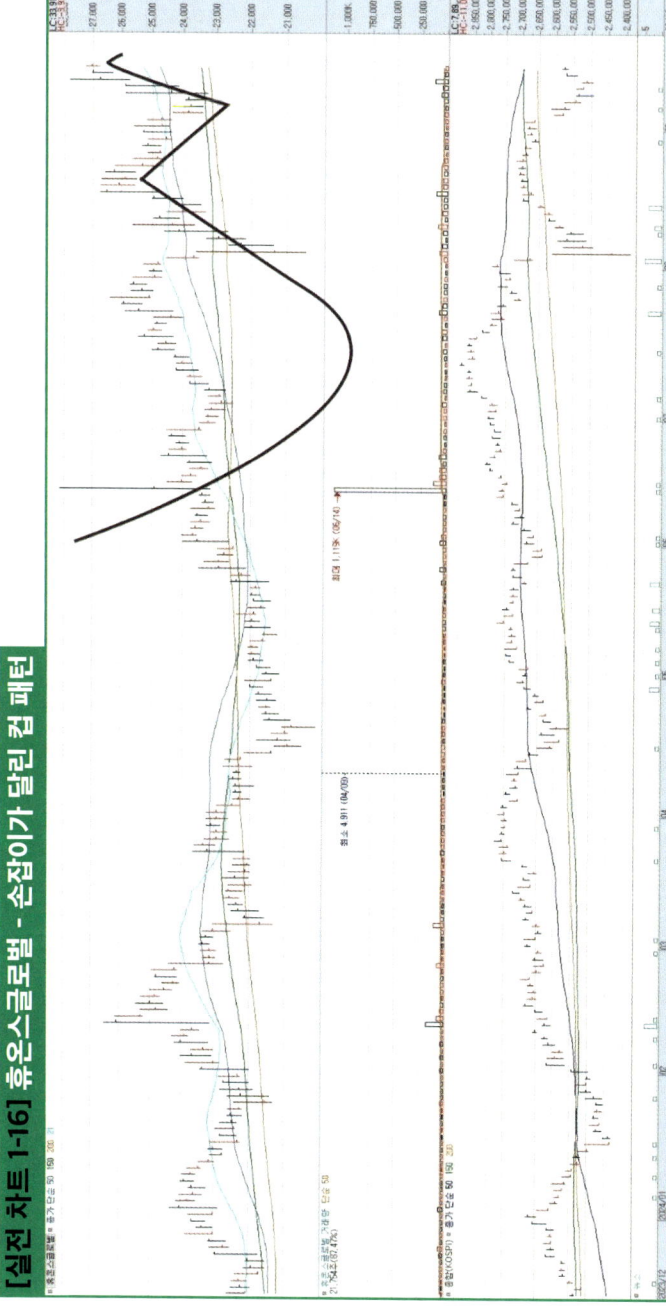

휴온스글로벌의 일간차트입니다. 최근의 강력한 RS에 주목해야 합니다. 주도주는 시장보다 먼저 바닥을 찍고 마치 테니스공처럼 튀어 오릅니다. 변동성 감소를 보이면서 손잡이가 달린 컵 패턴을 형성하는 중입니다.

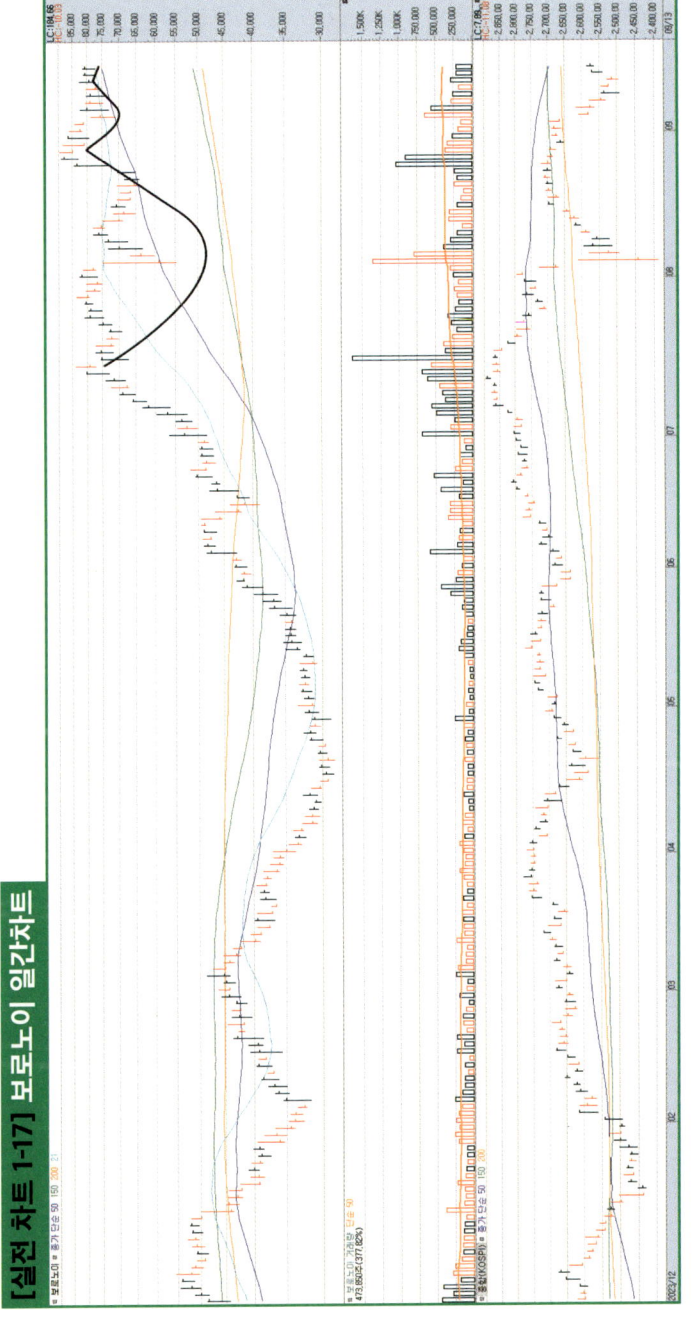

[실전 차트 1-17] 보로노이 일간차트

시장의 하락에도 불구하고 저점을 높이며 상승 추세를 유지하고 있습니다. 강력한 기관매수의 흔적이 보입니다.

기술적 분석으로 주도섹터를 선점하라 **045**

[실전 차트 1-18] 알테오젠 일간차트

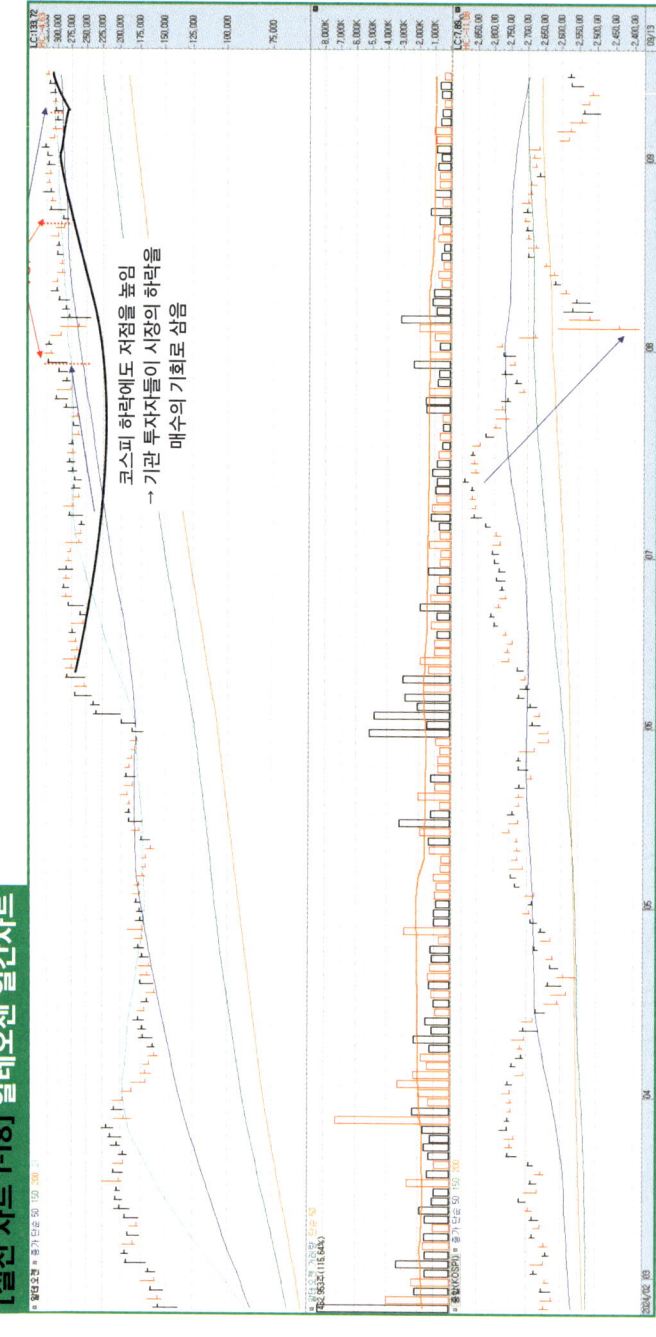

시장의 하락에도 불구하고 저점을 계속 높이면서 상승 추세를 이어가고 있습니다. 변동성 감소패턴을 보이면서 순잡이가 달린 컵 패턴을 형성 중입니다. 그리고 주도 섹터에 속했던 종목들이 추후 돌파 현황은 다음과 같습니다. 테크윙, 한미반도체, SK하이닉스, 휴온스글로벌, 퓨처켐, 사페론, 보로노이, 리가켐바이오, 에이비엘바이오의 차트를 살펴봅시다.

046 Chapter 1

[실전 차트 1-19] 테크윙 - W 패턴 돌파 후 약 600% 상승

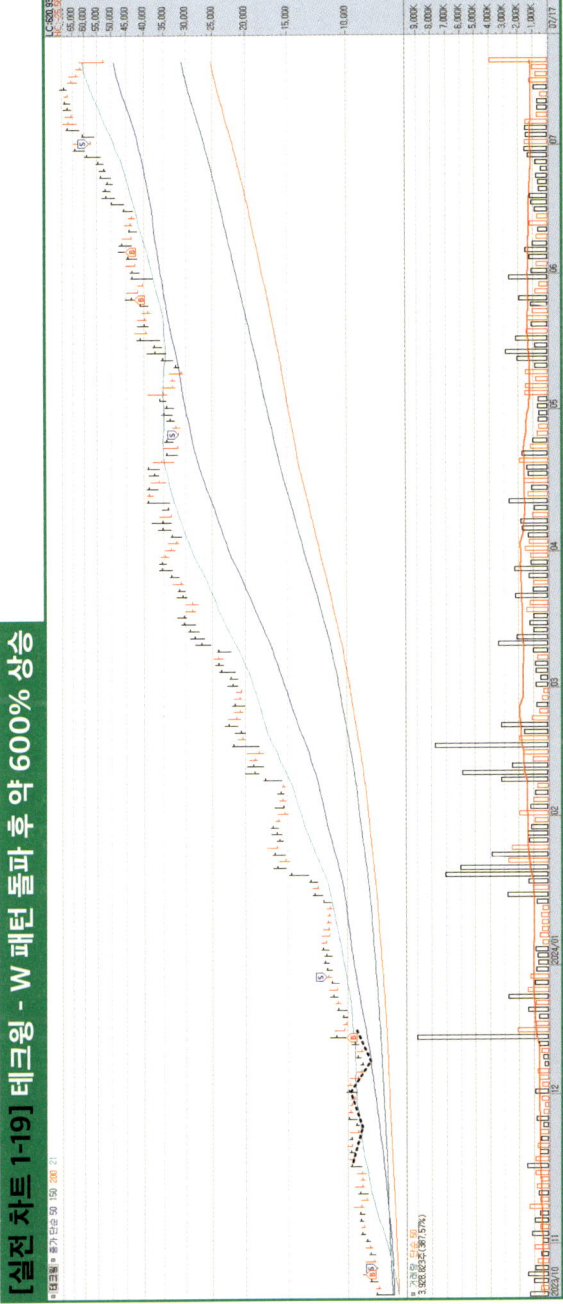

기술적 분석으로 주도섹터를 선점하라 **047**

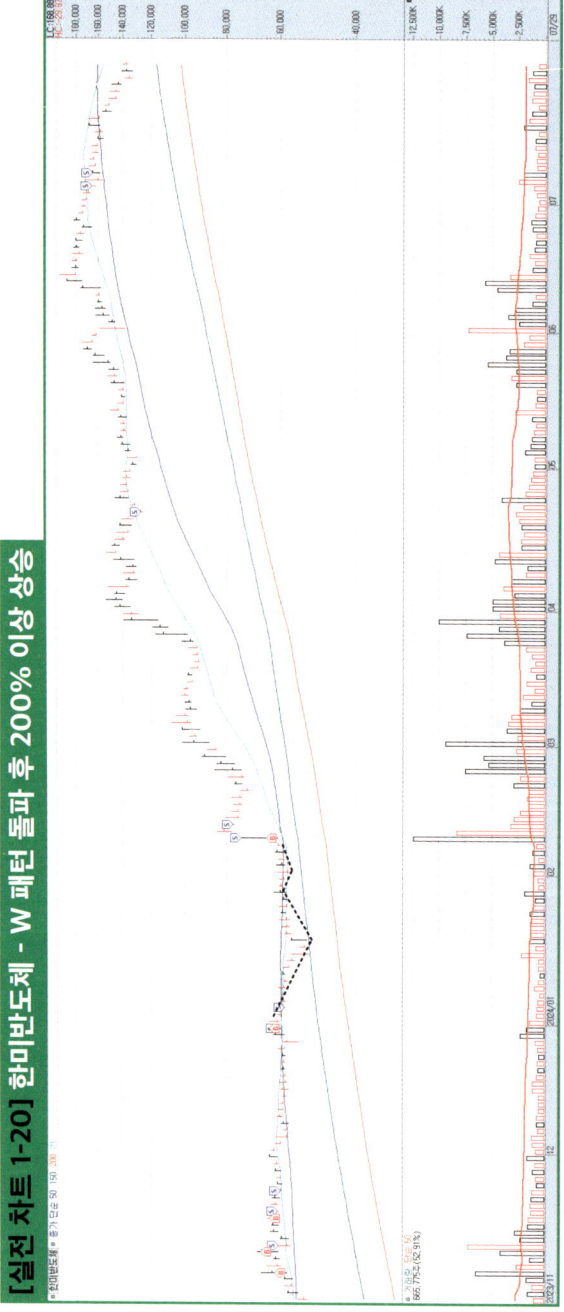

[실전 차트 1-20] 한미반도체 - W 패턴 돌파 후 200% 이상 상승

048 Chapter 1

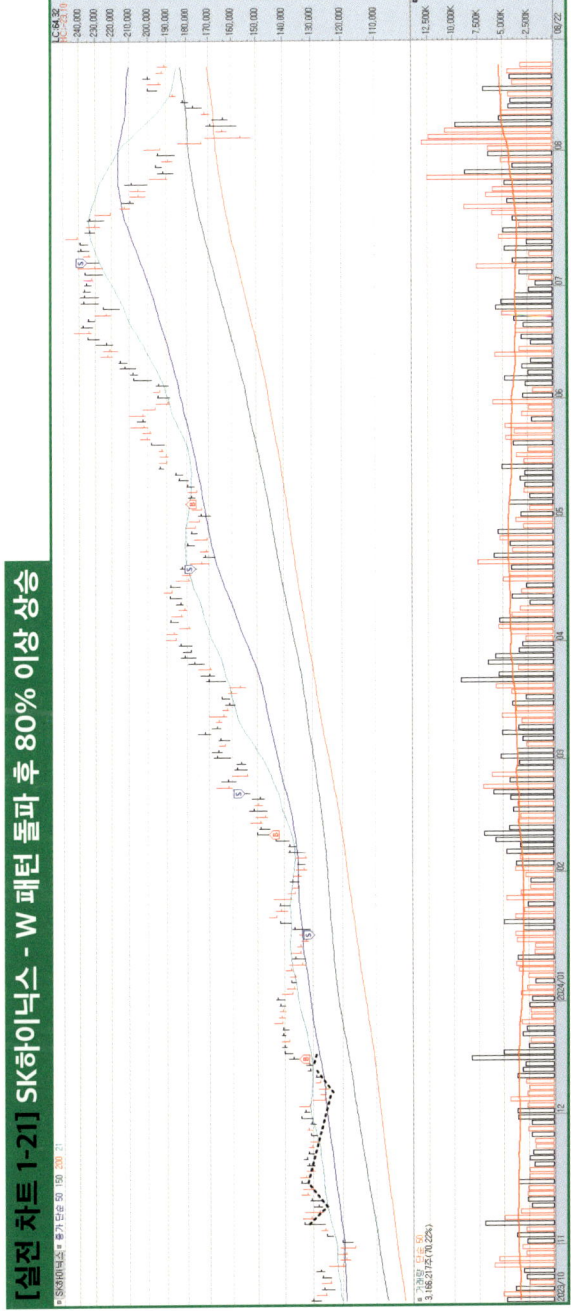

[실전 차트 1-21] SK하이닉스 - W 패턴 돌파 후 80% 이상 상승

기술적 분석으로 주도섹터를 선점하라 **049**

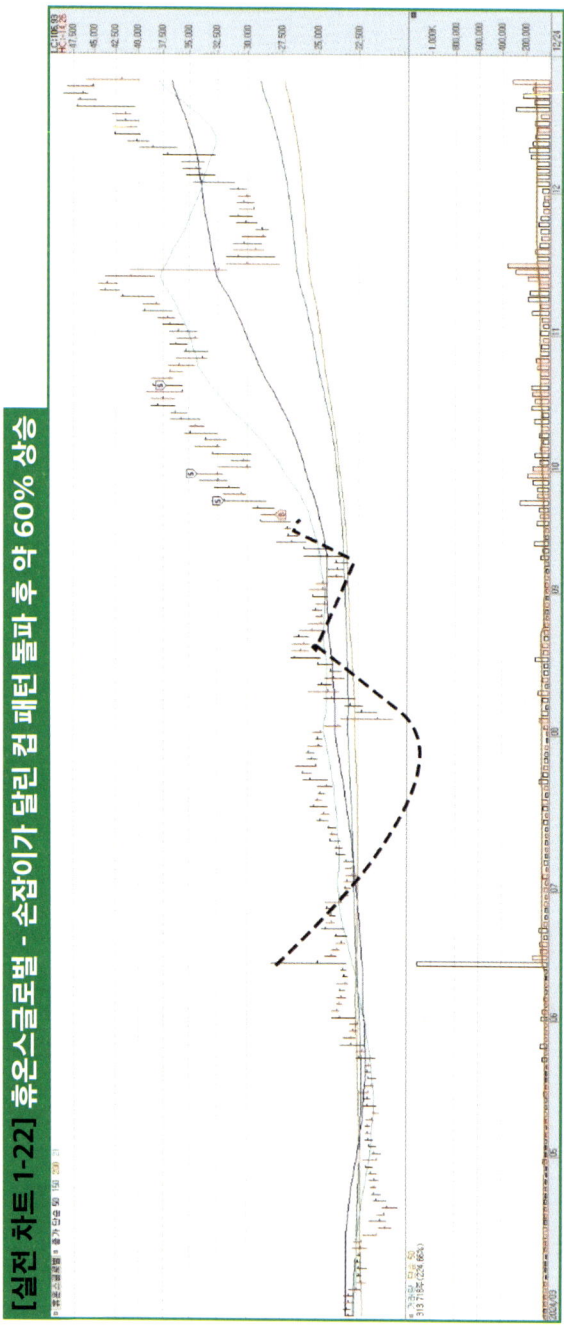

[실전 차트 1-22] 휴온스글로벌 - 손잡이가 달린 컵 패턴 돌파 후 약 60% 상승

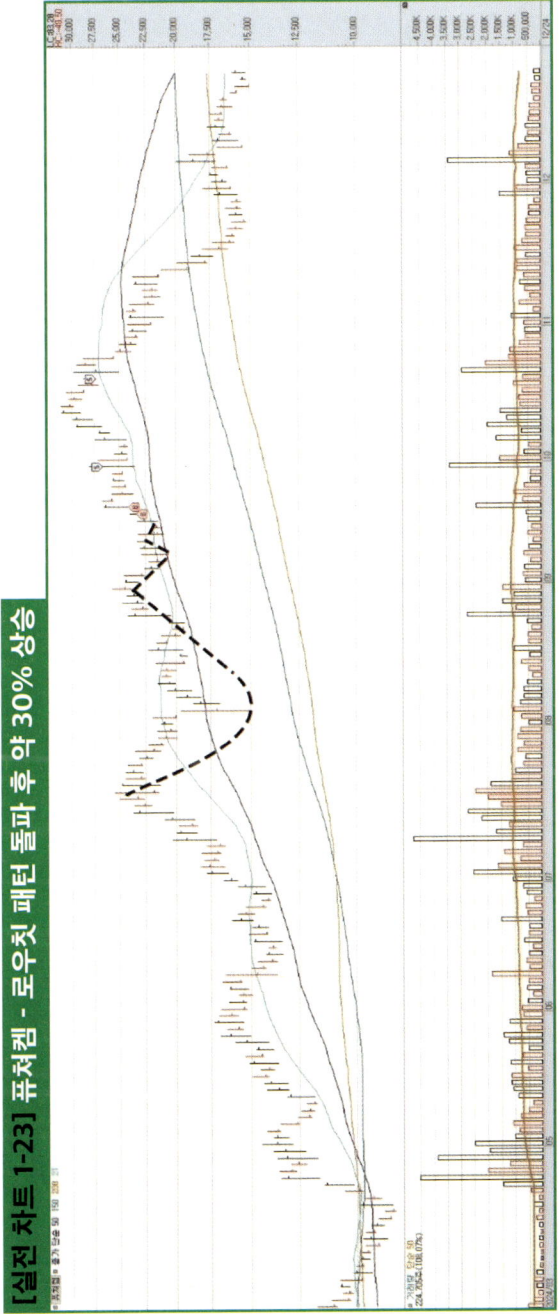

[실전 차트 1-23] 퓨처켐 - 로우칫 패턴 돌파 후 약 30% 상승

기술적 분석으로 주도섹터를 선점하라

[실전 차트 1-24] 사페론 - 그냥 선을 그어 패턴 돌파 후 약 60% 상승

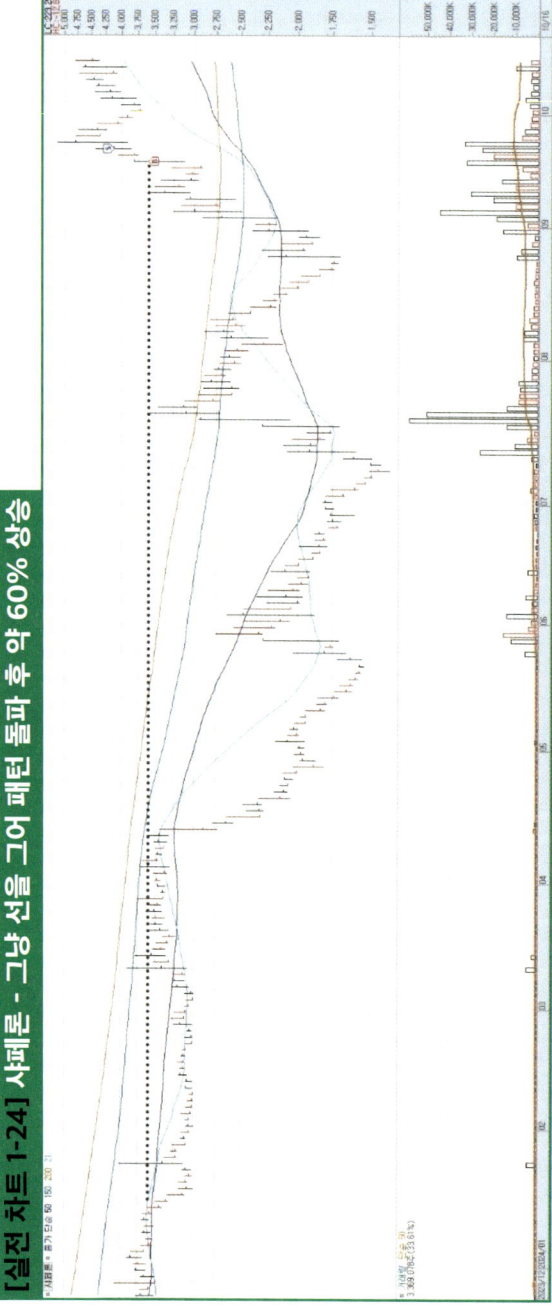

[실전 차트 1-25] 보로노이 - 로우칫 패턴 돌파 후 약 40% 상승

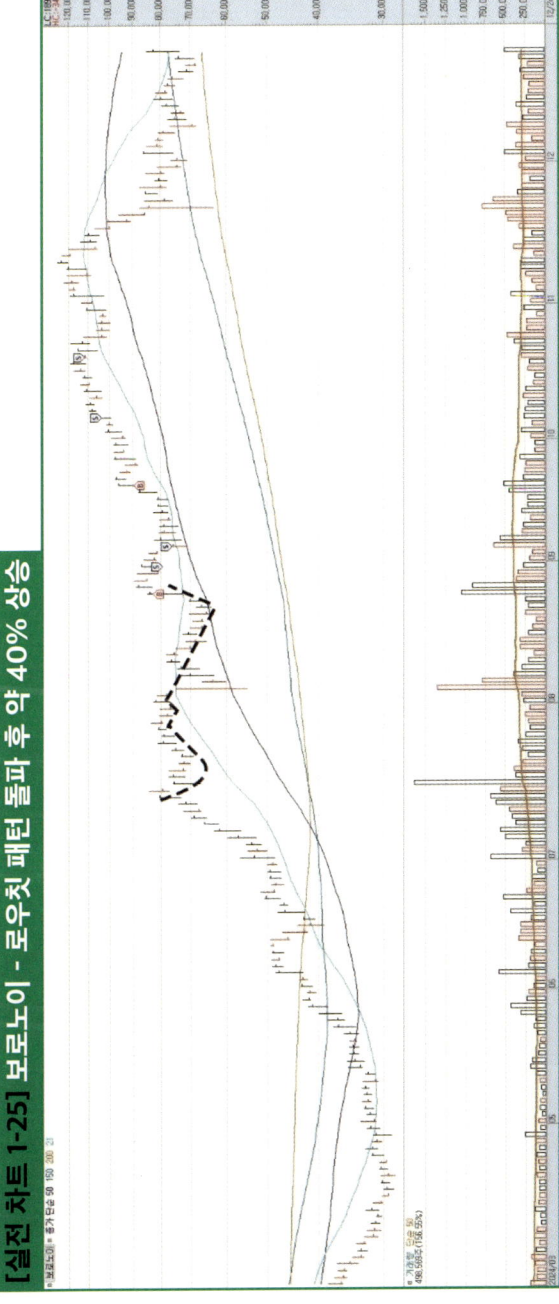

기술적 분석으로 주도섹터를 선점하라

[실전 차트 1-26] 리가켐바이오 - 손절이가 달린 컵 패턴 돌파 후 약 30% 상승

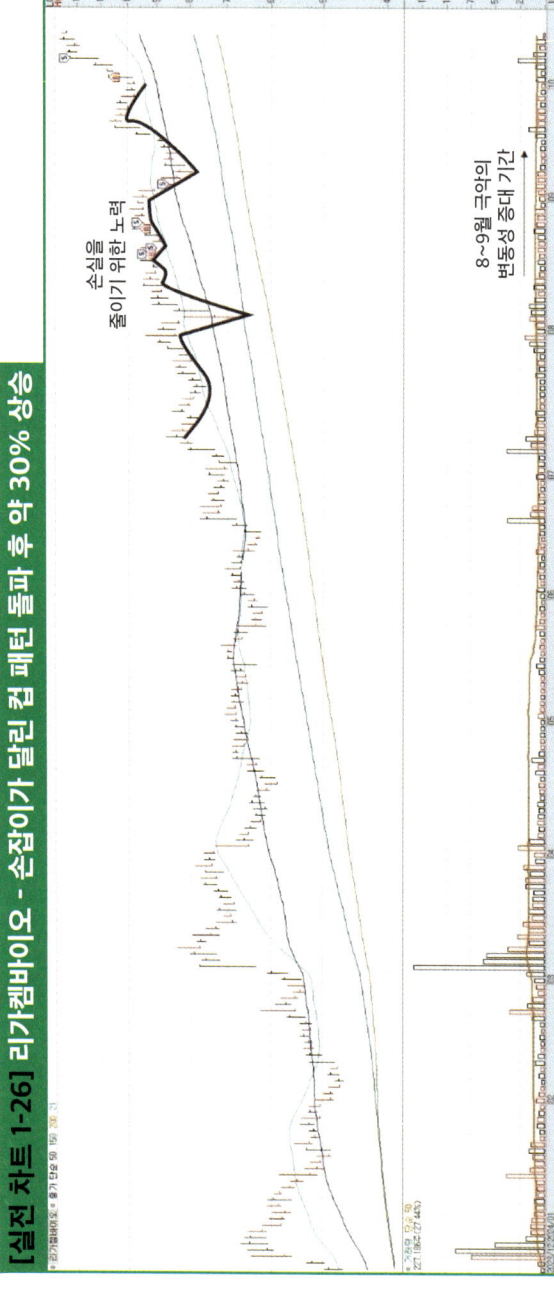

2024년 8~9월은 미국과의 디커플링이 발생하며 시장의 조정과 변동성이 극심했던 구간입니다. 이런 시기에는 미리 정해 놓은 손절 (Stop Loss) 가격까지 하락하지 않더라도 포지션을 덜어내는, 즉 보유 금액의 절반 정도를 일괄적으로 매도하여 포지션 사이즈를 줄임으로써 손실을 줄이는 노력을 해야 합니다.

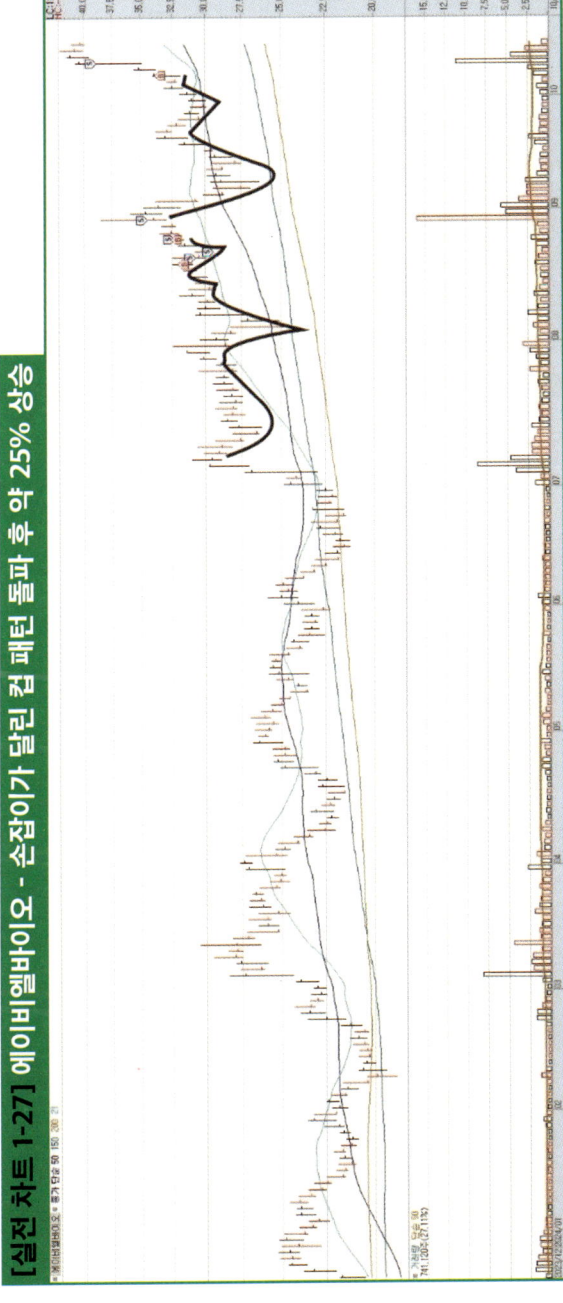

[실전 차트 1-27] 에이비엘바이오 – 손잡이가 달린 컵 패턴 돌파 후 약 25% 상승

마찬가지로 8~9월의 조정 기간 동안 수익을 내고 있거나 본전인 상태에서 미리 매도함으로써 손실을 줄이려는 노력이 매매 기록에 나타나 있습니다. 시장의 조정 전에는 매도 신호(Sell Signal)가 발생하는데, 이는 추후 시장의 급락을 Chapter에서 자세히 설명할 예정입니다.

기술적 분석으로 주도섹터를 선점하라   **055**

관심종목 분류 기준

실전

> "만약 당신이 시장에서 가장 주목받는 주도섹터의 주도주들을 매매하면서 돈을 벌지 못한다면 다른 어떤 방법으로도 돈을 벌 수는 없을 것이다."
>
> — 제시 리버모어(공매도로 단 하루 만에 1조 원을 번 개인투자자의 왕)

우리는 앞서 기술적 분석을 이용해 주도주와 주도섹터를 발견하는 방법을 배웠습니다. 그렇다면 이제 관심종목을 분류하는 방법을 알아봐야겠죠? 섹터별로 관심종목을 분류해 놓고 주도섹터에 속한 종목들만 매매를 한다면 큰 수익을 올릴 가능성이 더 높아집니다. 주도섹터에 속한 종목들은 시장보다 훨씬 더 크게 주가 상승을 하는 경향이 높기 때문입니다.

시장에 새로운 주도섹터가 등장하게 되면 처음에는 큰 카테고리, 예를 들면 반도체, 제약, 조선 등과 같은 굵직굵직한 분류로 시작하지만 시간이 갈수록 세분화되는 경향이 있습니다. 제약·바이오 섹터만 해도 시간이 지날수록 치매, 비만치료제, 임상예정 신약, 유전자검사 등등 다양한 서브섹터들이 생기고 있습니다. 서브섹터들은 한 번 생기면 독립적으로 움직이는 경향이 강합니다.

예를 들면 제약·바이오 섹터 전체적으로 상승세가 부진함에도 불구하고 비만치료제 섹터에 속한 종목들만 급격하게 상승하는 식의 움직임이 발생합니다. 반도체도 마찬가지입니다. 반도체 전체 섹터가 부진할 때도 엔비디아발 HBM 섹터만 호황을 누렸던 적이 종종 있었죠. 그렇기 때문에 우리는 매일, 아니 최소 매주 한 번씩은 꼭 섹터 분류를 세분화하고 업데이트해야 합니다.

[그림 1-5]에서 보듯이 저는 관심종목들을 [Setups]와 [Premature], 두 카테고리로 나누어 분류해 놨습니다. 주말을 이용해서 차주에 돌파를 시도할 종목들을 [Setups]에, 아직 셋업이 형성되지 않아 돌파를 시도하지 않을 종목들은 [Premature]에 구분한 뒤 주중에는 [Setups]에 포함된 종목들만을 살펴보았습니다. 이는 [관심종목] 칸을 우클릭한 후 [빈칸 추가] ▶ [빈칸 메모 추가]를 통해 분류할 수 있습니다.

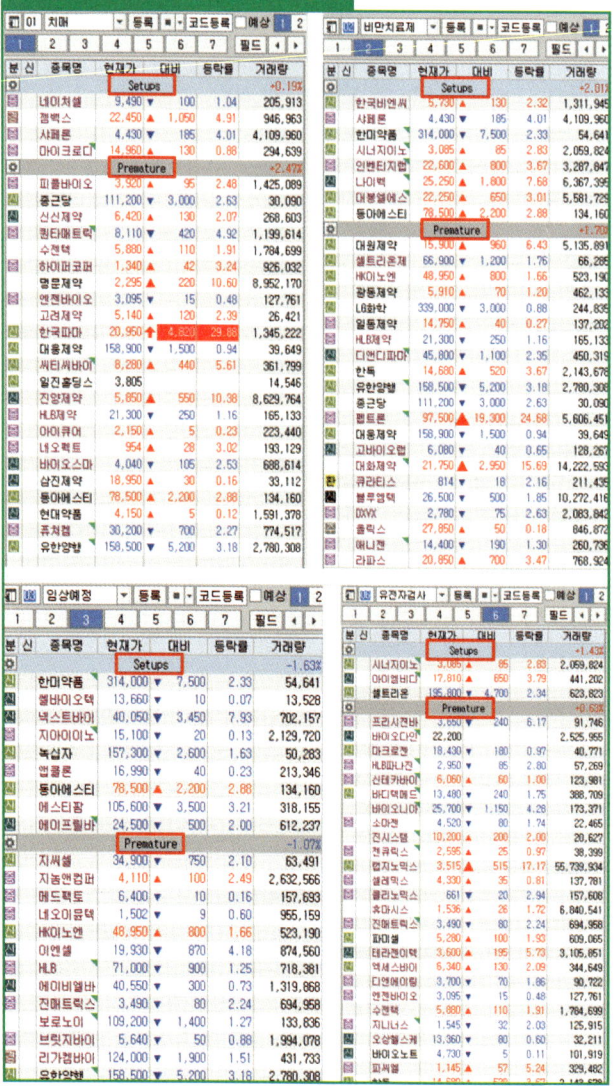

[그림 1-5] 관심종목 분류의 예

그렇다면 앞에서 배운 미너비니+와인스타인 전략 구현을 실례를 들어 설명해 보겠습니다.

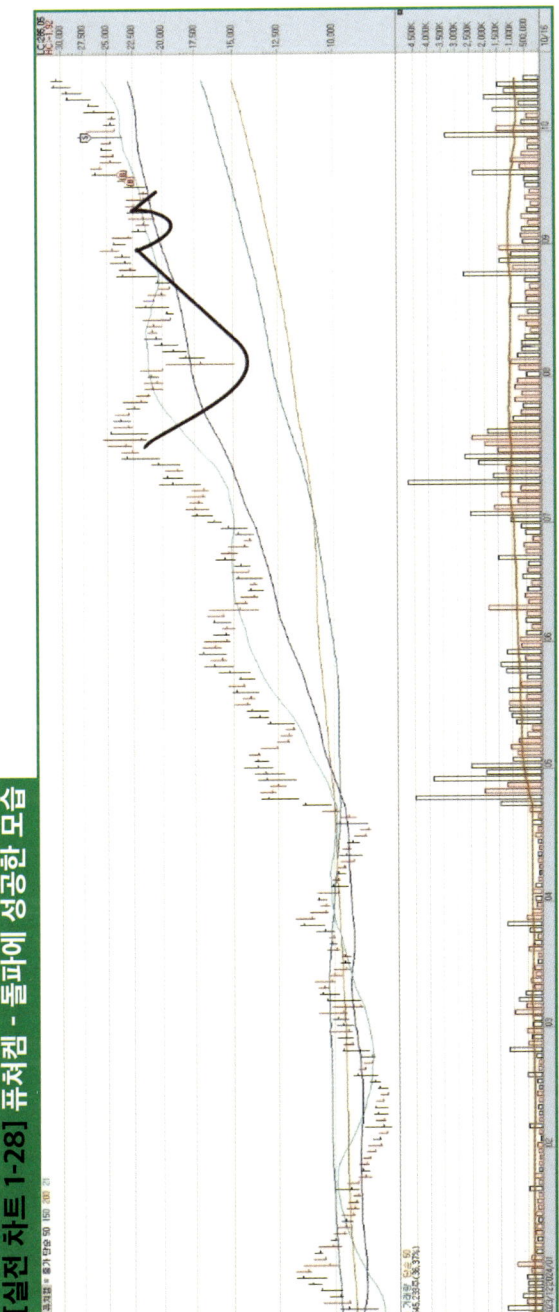

[실전 차트 1-28] 퓨처켐 - 돌파에 성공한 모습

기술적 분석으로 주도섹터를 선점하라 **059**

[그림 1-6] 치매 섹터 관심종목

만약 시장 조정기나 횡보기에 퓨처켐과 같은 종목이 [실전 차트 1-28]같이 돌파를 성공하는 것을 포착한다면 돌파를 성공한 종목이 속한 섹터를 찾습니다. 조금만 인터넷 검색을 해 보면 퓨처켐이 치매 섹터에 속한다는 것을 알 수 있습니다.

더 쉽게 종목을 분류하는 실전 팁

실전

앞에서는 원칙적인 내용을 이야기했습니다. 이번에는 제가 실제로 사용하는 매우 쉽고 간편한 관심종목 분류법을 설명해 보겠습니다. 반도체, 제약·바이오 다음으로 잠깐 부상했었던 우주항공 섹터를 예로 들어 보겠습니다.

❶ 돌파하는 순서대로 : 시장의 횡보기에 한화시스템이 매우 좋은 셋업을 형성, 손잡이가 달린 컵 패턴을 돌파한 것을 확인했습니다.

[그림 1-7] 한화시스템 차트

❷ 키움증권 영웅문 MTS의 [종목차트] 탭으로 들어가 '한화시스템'을 검색합니다. 해당 종목 창이 뜨면 [연관섹터]를 클릭합니다.

[그림 1-8] 연관섹터 선택

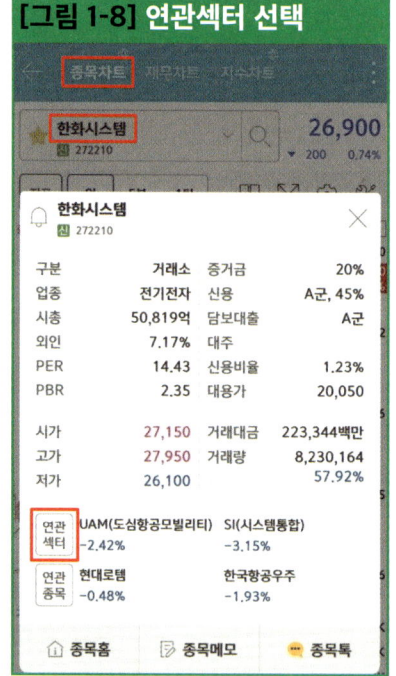

❸ 창이 뜨면 [관심등록]을 클릭합니다.   ❹ 관심종목이 자동 완성됩니다.

HTS에서 [관심종목] ▶ [빈칸 추가] ▶ [빈칸 메모 추가]를 통해 Setups(완성된 셋업)과 Premature(미완성된 셋업)로 나눌 수 있습니다. 주말 동안 종목들을 분류하고 주중에는 [Setups]만 관찰하면 시간을 훨씬 효율적으로 사용할 수 있습니다.

Chapter 1에서 기술적 분석을 이용한 주도주와 주도섹터 선정법, 그에 대한 당위성을 배웠습니다. 즉, 주도주의 패턴 돌파, 손잡이가 달린 컵이나 W 패턴 돌파를 포착하면 큰 수익을 내는 것뿐만 아니라 시장예측도 가능하다는 것입니다. 이와 같이 주도주의 패턴 돌파는 주식투자로 돈을 버는 전략을 세우는 데에 있어서 가장 중요하고 기초가 됩니다. 그러므로 우리는 기술적 분석의 꽃이라 할 수 있는 차트패턴 돌파를 정확히 숙지해야 합니다.

Chapter 2

핵심 차트패턴 분석

1. 왜 기존의 차트분석은 통하지 않는가

기술적 분석이라고 하면 [그림 2-1]과 같은 다양한 패턴을 모두 암기해야 한다고 착각하는 경우가 많습니다. 그리고 대부분의 기술적 분석가들은 이 많은 차트패턴들을 암기하며 패턴의 형이상학(Formation)에 집착하는 경향이 있습니다.

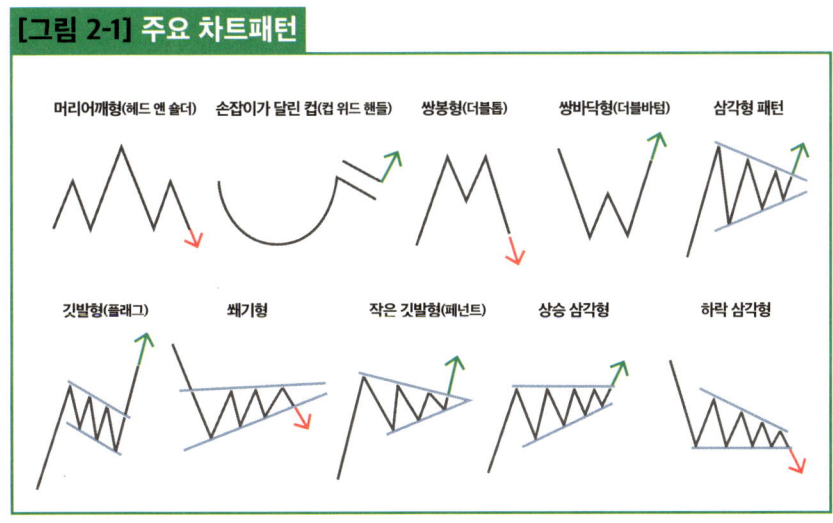

[그림 2-1] 주요 차트패턴

그러나 차트패턴은 단지 수요와 공급의 역학을 나타낸 것뿐입니다. 모양이 얼마나 손잡이가 달린 컵(Cup with Handle)이나 W에 가깝냐가 중요한 게 아니라, 패턴이 형성되는 과정에서 수요와 공급의 균형이 깨지느냐 하는 역학에 집중을 해야 합니다.

> "많은 이들이 패턴의 모양에 열광을 해. 하지만 나는 패턴의 모양이 얼마나 예쁜지, 아닌지를 중요하게 여기지 않아. 중요한 것은 패턴이 형성되기 전에 강력한 상승세가 있었는지야. 나는 2~3주 안에 50% 이상 급등한 강력한 상승세를 가지고 있는 종목이 베이스를 만들고 패턴을 형성할 때만 공략해." - 댄 쟁거[7]

---

[7] 1년에 29,233% 수익률을 기록하여 기네스북에 등재된 투자자.

2

불코우스키식 패턴 vs 오닐식 추세추종 매매

 1988년 윌리엄 오닐(William J. O'Neil)은 『최고의 주식 최적의 타이밍(How to Make Money in Stocks)』(2012, 굿모닝북스)라는 책을 출간했고, 이 책은 곧 전미 베스트셀러가 됩니다. 책이 유명세를 얻으면서 손잡이가 달린 컵 패턴은 대중들에게 널리 알려졌고 "기술적 분석은 손잡이가 달린 컵 패턴 분석이다."라는 말까지 나오게 되었습니다.

 토마스 불코우스키(Thomas N. Bulkowski)는 『차트 패턴(CHART PATTERNS)』(2018, 이레미디어)이라는 책의 저자로 유명세를 얻었는데, 그는 책에서 각 패턴별 돌파 성공률, 성공 시의 기대 수익률 등을 정량적으로 후향분석하여 패턴별로 순위를 매겼습니다. 그는 "손잡이가 달린 컵은 다른 차트패턴들에 비해 그리 탁월한 성과를 내는 패턴은 아니다."라고 주장을 했습니다.

하지만 불코우스키의 연구에는 치명적인 약점이 있었는데, 그것은 지수 대비 상대강도(Relative Strength, 이하 RS)에 대한 패턴별 고려가 결여되어 있었다는 점입니다.

불코우스키는 많은 차트패턴을 분석해서 주가가 어떻게 움직이는지 통계로 보여 줬지만, 그 주식이 시장 전체보다 더 강하거나 약한 흐름을 보였는지는 따로 따지지 않았습니다. 다시 말해 주식이 좋은 패턴을 형성해도 시장이 나쁠 땐 잘 안 오를 수도 있는데, 이런 시장 대비 성과(RS)를 고려하지 않았던 게 큰 약점입니다.

[그림 2-2]
토마스 불코우스키의 저서

3

패턴을 완성하는 힘, 강력한 RS

[그림 2-3]은 손잡이가 달린 컵 패턴에 대한 인베스톨스 비즈니스 데일리(Investor's Business Daily, IBD)[8]의 정의입니다.

오닐의 교과서적인 손잡이가 달린 컵 패턴 설명에서 반드시 기재되는 사항이 하나 있습니다. 손잡이 컵 형성 직전에 Prior Uptrend, 기존의 강력한 상승 추세가 있어야 한다는 필요충분조건의 성립입니다. 즉, 기존의 강력한 상승 추세가 없다면 손잡이 컵의 모양이 얼마나 완벽하든 아무 소용이 없다는 것이 오닐식 패턴 분석의 핵심입니다.

---

8 윌리엄 오닐이 설립한 투자자문 회사.

[그림 2-3] 컵 손잡이로 보는 상승 추세

가장 흔하고 수익성 높은 패턴
- 상승하는 종목은 종종 이 패턴을 형성하면서 큰 상승 흐름을 시작
- 옆에서 보면 찻잔처럼 보이는 형태

이상적인 매수 지점 (손잡이의 가격을 기준으로 2틱 정도 위의 가격에서 매수)

매수 범위 (이상적인 매수 지점에서 최대 5% 위까지)

이전 상승 추세 / Depth % / Handle / Base Length

© 2015 Investor's Business Daily, Inc. All rights reserved.

기존의 강력한 상승 추세는 차트패턴 분석의 핵심입니다. 추세추종 돌파매매로 주식시장에서 큰 성공을 거둔 니콜라스 다바스(Nicolas Darvas)의 종목 선정 역시 오닐과 결을 같이 합니다. 강력한 거래량을 동반한 급격한 상승, 이것이야말로 차트패턴 분석의 전제 조건입니다. 니콜라스 다바스는 박스 돌파 시 매매하는 단순한 추세추종 방식으로 주식시장에서 큰 성공을 거둬 미국 주간지 〈타임(Time)〉에서 인터뷰까지 한 헝가리 출신 댄서입니다.

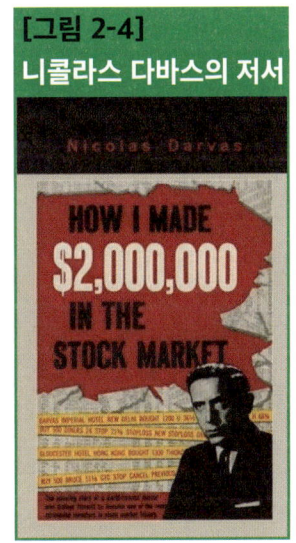

[그림 2-4] 니콜라스 다바스의 저서

"평소에는 조용하고 수줍은 여성이 갑자기 테이블 위로 올라가 미친 듯이 춤을 춘다면 그 여인의 신상에 큰 변화가 있는 게 분명해. 주식도 마찬

가지야. 박스권을 오래 횡보하며 변화가 없던 종목이 갑자기 큰 거래량을 동반하며 급격하게 상승한다면 그 기업에 우리가 알지 못하는 호재가 있다는 얘기야." - 니콜라스 다바스

[그림 2-5] 로릴라드 타바코의 역사적인 차트

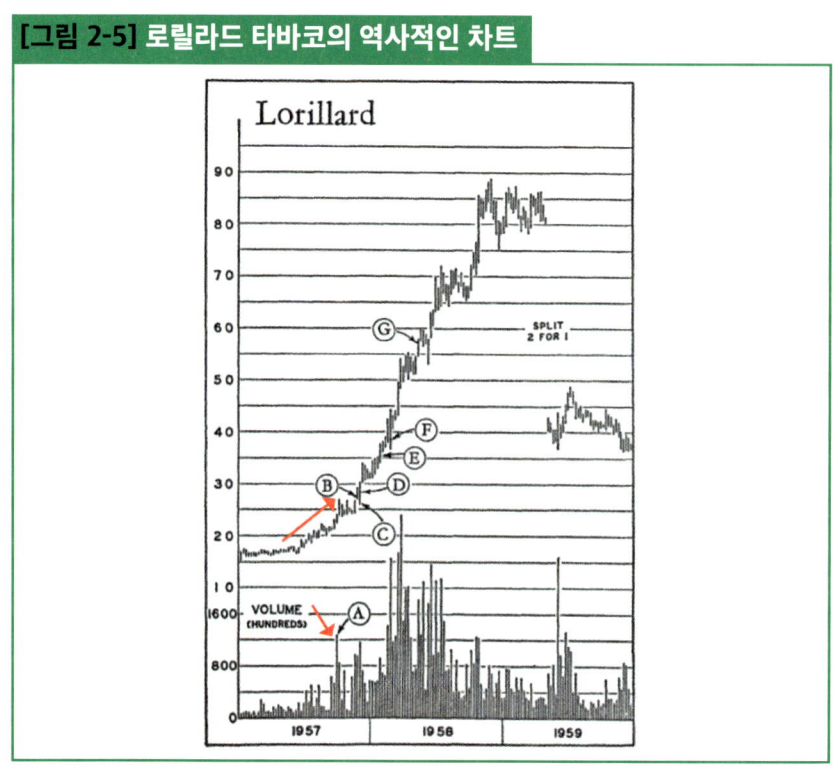

다바스는 담배회사인 로릴라드 타바코의 주가 상승을 눈여겨 보고 있었고, [그림 2-5]의 A 지점에서 거래량이 크게 터지면서 B 지점까지 가격이 급등한 후 박스가 형성되자 매수 후보로 삼았습니다. 즉, 강력한 거래량(A)과 지수(S&P 500) 대비 강력한 상승세(B)가 갖추어진 패턴

이 생겼을 때만 매수하는 것, 이것이 RS가 강한 패턴만을 매매하는 방법입니다.

[그림 2-6] 유니버설 컨트롤스의 역사적인 차트

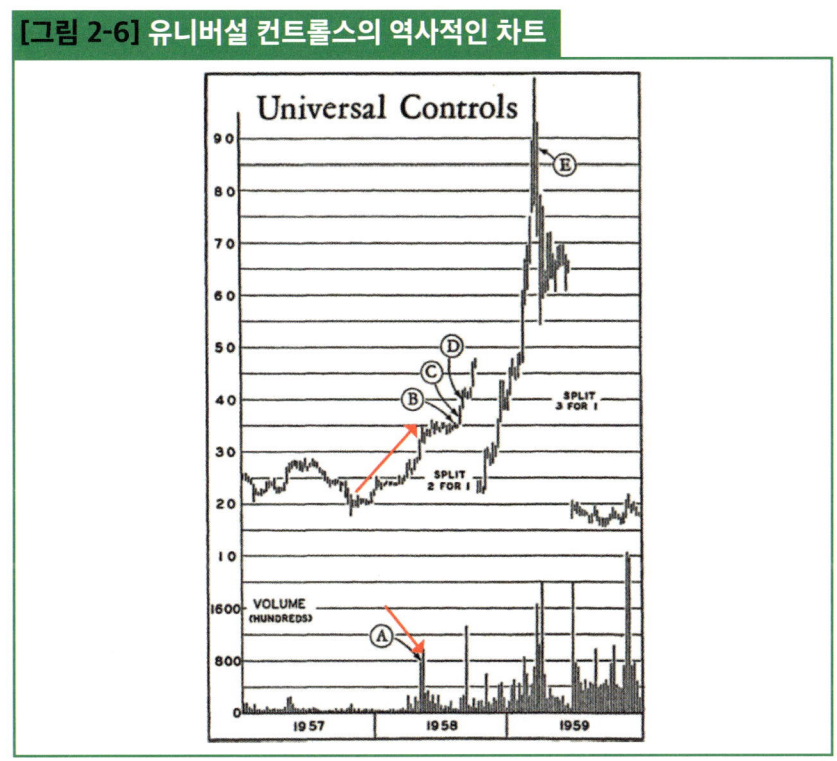

마찬가지로 [그림 2-6]을 보면 전자기기 생산업체인 유니버설 컨트롤스의 강력한 거래량(A)과 이에 화답하는 급격한 가격 상승(B) 이후 니콜라스는 매매를 시작했습니다. 대부분의 사람이 "이 종목은 이미 너무 많이 올랐어! PER이 너무 높아!"라고 말하는 시기에 그는 매매를 한 것입니다.

RS 차이에 따라 달라지는 결과

[실전 차트 2-1] 삼성전자의 예

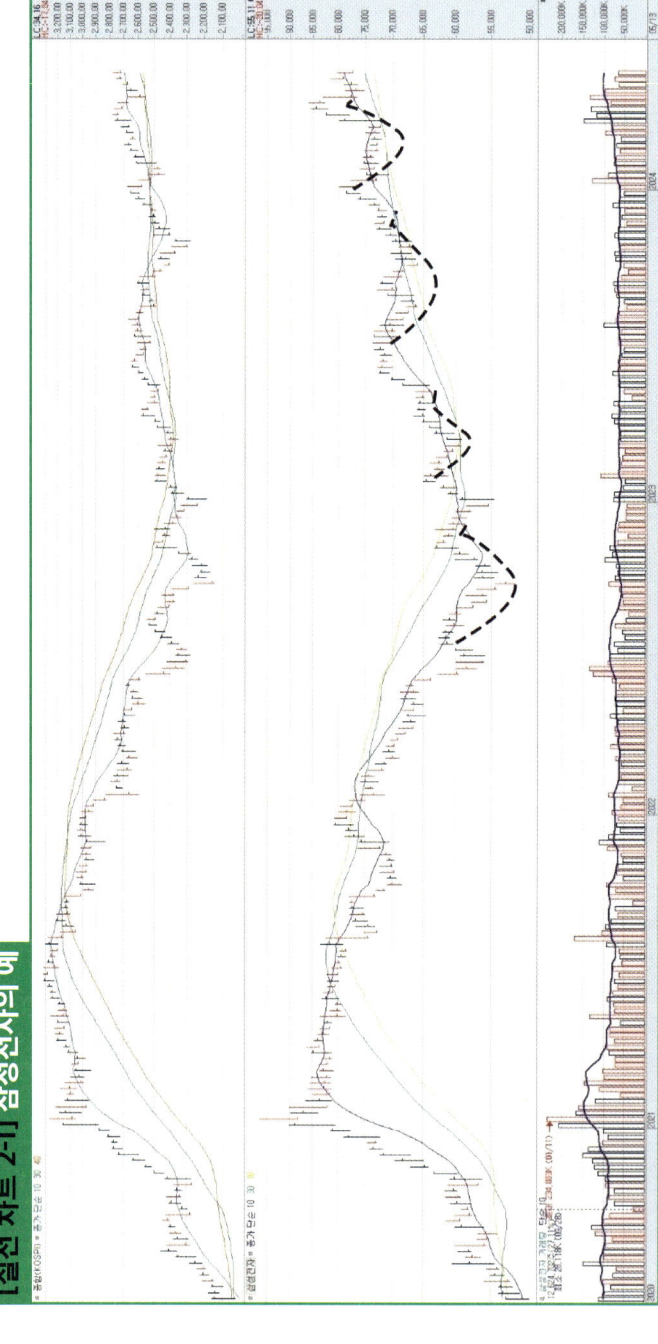

강력한 거래량과 RS가 결여된 종목의 경우 피봇 돌파[9] 실패율이 높고, 피봇을 돌파해도 상승률이 10% 이하로 저조한 성과를 보입니다.

---

9 가격 저점을 강하게 돌파하며 주가가 새로운 상승 흐름을 생성하는 현상.

[실전 차트 2-2] 케이앤더블유의 예

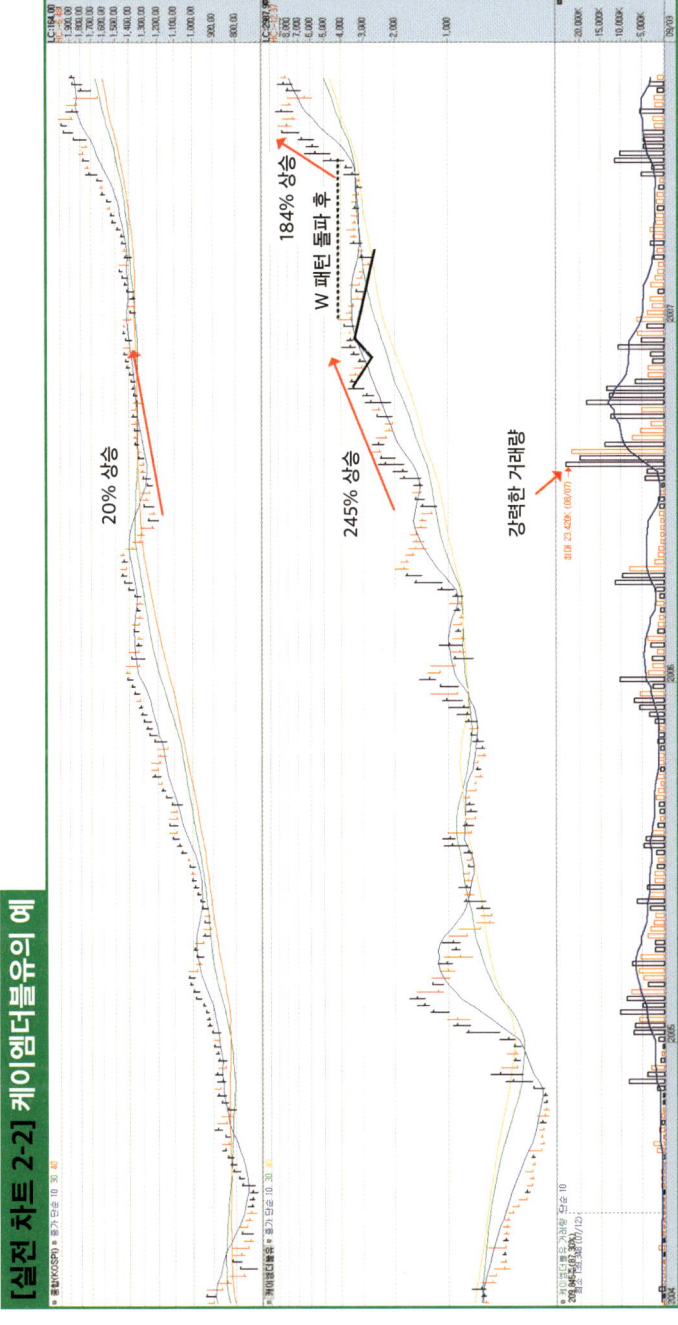

반면 강력한 거래량과 RS를 가진 종목의 경우 피봇 돌파 성공률도 높고, 피봇 돌파 후 상승률이 20~50% 이상일 확률이 높습니다.

핵심 차트패턴 분석 075

손잡이가 달린 컵 완전 정복

주식투자에 관심을 갖고 공부를 해 본 분이라면 손잡이가 달린 컵 패턴에 대해서 들어 봤을 것입니다. 이 패턴은 일명 '꿈의 패턴'이라고 불리기도 하는데, 그 이유는 다음과 같습니다.

1. **직관적이며 인식하기 쉬움.**
2. **매우 빈번하게 발생해 큰 수익을 안겨 주는 경우가 많음.**

마치 손잡이가 달린 찻잔 같은 모양으로, 가격이 손잡이 모양 부분을 상승 통과할 때 매수하는, 누구나 쉽게 따라 할 수 있는 매매 방식입니다. 워낙 유명한 패턴이라 "기술적 분석은 손잡이가 달린 컵 패턴을 분석하는 것이다."라고까지 여겨질 정도이죠.

문제는 가장 널리 알려진 패턴이면서도 가장 잘못 이해되고 있는 패턴이라는 점입니다. 특히 국내 기술적 분석 서적에는 손잡이가 달린 컵 패턴의 핵심인

1. **강력한 거래량과 지수 대비 상승세(RS)**
2. **베이스의 형성 기간**
3. **손잡이 모양이 형성되었을 때의 거래량**

과 같은 핵심 내용에 대한 고찰이 결여되어 있습니다. 그렇기 때문에 "모두가 손잡이가 달린 컵이 무엇인지 알지만 이를 제대로 알고 적용할 줄 아는 사람은 드물다."라는 말이 나오는 것입니다. 마치 알리오 올리오 파스타는 누구나 만들 수 있지만 제대로 만드는 사람은 드문 것과 같은 이치입니다.

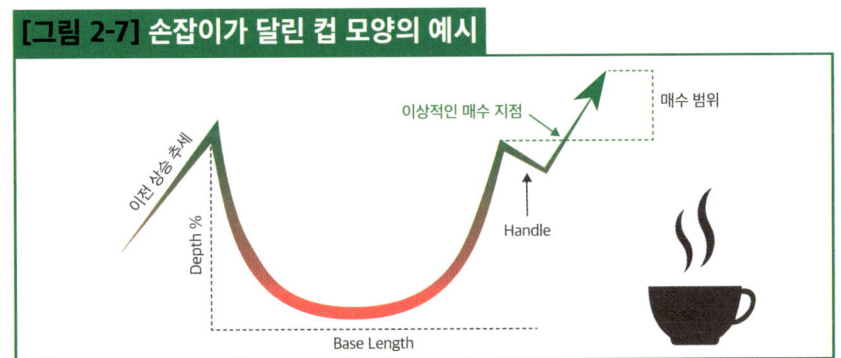

[그림 2-7] 손잡이가 달린 컵 모양의 예시

강한 패턴의 출발점,
베이스 형성

손잡이가 달린 컵 패턴을 자세히 보면 U자 모양이 있습니다. 이를 기술적 분석의 가장 기초 단위, 베이스(Base)라고 부릅니다. 국내의 기술적 분석에서는 무시되는 경향이 있지만, 베이스는 수요와 공급의 역학을 이해하는 데에 매우 중요한 역할을 합니다. [그림 2-8]을 예로 들어 설명하겠습니다. 만약 손잡이가 A, B, C 모두 동일한 높이에 있다면 이들 중 돌파 성공률이 가장 높은 패턴은 어떤 것일까요?

정답은 C입니다. 베이스의 길이가 길어질수록 기존의 하방압력(매물대)이 약해져 돌파 성공률이 높아지기 때문입니다. 베이스가 장기간 형성된다면 단기 차익을 노리던 매매자들은 지쳐 떨어져 나가게 되고, 아

예 HTS를 꺼 버리고 주가를 보지 않는 포기자들과 기업의 미래가치를 믿는 장기 투자자들만 남게 됩니다. 이들은 단기적으로 시세가 상승한다고 쉽게 매물을 내놓지 않죠. 그래서 주가가 다시 위로 튈 때 막는 힘이 약해서 돌파력은 커집니다.

삼성전자를 예로 들어 살펴보겠습니다. 2020년 말 삼성전자의 주가가 8만 원을 돌파하자 '이제 곧 삼성전자는 10만 원

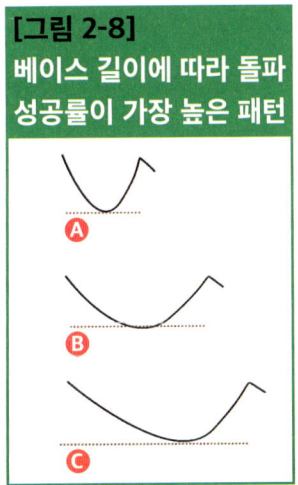

[그림 2-8]
베이스 길이에 따라 돌파 성공률이 가장 높은 패턴

을 훌쩍 넘을 거다!'라는 장밋빛 전망들이 쏟아져 나오기 시작합니다. 대중들은 10만전자의 부푼 꿈을 안고 8만전자에 탑승하기 시작합니다. 대한민국을 대표하는 우량주에 투자하는 것이다 보니 삼성전자는 주가가 떨어져도 언젠가는 다시 반등할 것이라는 확신이 생기기 마련입니다. 자신의 비상금을 털어 8만전자, 9만전자를 사기 시작합니다. 심지어 삼성전자라는 네임밸류를 믿고 대출까지 받아 매수하는 경우도 흔합니다.

**매물대란
무엇인가**

10만전자의 부푼 꿈을 안고 올인했던 투자자들은 삼성전자가 10만 원을 찍지 못하고 힘없이 하락하는 것을 목도하게 됩니다. '아! 주식투

자는 하는 게 아니었어!' 이들은 자신의 경솔한 선택에 매일 밤잠을 못 이루며 후회합니다. 자신의 매수가, 즉 본전 근처로만 가격이 상승해도 전량 매도하겠다는 굳은 의지를 다집니다. 이런 굳은 다짐들은 삼성전자의 주가가 조금만 상승해도 매물이 쏟아져 나오게 만드는 원동력이 됩니다. 주가가 상승할 수 없게 만들죠.

시장에서 생존하는 기본기

베이스란?
베이스는 주가가 횡보하거나 눌리면서 '숨을 고르는 구간'을 뜻합니다. 조정을 받으면서 U자 형태의 바닥을 만들어 가는 구간이기도 합니다.

매물대란?
매물대는 '예전에 많은 거래가 이루어졌던 가격 구간'으로, 주가의 상승을 예상하고 매수를 했지만 기대와 달리 하락하면서 투자자들이 손실을 입는 구간입니다. 매수 후 손실이 생기니 물려 있는 투자자들은 본전 근처까지 가격이 상승하면 바로 매도를 하려고 대기하게 됩니다. 이는 곧 주가의 상승을 방해하는 장벽이 됩니다.

이렇듯 매물대는 갓 형성되었을 때가 가장 강력합니다. 단기 수익을 노리고 신용대출까지 받은 매수자들과 여유 자금을 투자했더라도 주가의 하락을 경험해 보지 못한 초보 투자자들까지, 조금이라도 손실이 만회되면 자리를 털고 도망가고 싶은 심리가 지배하기 때문입니다.

이러한 매물대는 시간이 지날수록 점점 약화되는데, 이유는 다음과 같습니다.

1. 신용대출을 쓰거나 심약한 투자자들은 이미 손절을 하고 나가 버림.
2. 손실이 장기화되면 상황에 익숙해짐. 처음에는 -10%, -20%의 손실에도 밤잠을 못 이루던 투자자들이 나중에는 반토막이 나도 무덤덤해지며 '-50%나 -40%나 큰 차이가 있겠어?'라고 생각하면서 주가가 반등해도 매도 물량을 내놓지 않음.

> **시장에서 생존하는 기본기**
>
> **매물대를 더욱 약화시키는 '기회비용'**
>
> 2021년 8만전자에 탑승했던 제 친구 한 명은 "본전 근처까지만 올라 봐라! 이 지긋지긋한 삼성전자 다 팔아 버리고 다시는 주식 안 할 거야!"라고 늘 입버릇처럼 이야기를 해 왔습니다. 그로부터 3년 후 드디어 삼성전자가 8만전자로 복귀했을 때 저는 그 친구에게 전화를 걸어 삼성전자에서 탈출한 것을 축하해 주려고 했었습니다. 그런데 친구의 대답은 제 예상과 달리 "아직 팔지 않았다."라는 것이었습니다. 이유를 물어보니 "3년이나 물려 있던 시간이 있는데, 고작 본전에서 팔 수는 없어."라고 답했습니다. 3년이라는 기회비용에 대한 보상 심리가 강하게 작용한 것입니다. 이렇듯 매물대는 시간이 지날수록 여러 가지 이유로 인해 약해지게 됩니다.

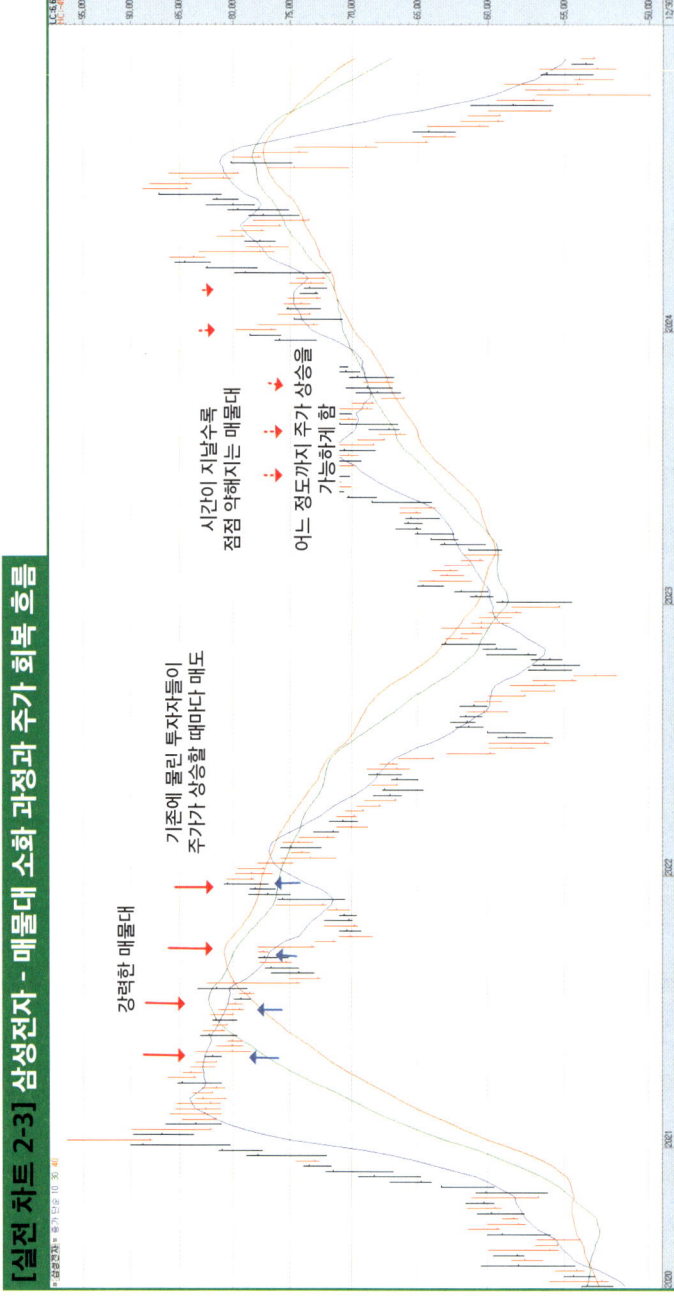

[실전 차트 2-3] 삼성전자 - 매물대 소화 과정과 주가 회복 흐름

이렇게 손실 기간이 길어지는, 즉 베이스가 오랜 시간 길게 형성될수록 기존의 매물대는 소실됩니다. 스탠 와인스타인(미국의 유명 기술적 분석가)은 기존의 매물대가 완전히 소실되는 기간을 1년으로 보았습니다. 즉, 매물대는 1년이 지나면 더 이상 하방압력을 행사하지 않는다는 이야기이죠.

082 Chapter 2

성공적인 패턴의
최소 베이스 형성 기간

우리는 주가 상승을 방해하는 요소로 매물대라는 것을 배웠고 매물대는 시간이 지나면 약화됩니다. 그러므로 베이스가 긴, 즉 시간이 흘러 매물대가 소실된 패턴만을 매매해야 한다는 것을 알게 되었습니다.

그런데 문제가 하나 더 있습니다. 만약 1년 이상 오랜 기간 베이스를 만든 패턴의 돌파가 시장의 하락기, 즉 불황장 때 발생한다면 어떤 일이 생길까요? 예를 들면 이런 경우입니다.

1. 베이스가 가장 짧은 A에서 손잡이(매수 지점)가 형성되었을 때 시장이 호황장인 경우

2. 베이스가 가장 긴 C에서 손잡이가 형성되었는데, 시장이 불황장인 경우

1번과 2번 중 어느 것이 손잡이를 돌파할 확률이 높을까요? 답은 1번입니다. 자고 일어나면 어제 산 주식이 10~20%씩 상승하고 호황장으로 모두에게 축제일 때는 매물대가 좀 있다 하더라도 손잡이에서의 돌파가 쉽게 성공합니다.

반면에 코로나 급락장 때처럼 장 중에 사이드카가 발동하고 지수가 하루에 -5%씩 하락하는 장에서는 아무리 좋은 차트패턴도 상승 돌파를 하기 어렵습니다. 즉, 매물대가 완전히 소실될 때까지 기다리다가는 매수 적기를 놓칠 수 있다는 겁니다.

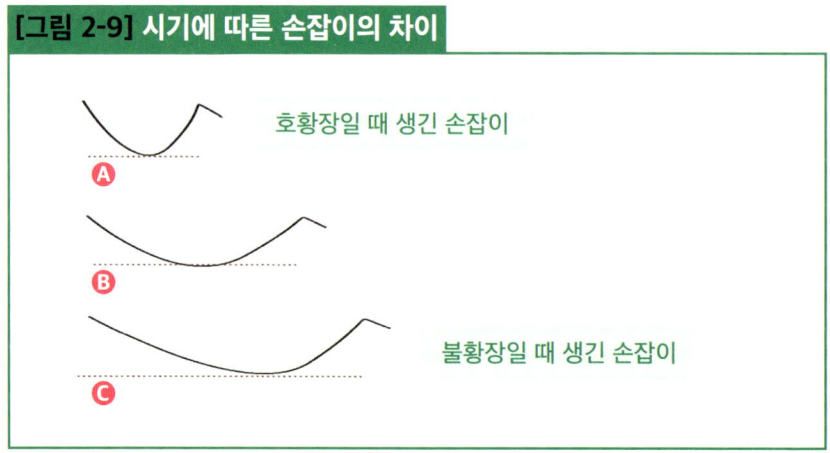

[그림 2-9] 시기에 따른 손잡이의 차이

이런 경우는 [그림 2-9]의 베이스가 긴 C보다 베이스가 짧은 A가 돌파를 성공할 확률이 높기도 합니다.

6
7주 베이스에서 시작되는 컵 패턴의 성공 조건

시장이라는 변수를 고려해야 하므로 우리는 각 패턴별로 최소 베이스 형성 기간, 즉 매물대가 사라질 수 있는 기간에 대한 기준이 필요합니다. 윌리엄 오닐은 오랜 연구를 통해 패턴별 최소 베이스 형성 기간을 도출해 냈습니다. 그는 손잡이가 달린 컵 패턴의 경우 최소 7주 이상 베이스가 형성되어야 손잡이의 돌파가 가능하다는 것을 밝혀냈습니다.

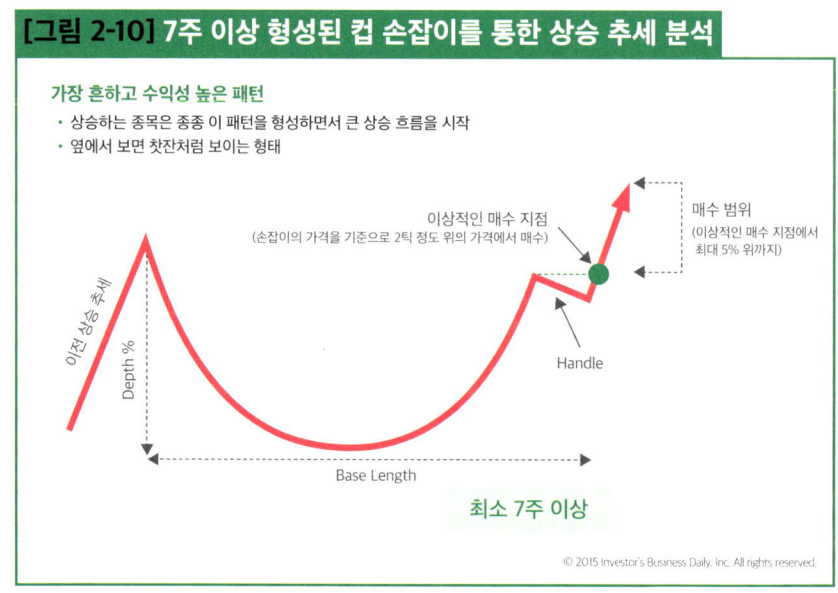

[그림 2-10] 7주 이상 형성된 컵 손잡이를 통한 상승 추세 분석

그렇다면 베이스의 형성 기간을 셀 수 있는 방법에 대해 알아봐야 하겠죠? 베이스 세는 법(Base Week Counting)은 주간차트를 이용해야 합니다. 주간차트에서 강력한 거래량을 동반한 상승이 이루어진 후 처음으로 조정받는 주를 1주로 치고, 그다음부터 순차적으로 세어 나가면 됩니다.

[실전 차트 2-4] 주간차트로 보는 베이스 세는 법

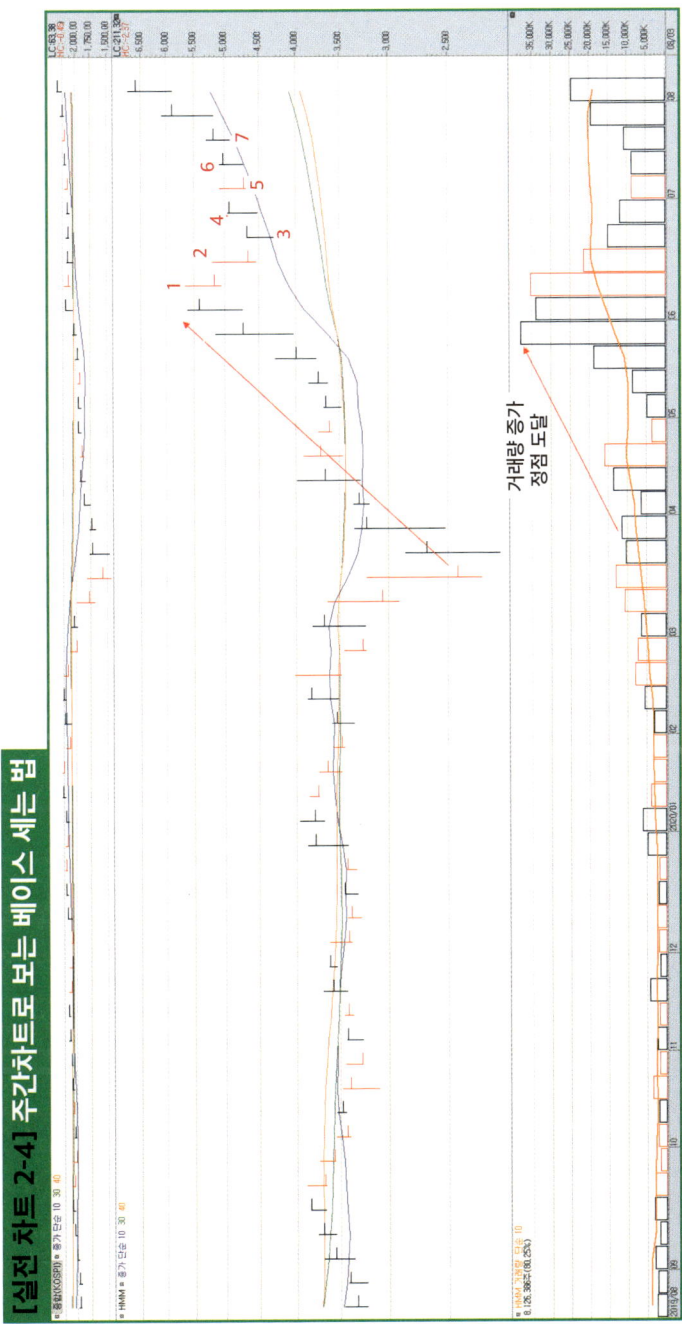

핵심 차트패턴 분석

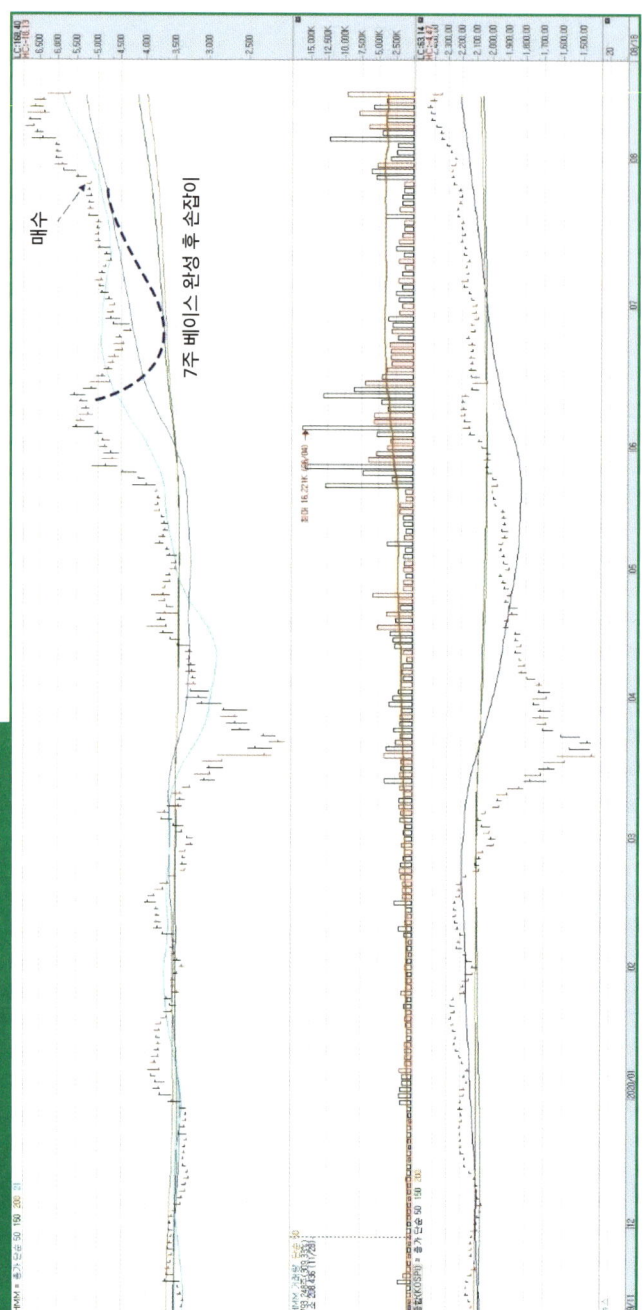

[실전 차트 2-5] 7주 베이스 완성 후 컵 손잡이 발생

손잡이의 위치에 따른 최소 베이스 형성 기간

윌리엄 오닐은 손잡이가 달린 컵 패턴에서 손잡이의 위치는 컵의 중간 이상에서 형성되어야 한다고 했습니다. 손잡이의 위치가 낮을수록 기존 매물대의 하방압력에 더 크게 영향을 받기 때문입니다. 그런데 오닐에게 영향을 받은 마크 미너비니가 손잡이가 달린 컵의 예외 패턴을 상용화하기 시작합니다. 바로 미너비니의 시그니처 패턴, 로우칫(Lowcheat)입니다.

흔히들 로우칫이라고 하면 손잡이가 달린 컵과 다른 패턴이라고 생각하는데, 사실 손잡이가 달린 컵에서 손잡이의 위치가 중간 아래에 위치한 패턴일 뿐입니다.

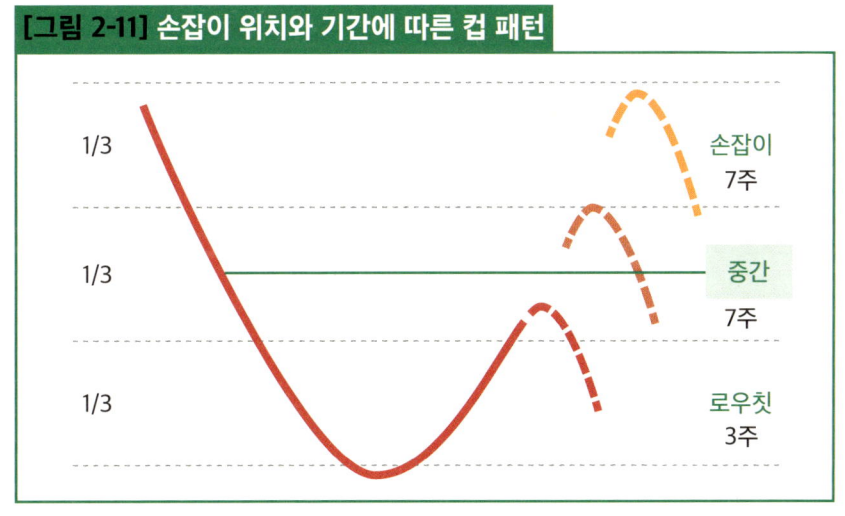

[그림 2-11] 손잡이 위치와 기간에 따른 컵 패턴

즉, 주가가 주요 저항선을 돌파하기 전에 베이스(기초) 영역 내에서의 미세한 돌파를 포착하여 조기에 매수하는 전략입니다. 이러한 접근은 돌파 이후의 급등을 미리 선점할 수 있는 기회를 제공합니다.

7

마크 미너비니의
로우칫 전략

로우칫은 마크 미너비니의 연구를 통해 발견된 패턴으로, 기존 패턴보다 낮은 위치에서 손잡이가 형성된 것을 말합니다. 그렇다면 수요와 공급의 역학을 고려했을 때 기존의 손잡이가 달린 컵 패턴보다 긴 베이스가 필요하겠죠? 그런데 로우칫 패턴은 오히려 더 적은 주만 필요로 합니다. 손잡이가 달린 컵 패턴이 최소 7주의 베이스 형성 기간을 필요로 하는 반면, 로우칫 패턴은 그보다 훨씬 더 적은 오직 3주의 베이스 형성 기간만을 요구하죠. 그렇다면 로우칫 패턴은 교과서적인 손잡이가 달린 컵 패턴보다 더 강한 매물대의 압력을 어떻게 뚫고 나가는 것일까요? 그 핵심은 RS, 즉 지수 대비 상대강도에 달려 있습니다.

미너비니는 3주의 베이스 형성 기간만 필요하다고 했지만 실전에서 3주의 로우칫 패턴은 희소합니다. 로우칫이라 생각되는 패턴이 있다면 베이스 형성 기간은 최소 3주 이상, 그리고 무엇보다 지수 대비 강력한 상대강도(RS)를 보이고 있는지를 살펴보고 매매하면 됩니다. 다음의 차트들을 통해 예시를 살펴보겠습니다.

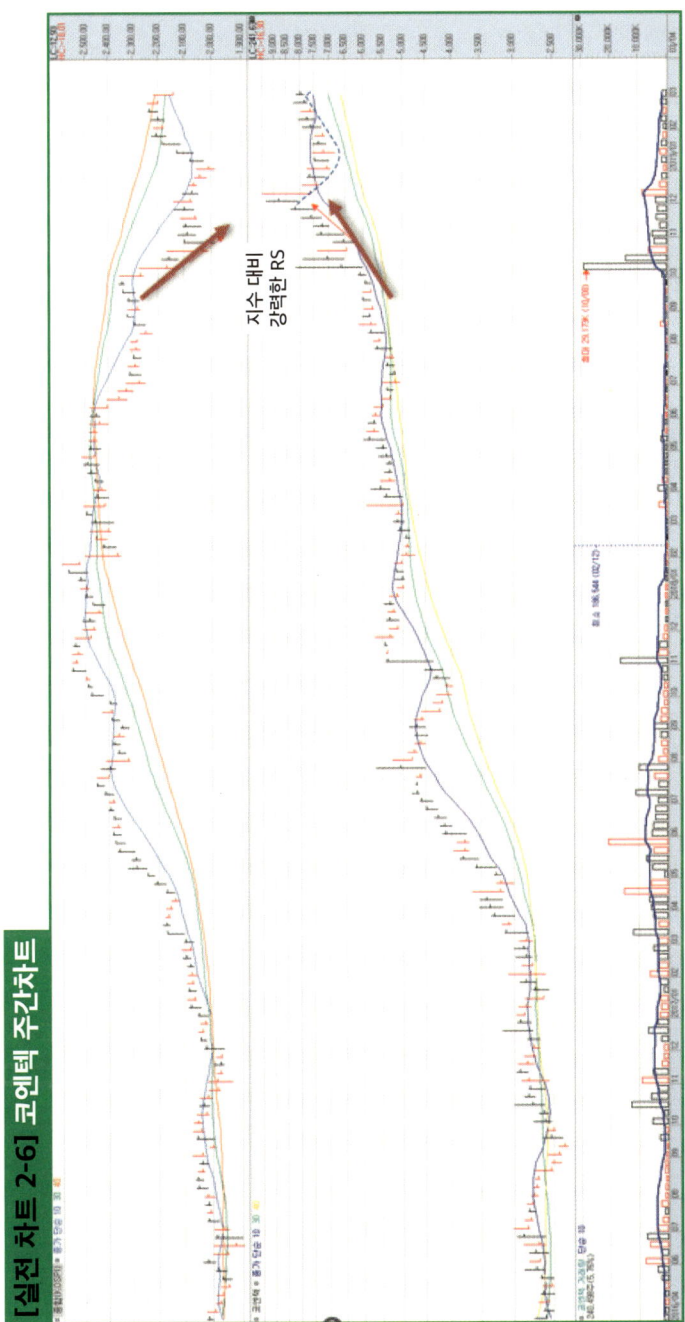

[실전 차트 2-6] 코엔텍 주간차트

[실전 차트 2-7] 한화오션 주간차트

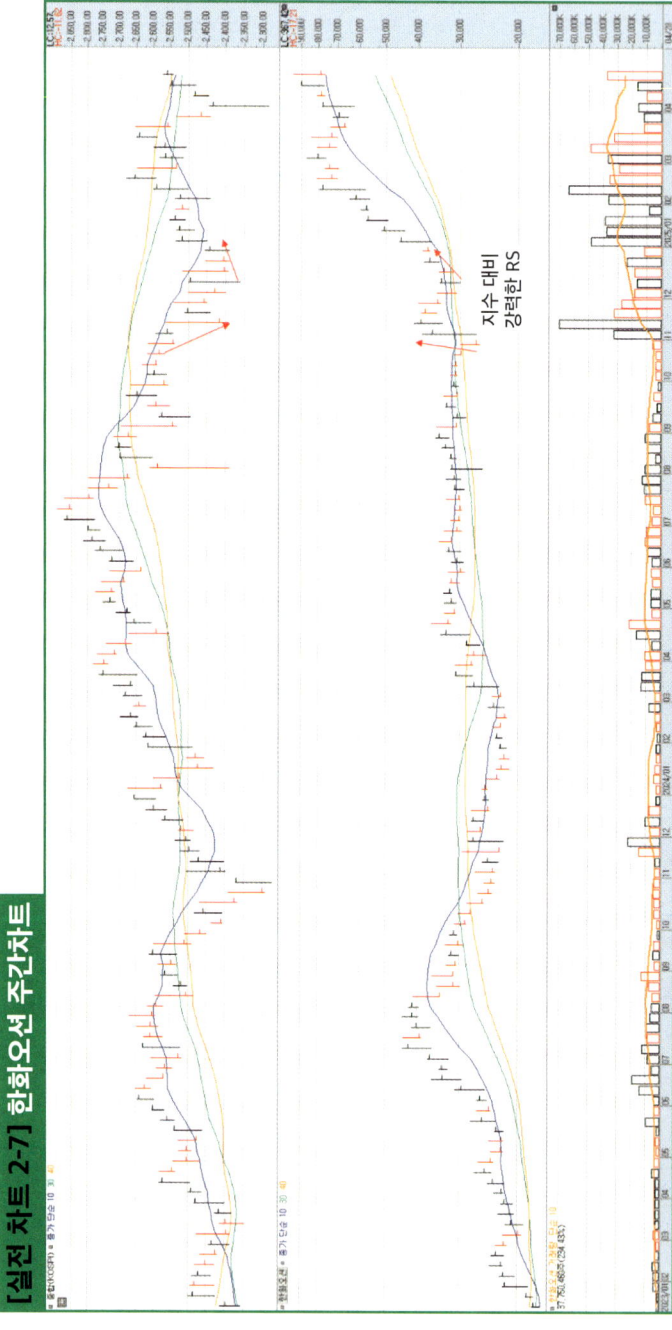

로우칫 패턴 형성 시기에 강력한 RS가 일어났습니다.

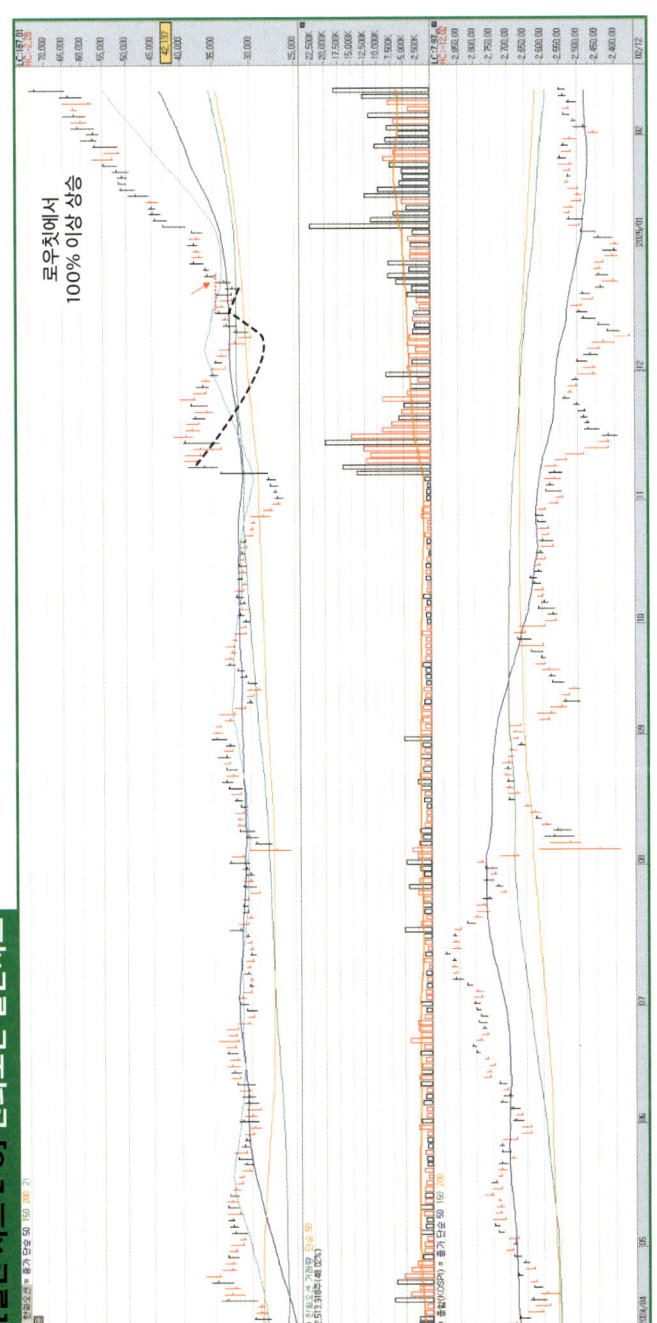

[실전 차트 2-8] 한화오션 일간차트

핵심 차트패턴 분석

8. W 패턴과 Long W 패턴의 실전 응용

W 패턴 역시 가장 잘못 이해되고 있는 패턴 중 하나입니다. 교과서적인 W 패턴의 정의를 먼저 살펴보면, 모양은 알파벳의 W와 유사하며 W의 중간 지점을 통과할 때 매수한다고 되어 있습니다. 오닐식 정의에 따르면 두 번째 다리는 첫 번째 다리를 하회(Undercut)해야 한다고 명시되어 있습니다.

저는 이 책에서 기존의 W 패턴 정의를 완전히 새롭게 해 보고자 합니다. W 패턴은 사실 로우첫 패턴과 마찬가지로 손잡이가 달린 컵의 파생패턴일 뿐입니다. 손잡이가 달린 컵 패턴이 주로 호황장(Bull Market)에서 발생한다면 W 패턴은 조정장(Correction)에서 발생합니다.

즉, 손잡이가 달린 컵 패턴이 시장의 조정기로 인해 돌파를 하지 못하고 미루어진 때를 W 패턴이라고 보면 됩니다.

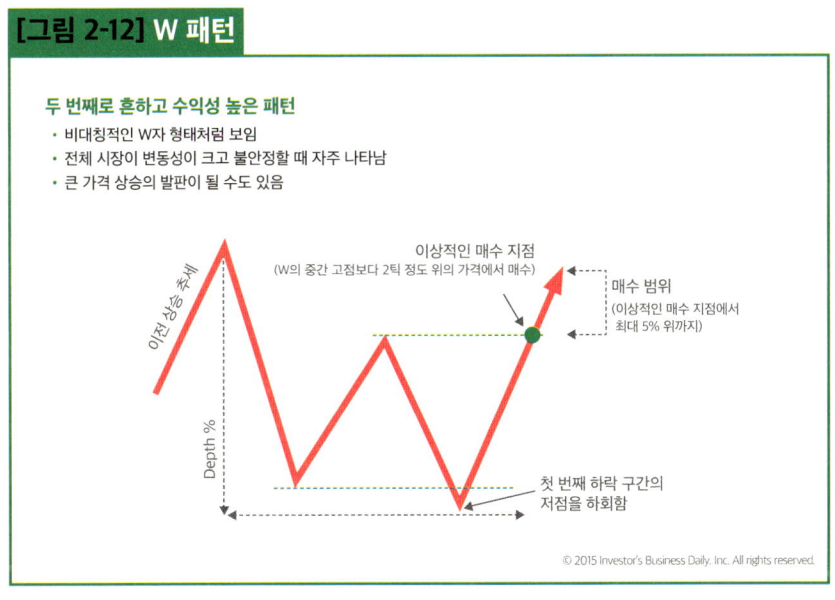

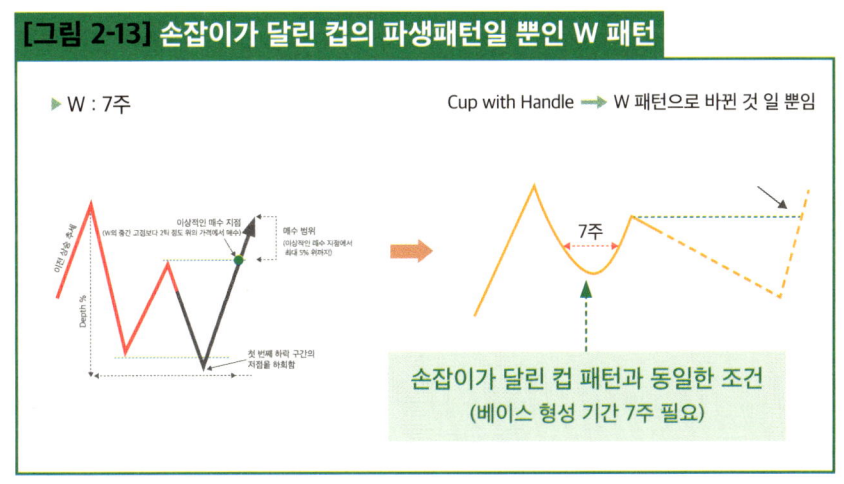

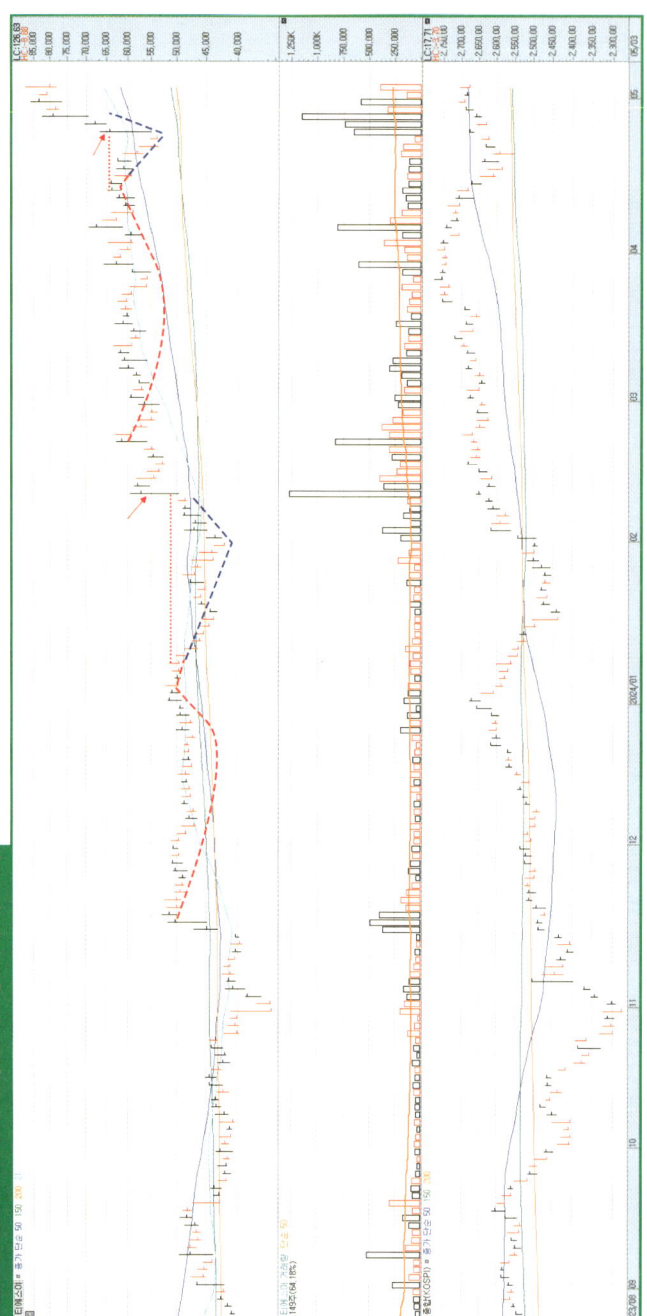

Long W 패턴

일단 손잡이가 달린 컵 패턴이 완성되면 타점(손잡이 위)은 상당히 오랜 기간 지속되는 경향이 있습니다. 이것을 저는 개인적으로 Long W 패턴이라고 부릅니다. 기존의 기술적 분석서에서는 소개된 적 없는 패턴입니다. 독자분들 중에서도 연구를 하다 보면 이러한 새로운 패턴 매매 방식을 발견할 수 있을지 모릅니다. 중요한 것은 패턴의 모양이 아니라 역학입니다. 수요와 공급의 역학에 맞는다면 새로운 패턴들은 얼마든지 나올 수 있습니다.

[실전 차트 2-10] 주성엔지니어링 일간차트

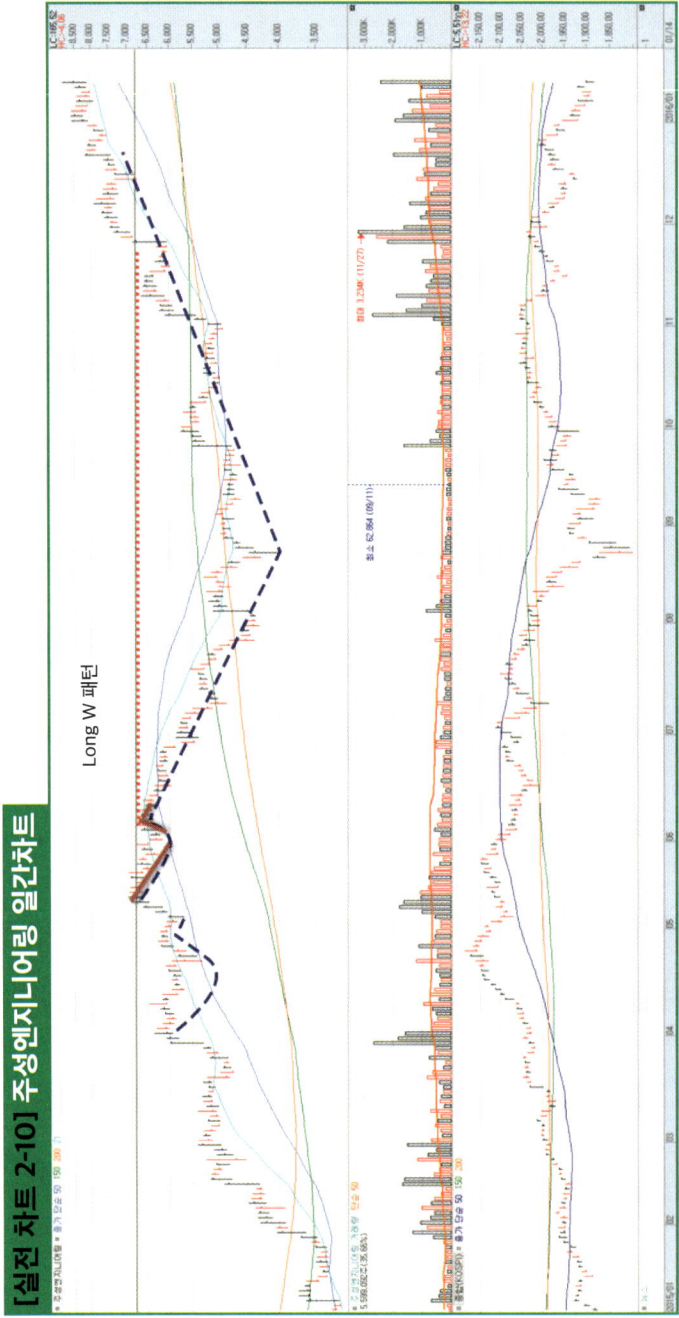

손잡이를 형성한 지 16주 만에 예전 손잡이 부분을 다시 돌파했습니다.

[실전 차트 2-11] 에코프로 일간차트

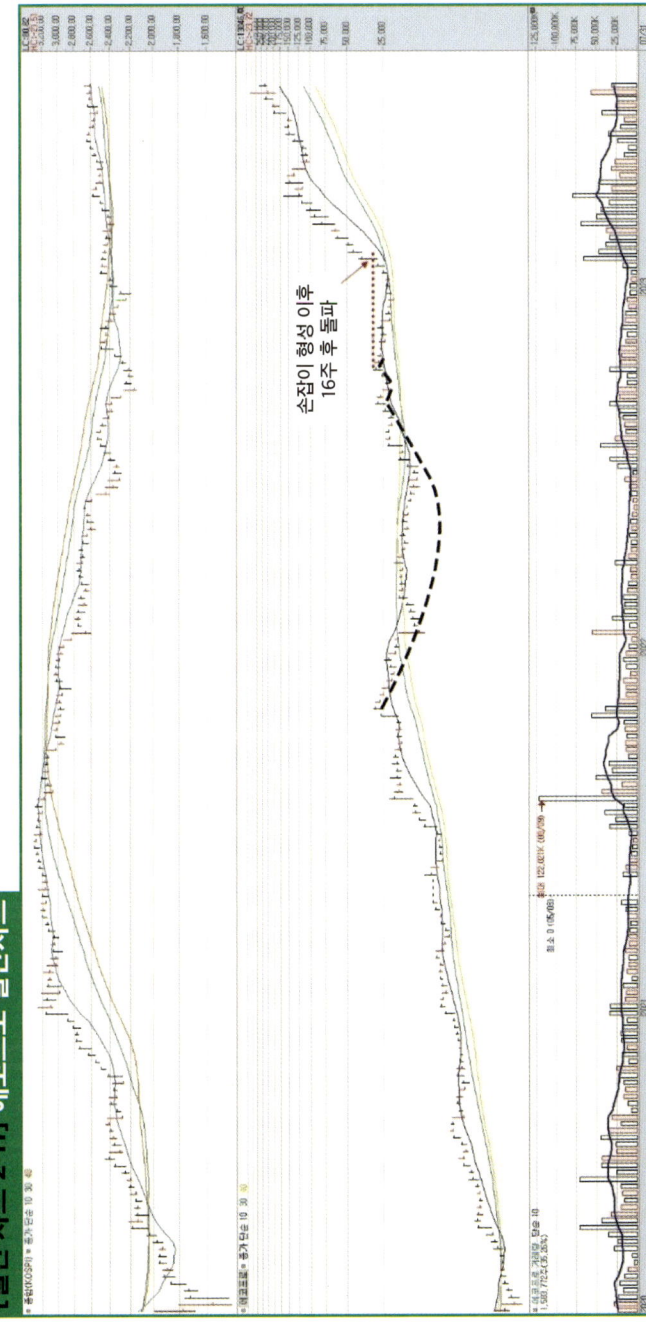

2023년 주식시장 최고의 위너인 에코프로입니다. 에코프로는 간파하기 매우 까다로운 Long W 패턴으로 돌파에 성공했습니다. 2022년 10월 24일에 형성된(주간차트 기준) 손잡이는 무려 16주 후 돌파에 성공합니다. W 패턴처럼 보이지만 시장의 조정으로 인해 손잡이가 달린 컵 패턴이 바로 돌파하지 못하고 16주 후에 다시 돌파를 시도한 것입니다.

핵심 차트패턴 분석　　**101**

9
수익을 만드는 단 하나의 패턴, 손잡이가 달린 컵

이렇듯 로우칫, W 패턴도 사실은 손잡이가 달린 컵 패턴에서 파생되었습니다. 그러니 손잡이가 달린 컵 패턴 하나만 제대로 익혀 두면 이 패턴들로 매매를 진행할 수 있습니다. 로우칫, W 패턴뿐만이 아닙니다. 기술적 분석에서 다루어지는 거의 모든 패턴들, 예를 들면 하이타이트 플래그(High Tight Flag), 베이스 온 베이스(Base on Base), 어센딩 베이스(Ascending Base), 스퀘어 박스(Square Box), 손잡이가 없는 컵(Cup without Handle) 등도 손잡이가 달린 컵의 파생패턴들입니다. 그러므로 손잡이가 달린 컵 패턴 하나만이라도 제대로 아는 것이 중요합니다.

[그림 2-14] 하이타이트 플래그

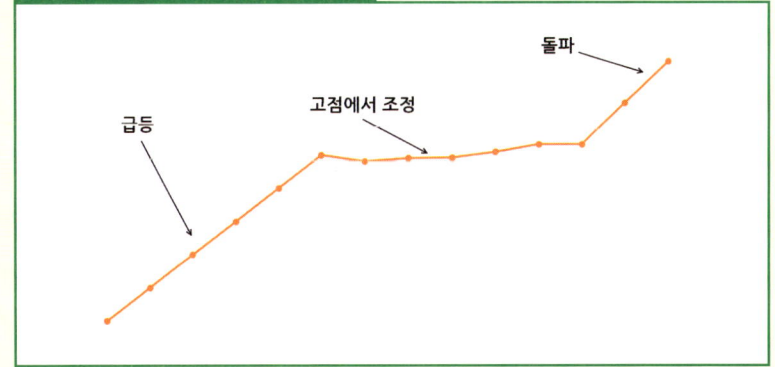

: 높고 촘촘한 깃발형 구조.

[그림 2-15] 베이스 온 베이스

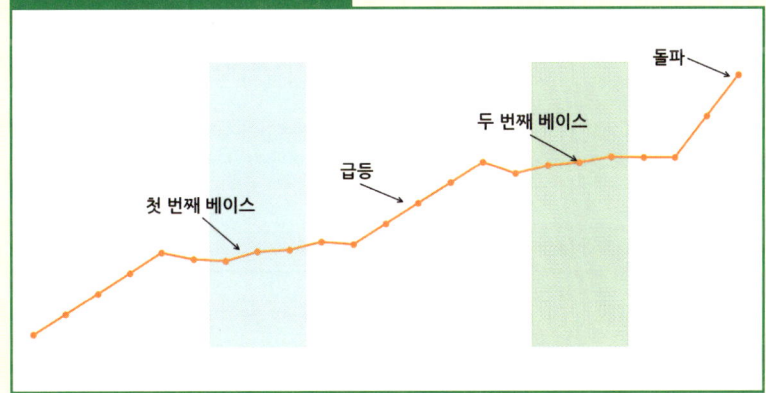

: 박스권 내 베이스 위에 또 다른 베이스가 형성된 구조.

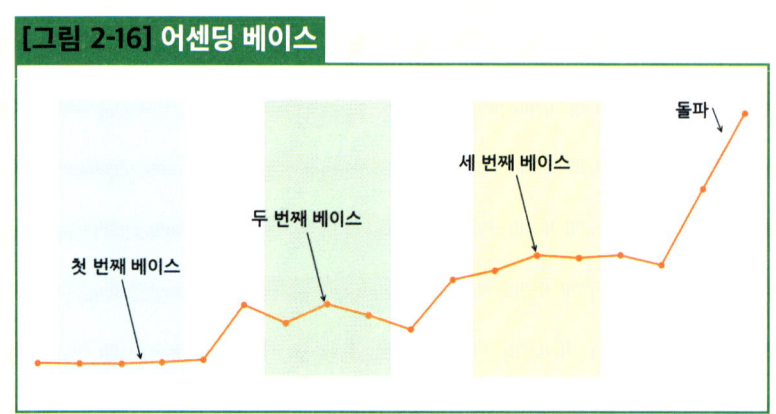

[그림 2-16] 어센딩 베이스

: 베이스 온 베이스 위에 베이스가 하나 더 추가된 구조.

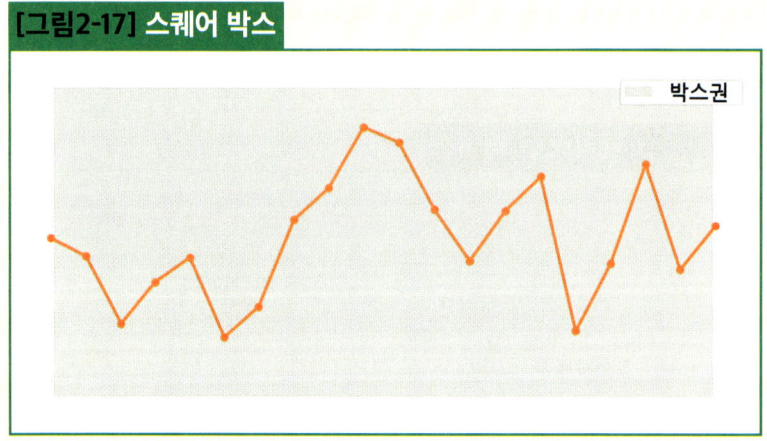

[그림2-17] 스퀘어 박스

: 일정한 가격 범위 안에서 상단과 하단을 반복적으로 움직이는 구조.

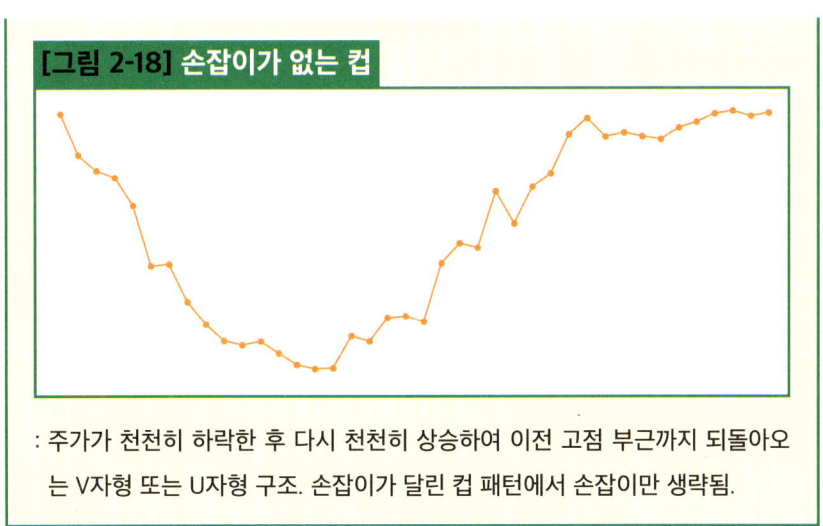

[그림 2-18] 손잡이가 없는 컵

: 주가가 천천히 하락한 후 다시 천천히 상승하여 이전 고점 부근까지 되돌아오는 V자형 또는 U자형 구조. 손잡이가 달린 컵 패턴에서 손잡이만 생략됨.

위에서 열거한 다양한 차트패턴들을 다 숙지할 필요는 없습니다. 모든 패턴들이 손잡이가 달린 컵의 파생패턴일 뿐이기 때문입니다. 손잡이가 달린 컵 패턴만 정확히 숙지한다면 파생패턴들은 자연스럽게 다룰 수 있을 것입니다.

그렇다면 이 모든 패턴들의 근간인 손잡이가 달린 컵 패턴은 어떤 패턴일까요? 기술적 분석을 하지 않는 투자자들 사이에서도 모르는 사람이 없을 정도로 손잡이가 달린 컵 패턴은 널리 알려져 있죠. 이렇게 많은 이들이 손잡이가 달린 컵 패턴을 알고 있지만, 제대로 알고 있는 사람은 방송에 나오는 전문가들을 포함해도 극히 드뭅니다. 가장 유명한 패턴이지만 아이러니하게도 가장 잘못 이해되고 있는 차트패턴, 그것이 손잡이가 달린 컵 패턴입니다. 그렇다면 우리는 손잡이가 달린 컵 패턴에 대해 정확히 이해하는 것이 중요하겠죠?

손잡이는 반드시 10% 이내로

손잡이가 달린 컵 패턴에서 손잡이가 형성되었을 때 손잡이의 조정 폭은 반드시 10% 이내이어야만 합니다. 전통적인 오닐의 교과서에서는 8~12%까지 허용하지만 오닐의 영향을 받은 미너비니는 10% 이내까지만 허용해 더 엄격한 기준을 적용합니다. 저는 개인적으로 10% 이하를 마지노선으로 두고 있습니다.

여기에 하나 덧붙이자면 손잡이가 10% 이내로 조정받았을 때의 거래량 변화를 살펴봐야 합니다. 손잡이가 형성되는 구간에서의 거래량은 주간차트 기준 10주 거래량의 이동평균선을 하회해야 합니다(일간차트의 경우 50일 거래량의 이동평균선). 다시 말해 손잡이 구간에서는 거래량이 50일 이동평균선 아래에서 말라 버려야 합니다.

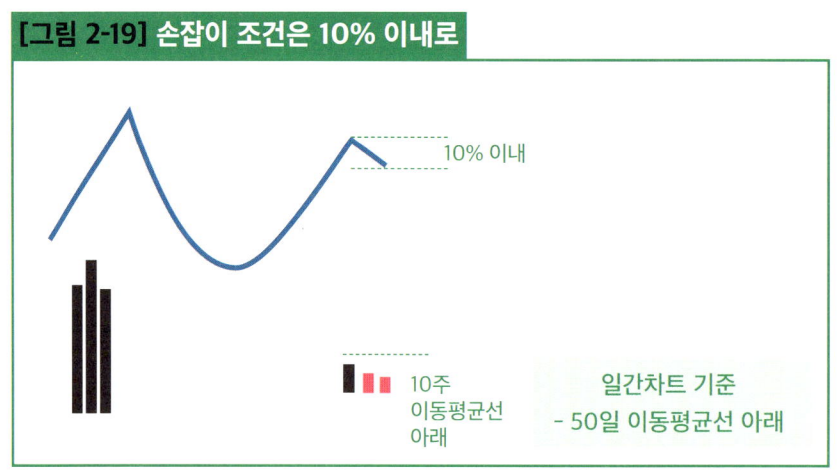

[그림 2-19] 손잡이 조건은 10% 이내로

주간차트에서는 10주 평균 거래량보다 적어야 하고, 일간차트에서는 최근 50일 평균 거래량보다 적어야 합니다.

이렇게 손잡이의 조정 폭이 10% 이내, 손잡이가 형성되는 시기의 거래량이 50일 이동평균선을 하회하는 것이 한 번 확인되고 나면 그 다음부터는 손잡이가 얼마나 더 하락하든 매수 후보 지점은 변동이 없습니다.

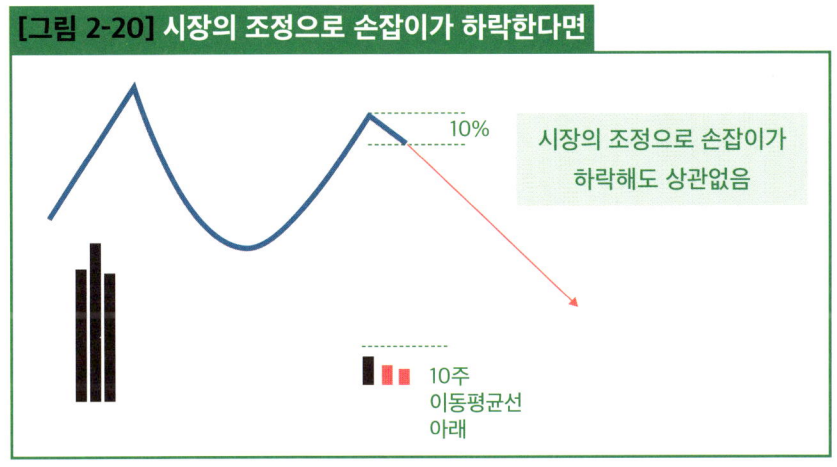

[그림 2-20] 시장의 조정으로 손잡이가 하락한다면

손잡이의 조정 폭이 10% 이내, 손잡이 형성 시 거래량 50일 이동평균선 하회의 예시는 다음과 같습니다.

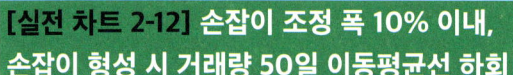

[실전 차트 2-12] 손잡이 조정 폭 10% 이내,
손잡이 형성 시 거래량 50일 이동평균선 하회

"기술적 분석이란 헷지, 연금, 보험 펀드와 같은 대형 기관 자금의 유출입 흔적을 찾는 것이다." - 윌리엄 오닐

시장에서 생존하는 기본기

손잡이가 달린 컵 패턴 매매 시 주의사항
- 반드시 손잡이를 돌파할 때만!

손잡이가 달린 컵과 W 같은 패턴이 발생하는 이유는 펀드 같은 대형 자금이 유입되었기 때문입니다. 이런 기관 자금들은 개인과 달리 하루 만에 원하는 수량을 매입하기 힘듭니다. 그래서 며칠, 몇 주, 심지어 몇 달에 걸쳐서 분할매수를 하는데, 이러한 자금의 유입은 필연적으로 손잡이가 달린 컵 패턴의 돌파를 만들어 냅니다. 기동성이 떨어지는 기관 자금의 특성으로 인해 손잡이가 달린 컵 패턴 돌파가 실패하더라도 개인 투자자들은 충분히 빠져나갈 수 있는 여유가 생깁니다. 악재를 포착한 기관이 자금을 유동화시키는 데에는 시간이 걸리기 때문입니다. 그럼에도 불구하고 손잡이 돌파를 섣불리 예상하고 돌파 전에 손잡이에서 매수하는 투자자들이 있는데, 기업에 악재가 갑자기 발생하면 갭하락의 위험에 그대로 노출되어 버립니다.

[실전 차트 2-13] 손잡이 돌파 전 갬하락의 예 - HLB 일간차트

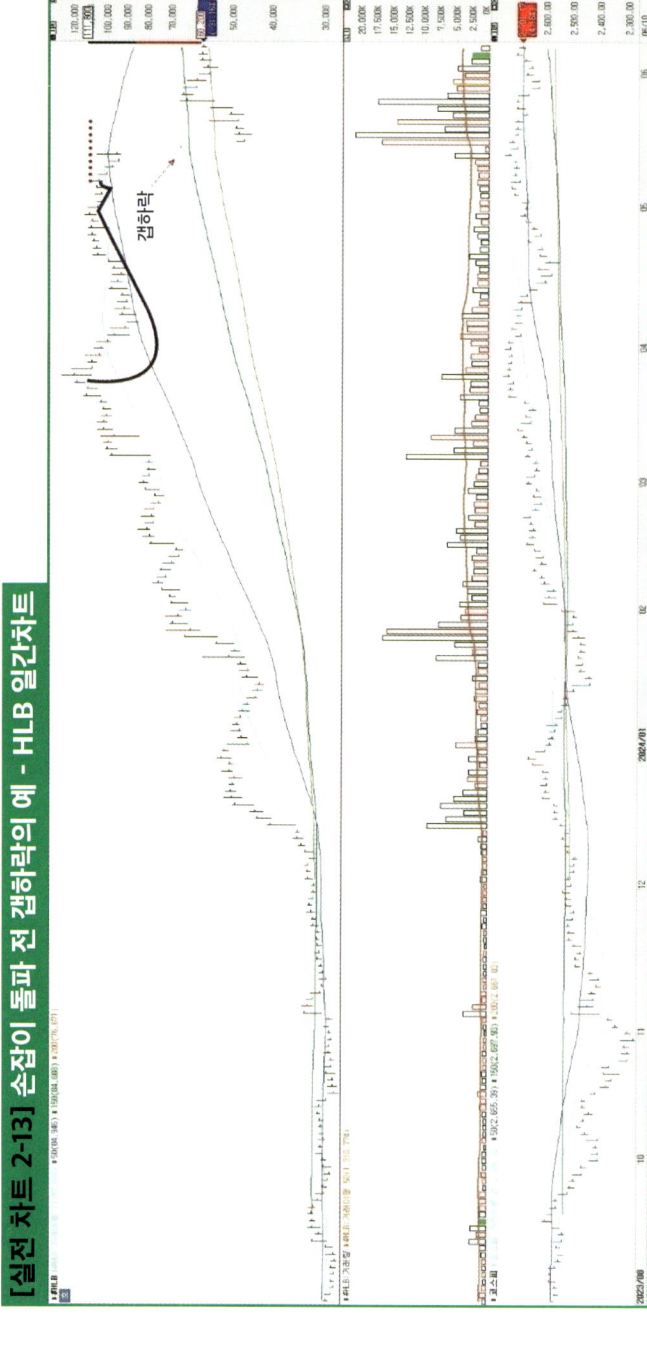

손잡이가 돌파될 때까지 인내를 갖고 기다렸다면 갬하락으로 인한 손실을 경험하지 않았을 것입니다. HLB뿐만 아니라 수많은 차트의 예를 보면 돌파 전에 급락을 하는 경우가 많습니다. 따라서 반드시 돌파를 확인하고 매수를 해야 합니다.

이상적인 손잡이 조건은
깊이 10%, 위치 25% 이내

손잡이가 달린 컵 패턴에서 매매할 때 주의해야 할 점은 매물대의 하방압력이라는 것과 매물대는 시간이 지날수록(베이스가 길어질수록) 약화된다는 것을 배웠습니다. 그동안은 매물대를 가로축(Horizontal)의 역학으로 분석하는 법을 알아보았는데, 이번에는 세로축(Vertical)의 역학으로 분석하는 법을 알아보려고 합니다.

[그림 2-21]의 A, B, C 베이스가 모두 동일한 길이라고 가정한다면 어느 것의 돌파 성공률이 가장 높을까요?

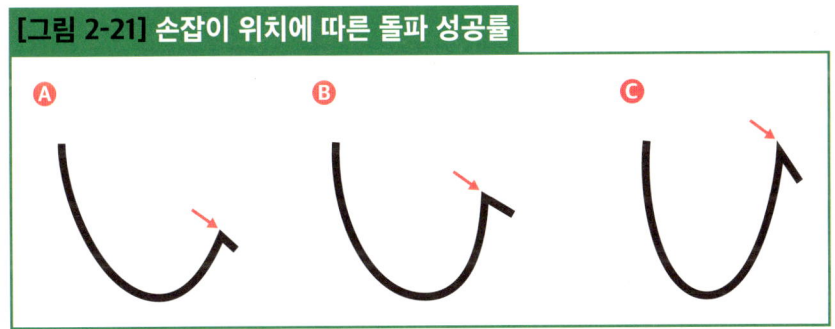

[그림 2-21] 손잡이 위치에 따른 돌파 성공률

정답은 C입니다. 손잡이의 위치가 높을수록 기존의 매물대가 더 아래쪽에 위치해 저항을 적게 받기 때문입니다.

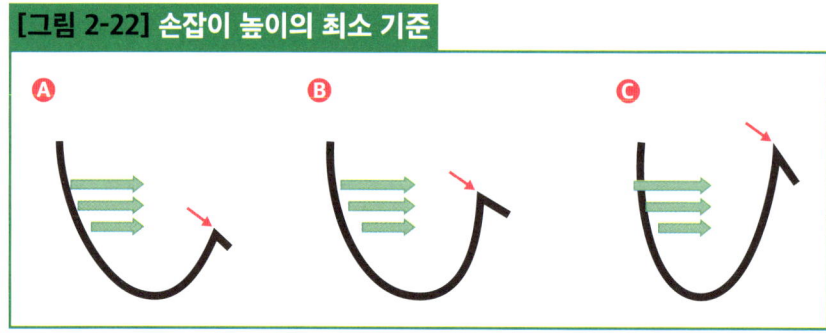

[그림 2-22] 손잡이 높이의 최소 기준

하지만 손잡이가 신고가에 이를 때까지 마냥 기다릴 수만은 없겠죠. 그래서 손잡이 높이의 최소 기준이 필요합니다. 손잡이가 달린 컵 패턴의 최소 베이스 형성 기간을 7주로 정한 것과 같은 맥락입니다.

마크 미너비니는 그의 트렌드 템플릿(Trend Template, 매매 전 체크리스트, 이하 체크리스트)을 통해 손잡이의 높이가 52주(1년) 신고가로부터 -25% 이상 하락하면 매물대의 압력이 너무 크므로 매매하지 말라고 권고합니다. 낮은 손잡이에서 매매하는 로우칫 패턴에도 동일하게 요구되는 조건입니다.

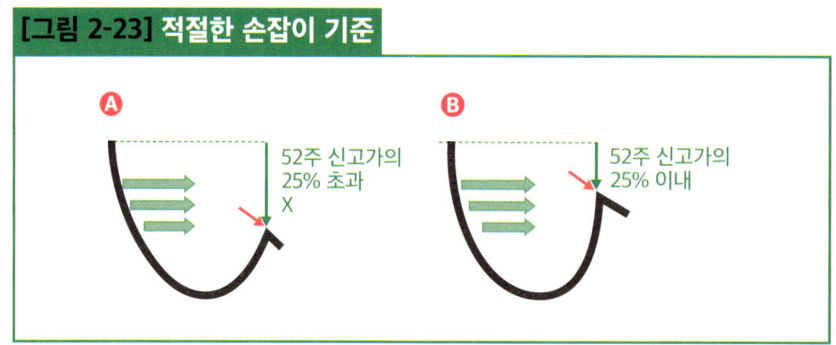

[그림 2-23] 적절한 손잡이 기준

10 돌파가 실패하는 이유와 그 대처법

많은 사람들이 손잡이가 달린 컵 패턴에 대해서 오해를 하고 있습니다. 그래서 손잡이가 달린 컵 패턴이 돌파하기 위한 필요충분조건들을 인지하지 않고 매매하고 있죠. 윌리엄 오닐과 마크 미너비니는 오랜 기간 연구를 통해 손잡이가 달린 컵 패턴이 돌파하기 위한 최소 필요충분조건의 규칙들을 정리했습니다. 그리고 미너비니는 그의 체크리스트를 통해 이 조건에 부합하는 손잡이만을 매매하라고 명시하고 있습니다.

마크 미너비니의 체크리스트

- [x] 1. 손잡이는 50일선 위에 위치해야 한다.
- [x] 2. 이동평균선은 50일 > 150일 > 200일이어야 한다.
- [x] 3. 200일선은 최소 한 달 이상 상향 추세이어야 한다.
- [x] 4. 손잡이는 52주(1년) 신고가의 25% 이내 범위에서 형성되어야 한다. 예를 들어 신고가가 100달러라면 손잡이의 저점은 75달러 이상이어야 한다.
- [x] 5. 손잡이는 52주(1년) 신저가에서 최소 25% 이상 상승한 위치에 있어야 한다.

그럼 이 체크리스트를 실전에 적용시켜 볼까요?

[실전 차트 2-14] 마크 미너비니의 체크리스트를 기준으로 한 차트 - 셀트리온

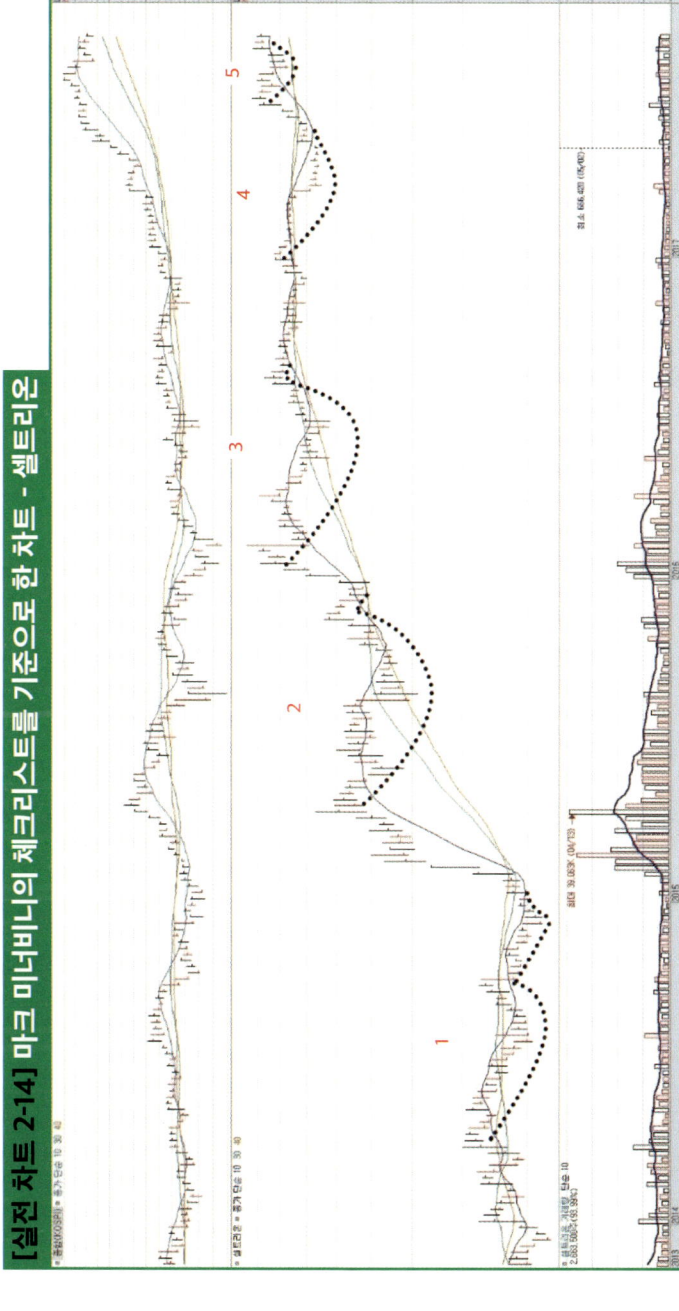

총 5개의 베이스가 있지만 체크리스트를 충족하는 베이스의 손잡이는 5번뿐입니다(3번도 가능은 함). 이렇게 미너비니의 체크리스트를 활용한다면 매매를 목표로 하는 손잡이를 쉽게 추려 낼 수 있겠죠? 많은 분들이 수많은 베이스들 중 어떤 베이스를 타깃으로 삼아야 할지 모르겠다고 호소하는데, 체크리스트를 활용하면 쉽고 정확하게 타깃 베이스를 선정할 수 있습니다.

핵심 차트패턴 분석

실전

조건 검색을 활용한 정량적 필터링

증권사별 HTS에서는 조건 검색을 이용해 정량적인 필터링(필요한 종목들만 추출하는 것)이 가능합니다. 체크리스트 조건에 맞는 종목들만 추려 준다면 관심종목을 만드는 데에 드는 시간과 노력을 줄일 수 있겠죠? 우리는 키움증권의 영웅문을 이용해 필터링하는 법을 배워 보도록 하겠습니다.

[그림 2-24] 필터링 ①

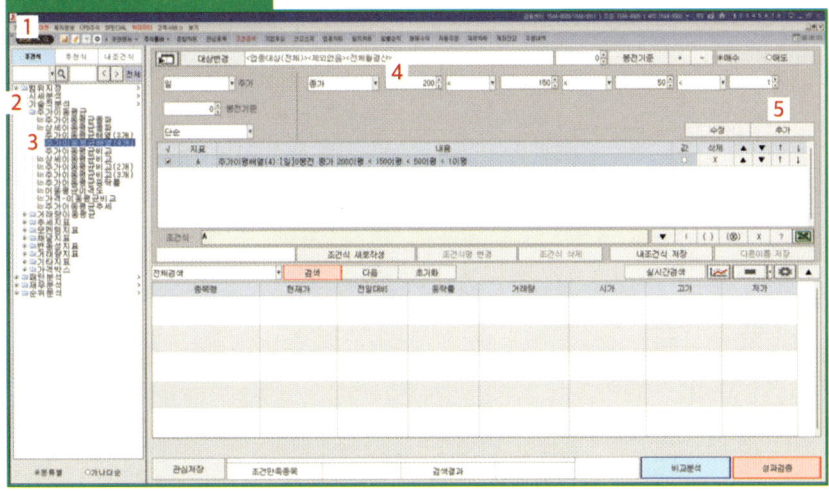

1 [0150] 조건 검색　　2 [기술적 분석] 클릭　　3 [주가이동평균배열(4개)] 클릭
4 [200], [150], [50], [1] 차례로 입력　　5 [추가] 클릭

[그림 2-25] 필터링 ②

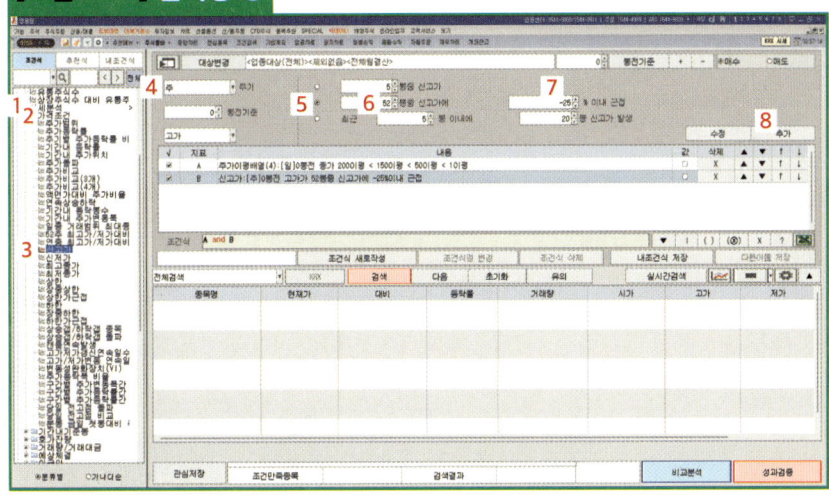

1 [시세분석] 클릭　　2 [가격조건] 클릭　　3 [신고가] 클릭　　4 [주] 입력
5 라디오 버튼 선택　　6 [52] 입력　　7 [-25] 입력　　8 [추가] 클릭

[그림 2-26] 필터링 ③

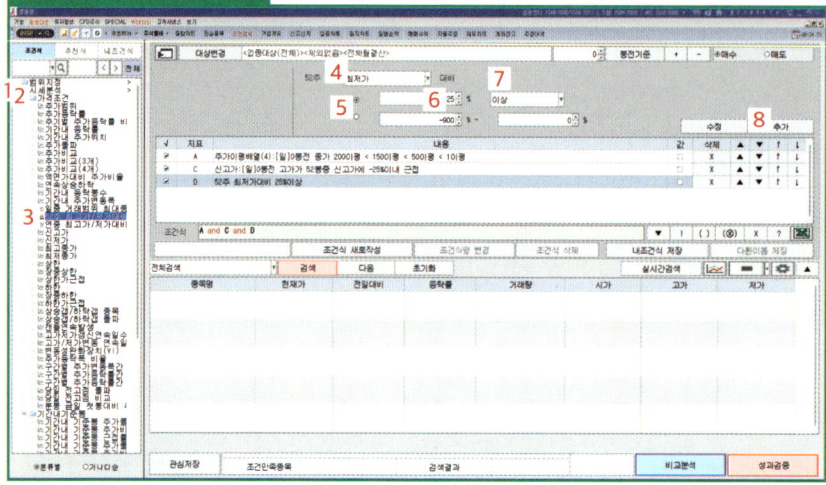

1 [시세분석] 클릭　　**2** [가격조건] 클릭　　**3** [52주 최고가/저가대비 변동률] 클릭
4 [최저가] 입력　**5** 라디오 버튼 선택　**6** [25%] 입력　**7** [이상] 입력　**8** [추가] 클릭

[그림 2-27] 필터링 ④

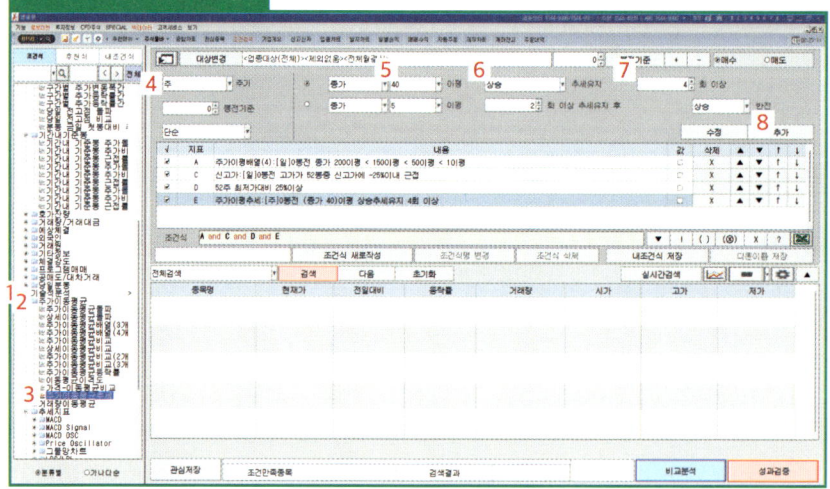

1 [기술적 분석] 클릭　　**2** [주가이동평균] 클릭　　**3** [주가이동평균추세] 클릭
4 [주] 입력　　**5** [40] 입력　　**6** [상승] 입력　　**7** [4] 입력　　**8** [추가] 클릭

[그림 2-28] 필터링 ⑤

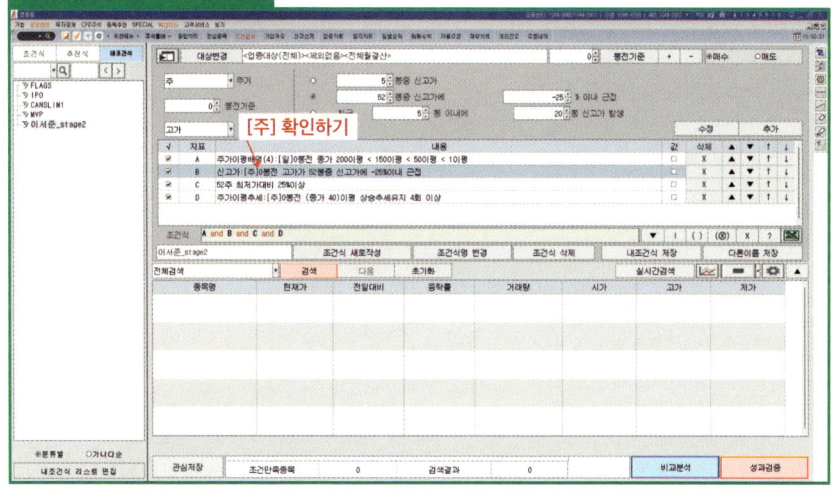

[그림 2-29] 필터링 ⑥

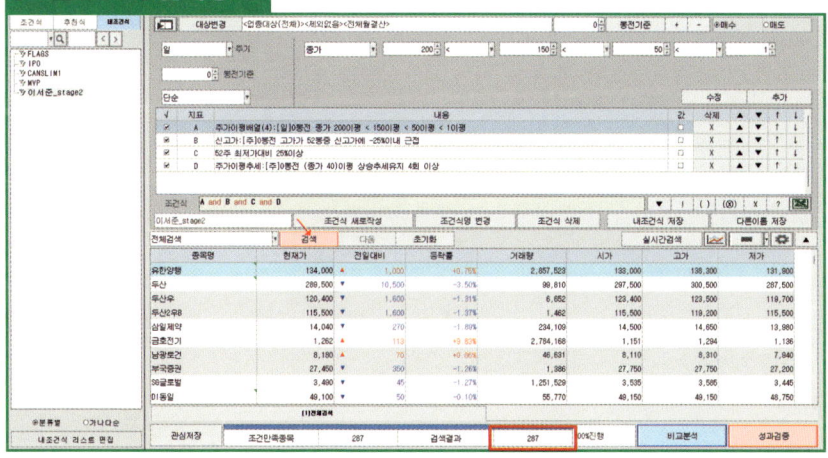

이와 같이 체크리스트를 통해 종목들을 추려 보니 287개의 종목이 검색된 것을 알 수 있습니다. 이제 287개의 종목들을 하나하나 살펴보

면서 관심종목 분류를 하면 됩니다. 만약 287개의 종목 모두를 살펴볼 시간이 없다면 주도섹터 발견법으로 발굴한 종목들 위주로만 차트를 살펴봐도 무방합니다.

실전

마크 미너비니 체크리스트

저의 신간을 기다린 분들이 가장 기대할 만한 내용입니다. 마크 미너비니는 체크리스트를 사용해서 1차적으로 필터링을 하지만, 실제로 매매를 할 때는 체크리스트 외의 사항 역시 고려를 합니다. 추가사항까지 한눈에 보기 좋게 리스트를 보완해 보았습니다. 빨간색 문장이 추가된 내용입니다.

마크 미너비니의 체크리스트 보완 버전

- ☑ 1. 손잡이는 50일선 위에 위치해야 한다.
- ☑ 2. 이동평균선은 50일 > 150일 > 200일이어야 한다.
- ☑ 3. 200일선은 최소 한 달 이상 상향 추세이어야 한다.
- ☑ 4. 손잡이는 52주(1년) 신고가의 25% 이내 범위에서 형성되어야 한다.
- ☑ 5. 손잡이는 52주(1년) 신저가에서 최소 25% 이상 상승한 위치에 있어야 한다.
- ☑ 6. 스테이지 2를 알리는 강력한 거래량이 있어야 한다.
- ☑ 7. 지수보다 강력한 상승 추세이어야 한다(지수가 1% 오르면 최소 3% 이상 올라 있어야 한다).
- ☑ 8. 손잡이의 조정 폭은 10% 이내이어야만 한다.
- ☑ 9. 손잡이 형성 시의 거래량은 50일(10주) 이동평균선 아래에서 형성되어야 한다.
- ☑ 10. 손잡이 형성 직전 음봉 거래량은 가급적 없는 게 좋다.

그렇다면 보완 버전의 내용이 모두 적용된 차트를 살펴보겠습니다.

[실전 차트 2-15] 마크 미너비니 체크리스트 보완 버전이 적용된 차트 - 에이비엘바이오

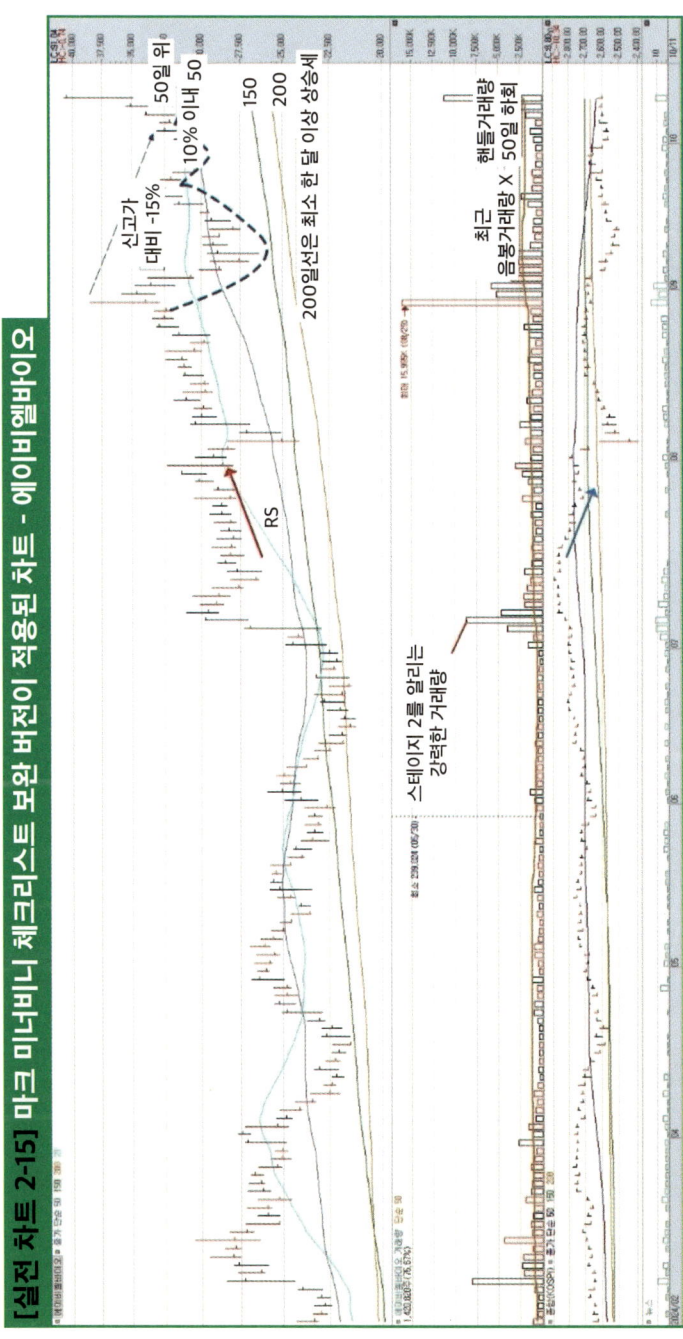

핵심 차트패턴 분석 123

체크리스트를 활용한 매수 종목 선정법

우리는 앞선 본문에서

1. **손잡이를 돌파하는 순서대로**
2. **셋업의 완성도**

이 2가지를 이용하여 주도섹터를 발견한다고 배웠습니다.

그렇다면 1,000개가 넘는 종목들의 셋업을 일일이 살펴보며 손잡이 돌파 여부를 확인해야 할까요? 그렇게 하기에는 시간과 노력이 너무 많이 들죠.

그래서 이런 노력을 간소화하기 위해 저의 첫 번째 책에서는 50일 신고가를 기록하는 종목들 중 돌파가 나온 것들만 분석했습니다. 이번 책에서는 그보다 발전된 방법을 알아보겠습니다.

❶ 조건 검색을 통해서 체크리스트 조건에 맞는 종목들을 추려 냅니다.

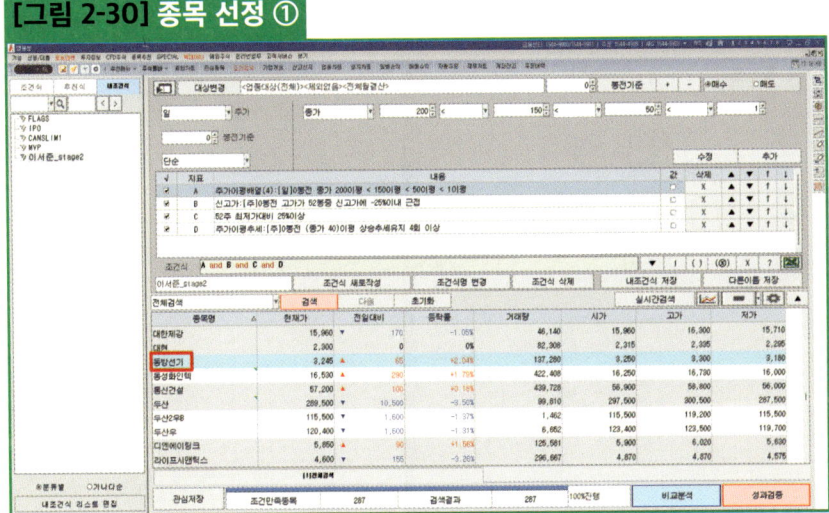

[그림 2-30] 종목 선정 ①

❷ 이 종목들이 속한 섹터에서 최근 손잡이 돌파에 성공한 종목이 있는지 하나하나 확인합니다.

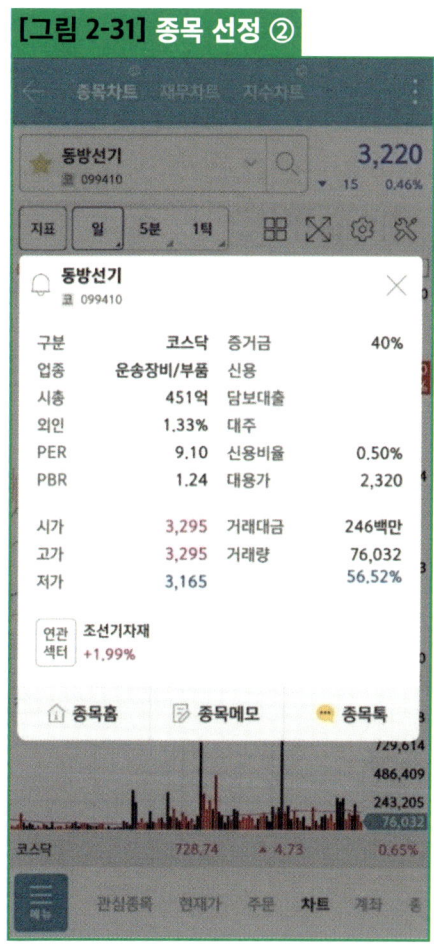

[그림 2-31] 종목 선정 ②

❸ 조선기자재에 속한 종목들이 돌파 현황을 통해 한화엔진, 한화오션, 케이프와 같은 수많은 조선기자재 종목들이 이미 돌파를 성공한 것을 확인할 수 있습니다.

[실전 차트 2-16] 한화엔진 일간차트

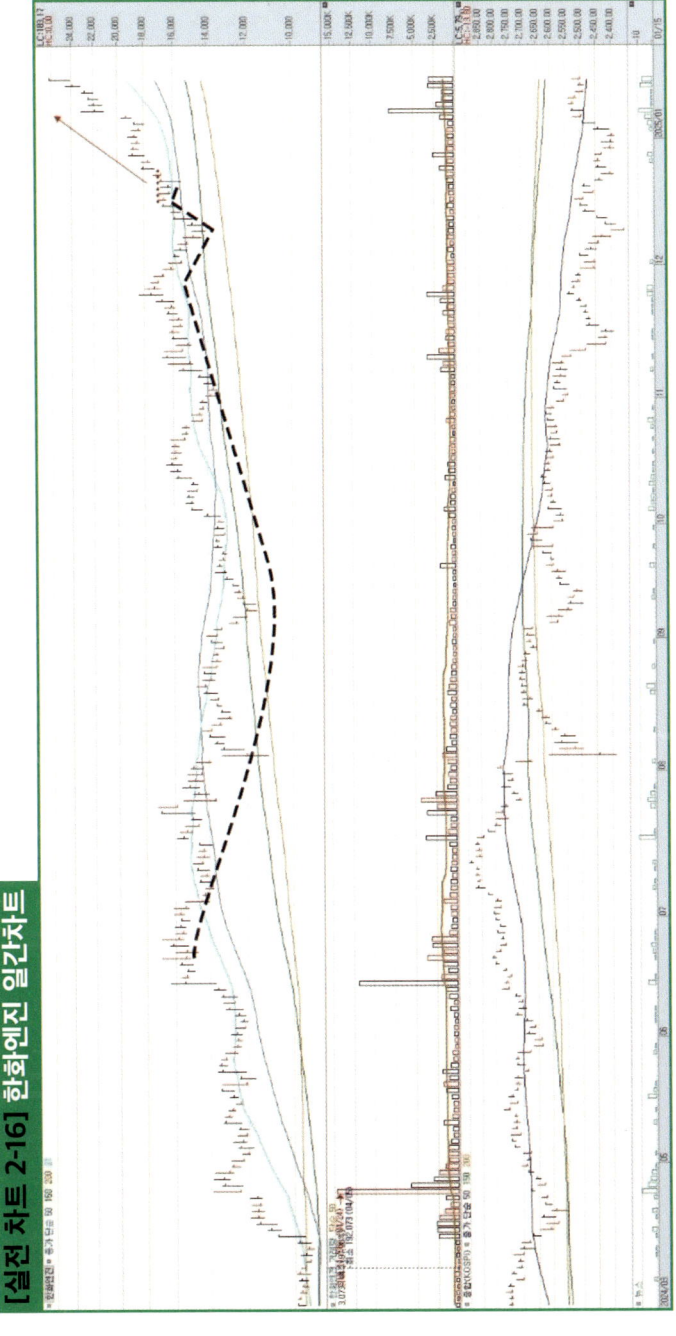

조건 검색식을 시행한 2025년 1월 15일에 앞서 1월 7일에 이미 손잡이가 달린 컵 패턴을 돌파했습니다. 시장 조정기에 먼저 돌파한 종목이 있다는 것은 이 섹터가 추후 주도 섹터가 될 확률이 높다는 뜻입니다.

핵심 차트패턴 분석 **127**

❹ 동방선기 주가가 3,510원 돌파 시 자동매수를 주문합니다.

[실전 차트 2-17] 동방선기 차트

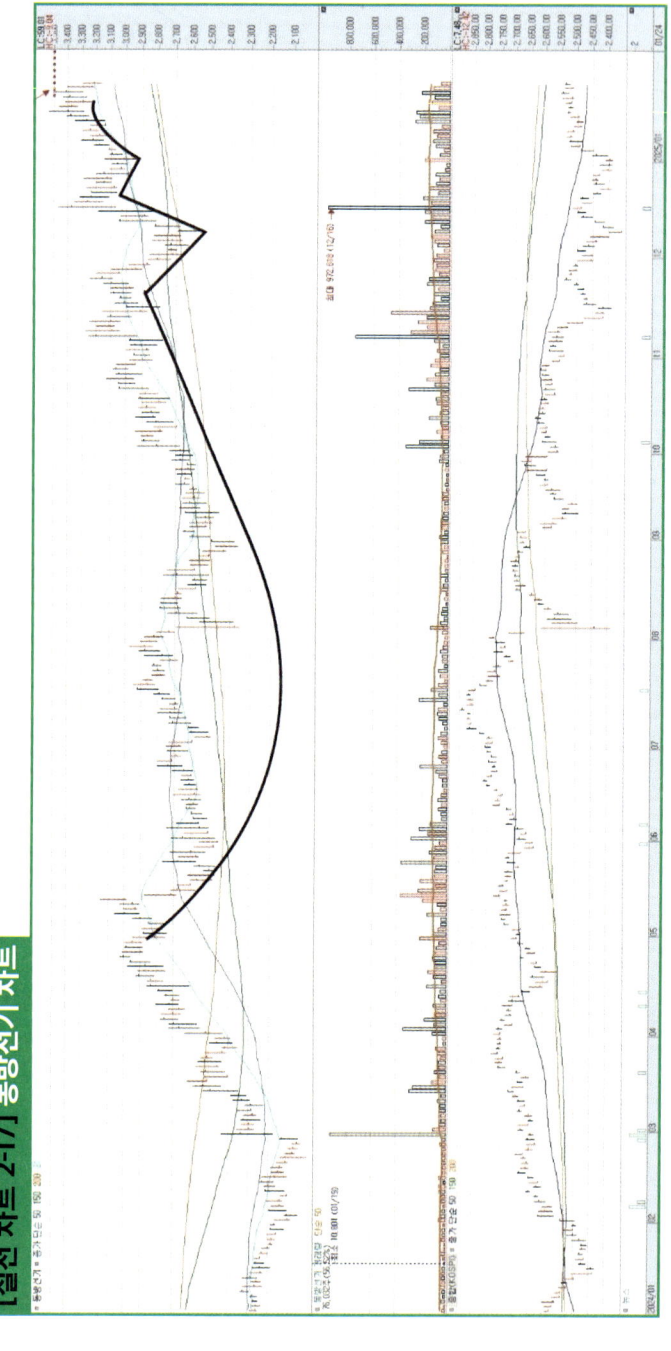

이 책을 저술하던 과정에서 예시로 사용했던 동방선기는 2025년 3월 5일 돌파를 시도했고 약 10% 상승한 뒤 돌파를 되돌렸습니다. 그리고 동방선기의 돌파가 되돌려진 6일 뒤 코스피는 -13% 하락을 했습니다. 이와 같이 동방선기처럼 좋은 셋업을 가진 종목도 시장이 하락이 임박하면 돌파에 실패(Sell Signal)할 수 있습니다. 이것은 시장의 탓이지 셋업의 문제가 아니므로, 비록 돌파는 실패했지만 종목을 선정하는 예시로 삼는 데에는 문제가 없으므로 그대로 기재하였습니다.

지금까지 설명한 내용을 최종적으로 정리하면 다음과 같습니다.

1. 시장의 조정이 발생(지수가 -20~25% 정도인 베어마켓 수준의 조정이 가장 좋음)하면
2. 조정에도 불구하고 피봇을 형성하고 있는 몇몇 종목들에 소액으로 자동매수 주문을 활성화함. 조정장의 영향으로 셋업을 형성한 종목은 얼마 없음.
3. 피봇 돌파로 매수가 체결되면 이 종목이 속한 섹터를 확인하거나 조건 검색식에 필터링된 종목들이 속한 섹터들을 확인함.
4. 섹터에 속한 종목들이 좋은 피봇을 많이 형성하고 있으면 본격적으로 베팅을 올려서 매매함.
5. 피봇 돌파 성공 시 더 크게 베팅하고 실패 시에는 점진적 감액 베팅을 함.
6. 주도섹터에 속한 종목 중 매우 강력한 베이스를 만든 종목이 돌파에 실패하면 매도 신호로 받아들임.

참고문헌
『주식투자 최적의 타이밍을 잡는 법(Secrets For Profiting in Bull and Bear Markets)』 스탠 와인스타인 지음, 2020, 플로우.
『제시 리버모어의 주식투자 바이블(How to Trade in Stocks)』 제시 리버모어 지음, 2023, 이레미디어.
『초수익 성장주 투자(Trade Like a Stock Market Wizard)』 마크 미너비니 지음, 2023, 이레미디어.

시장은 언제나 움직입니다. 그러나 그 움직임을 예측하는 일은 절대 쉽지 않습니다. 많은 투자자가 '고위험 고수익'이라는 말에 끌리지만 실제로는 위험을 통제하면서도 높은 수익을 노릴 방법이 존재합니다. 바로 기술적 분석을 통해 시장 흐름의 변곡점을 포착하고 주도주의 움직임을 읽어 내는 전략입니다. 이 Chapter에서는 고수익 전략에 대한 오해를 바로잡고, 일간 및 주간 추세 반전의 시그널을 식별하는 방법, 주도주를 활용해 시장 방향을 예측하고 매도 타이밍을 잡는 방법, 그리고 신호가 틀렸을 때의 실전 대응 전략까지 기술적 분석을 통해 시장을 능동적으로 해석하는 노하우를 다룹니다.

Chapter 3

기술적 분석을 활용한 시장예측 전략

1

고수익 전략의 오해와 현실적인 접근 방법

"많은 이들이 시장의 타이밍을 맞출 수 없다고 말하곤 해. 나는 그런 사람들에게 내 직업이 '시장의 타이밍을 맞추는' 것이라고 말하곤 하지." - 마크 리치 2세[10]

시장은 '예측'이 불가능하기 때문에 '대응'을 해야 한다는 것이 정설로 받아들여지고 있습니다. 저 역시 대응이 훨씬 중요하다고 생각을 하고

---

10 Mark Ritchie II, 마크 미너비니의 수제자이자 그의 저서 『초수익 모멘텀 투자(Momentum Masters)』(2023, 이레미디어)에 실린 투자자.

있습니다. 그럼에도 불구하고 시장이란 동일한 사건이 반복되는 곳이다 보니 기술적 분석을 이용하면 '어느 정도'까지는 예측이 가능합니다.

인베스톨스 비즈니스 데일리의 설문을 보면 구독자의 약 60%가 2008년 서브프라임 사태로 주가가 급락하기 전에 현금 전환을 했다는 결과가 나왔습니다. 오닐의 수제자인 데이비드 라이언(David Ryan)의 시장예측 역시 정확하기로 따라올 자가 없으며, 오닐의 제자이자 전미 투자대회 우승자들의 스승으로 일컬어지는 마크 미너비니 역시 시장예측의 정확도를 인정받아 소로스와 자문계약을 맺었을 정도입니다. 미너비니의 가르침을 충실히 따르는 저 역시 코로나, 금리인상발 하락장에서의 약세를 예견했을 뿐만 아니라 2024년의 반도체 고점, 엔 캐리 트레이드 자금 이탈로 인한 시장 약세, 심지어 계엄령 전일 현금화까지 예견 글을 올린 바 있습니다. 그만큼 시장은 어느 정도까지는 예측이 가능합니다.

사실 손절을 최대 -8%까지 허용하는 오닐의 가르침을 충실히 따르는 투자자라면 굳이 시장예측이 아닌 대응만으로도 큰 손실을 방지할 수 있습니다. 제가 이 책을 통해 독자분들에게 제안하는 것은 우리의 리스크 관리 목표가 고작 파산, 깡통계좌, 큰 손실만 막는 수준이 아니라 Almost Zero, 제로 수준의 리스크 관리를 목표로 삼으라는 점입니다. 시장예측은 리스크 관리 수준을 한 단계 업그레이드하는 역할을 할 것입니다.

2 일간·주간 추세 반전 포착법

기관 투자자들, 헷지, 보험, 연금펀드 등은 대규모 자금을 운용하기 때문에 매수와 매도 시 차트에 흔적이 남기 마련입니다. 대규모 자금 흔적을 파악한다면 향후 주가의 강·약세를 예측하는 데에 도움이 됩니다. 이러한 흔적들은 주간과 일간 차트를 통해 드러나기도 하는데, 이것을 일간·주간 추세 반전이라고 부릅니다.

주도섹터의 주도주들이 동시에 대량 거래되어 가격이 급락(특히 장 시작과 함께 상승 후 바로 급락)하는 경우는 주도주 또는 주도섹터의 변화를 암시합니다. 다시 말해 주도섹터의 핵심 종목들이 장 초반에 잠깐 상승한 뒤 갑자기 거래량을 동반하며 크게 하락한다면, 이는 해당 종목이

나 섹터의 상승 흐름이 끝났거나 조정에 들어갈 가능성이 있음을 의미합니다. 다른 섹터로 주도주를 교체하려는 시장의 신호일 수도 있습니다.

**주간추세 반전의
예시**

국민주식이라 일컬어지는 삼성전자의 주간차트를 한번 살펴보겠습니다. [실전 차트 3-1]을 보면 2021년 1월에 강력한 거래량을 동반한 가격 변화가 발생했죠? 이것을 주간추세 반전이라고 합니다. 이러한 주간추세 반전이 발생하면 해당 종목의 악재를 발견한 기관 투자자들이 대량으로 매도를 하고 있다는 증거이므로, 향후 주가가 지속적으로 하락할 확률이 높다는 것을 알아야 합니다. 하지만 주가의 하락을 저가 매수의 기회로 삼으려는 개인 투자자들이 기관의 매도 물량을 다 받아 주려 하므로, 주가의 하락분은 개인 투자자들의 눈물로 귀결되고 맙니다.

주간추세 반전 신호의 신빙성은

**1. 고가와 저가의 차이(Spread)가 넓을수록
2. 거래량이 클수록**

높아지는데, 삼성전자의 경우 거래량이 커지고 고가와 저가의 차이를 넓게 보이면서 신빙성을 높였던 것을 알 수 있습니다.

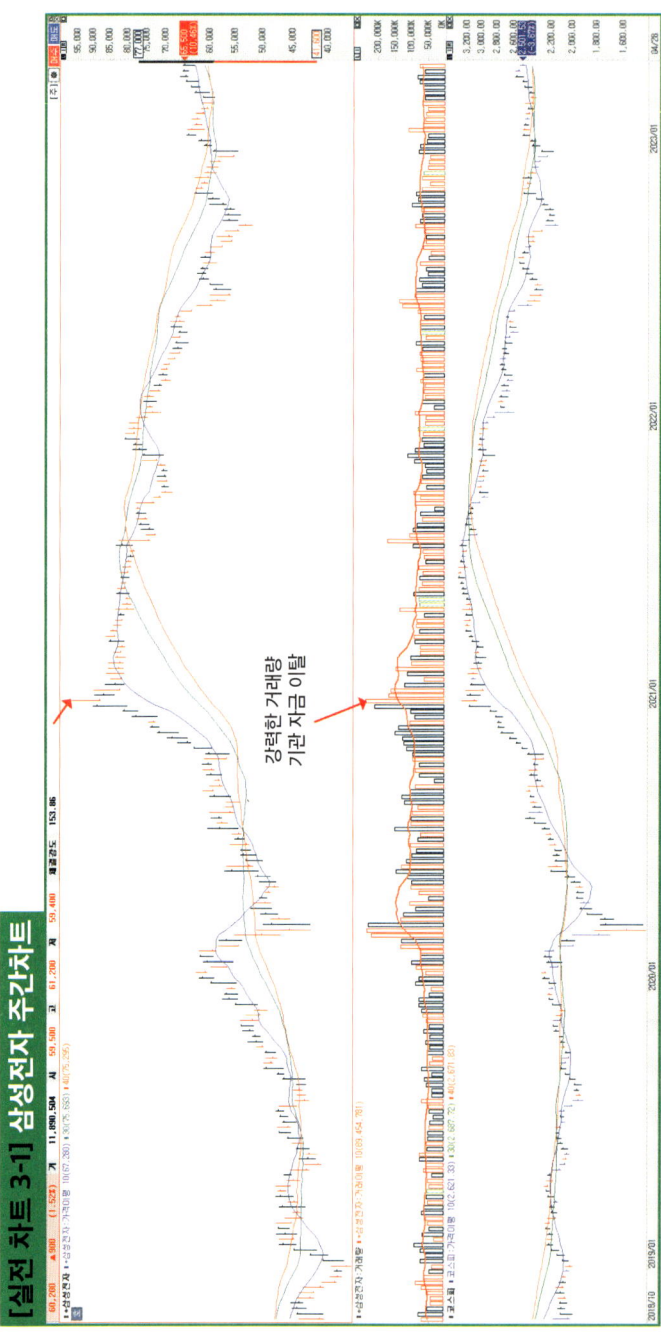

[실전 차트 3-2], 또 하나의 국민주식인 카카오의 주간차트를 보면 삼성전자와 유사한 패턴으로 주간추세 반전이 일어나는 것을 알 수 있습니다. 다만 차이점은 고가와 저가의 차이가 삼성전자 때만큼 크지는 않다는 것입니다. 주간추세 반전을 확인(Confirm)해 주는 후속(Follow-up) 반전 신호들로 신빙성은 더욱 확고해집니다. 스프레드가 작아서 '이번에는 좀 약한가?' 싶을 수도 있지만 확인 신호와 후속 반전 신호까지 나오면 '이건 진짜다!' 하며 더 신뢰할 수 있는 흐름이라는 뜻입니다. 물론 두 주식 모두 강력한 거래량을 동반한 추세 전환 신호를 보였다는 공통점이 있습니다. '거래량'이야말로 추세 반전 포착의 핵심입니다.

이러한 추세 전환 신호는 직관적이고 포착하기 쉽습니다. 만약 기술적 분석의 기초 기술인 추세 반전만 알았더라도 대한민국의 수많은 개인 투자자들이 삼성전자와 카카오에 장기간 동안 물려 있는 안타까운 일은 발생하지 않았을 것입니다.

[실전 차트 3-2] 카카오 주간차트

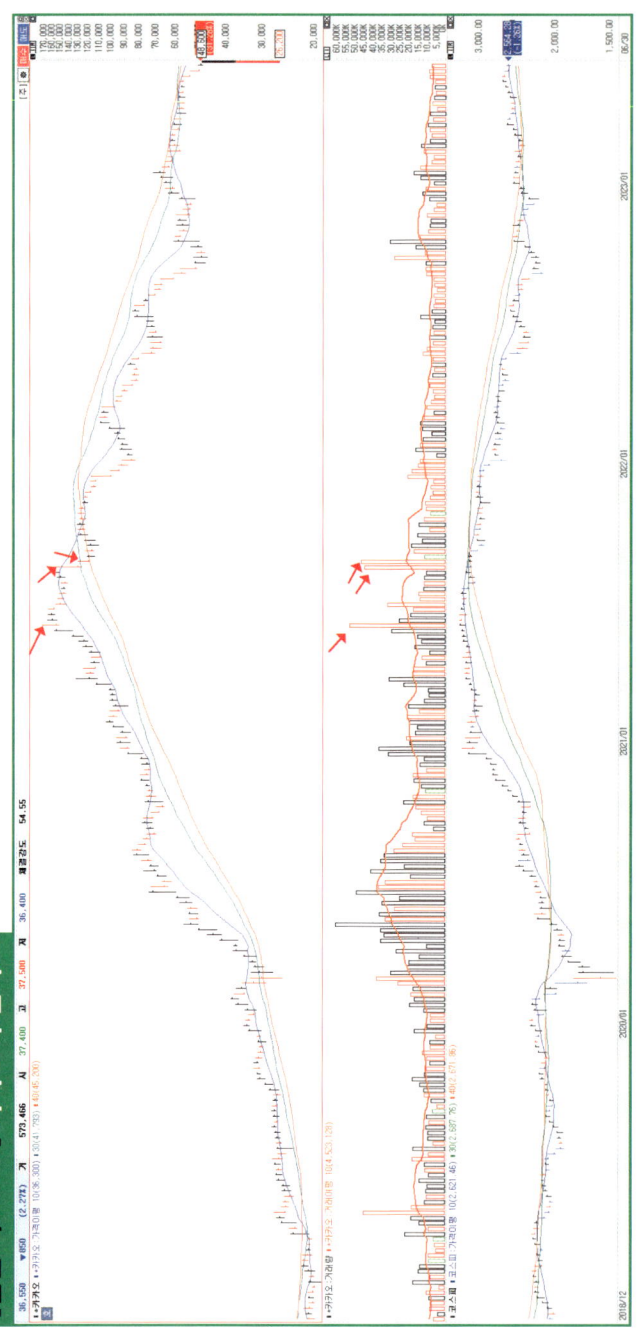

Chapter 3

다음은 일간추세 반전이 정확한 시장 매도 타이밍을 알려 준 예를 살펴보려고 합니다. 2023년은 2차전지 섹터의 강세가 돋보였었죠? 특히 2차전지 섹터의 대장 에코프로의 경우 반 년 만에 1,000%가 넘는 상승률을 보였습니다. 2023년은 2차전지의 해였다 해도 무방할 정도였습니다. 모두가 2차전지에 열광하며 대한민국의 미래를 이끌 것이라고 믿던 무렵, 2023년 7월 26일에 마치 약속이라도 한 듯 에코프로를 위시한 2차전지 대장주들이 동시다발적으로 일간추세 반전을 일으켰습니다.

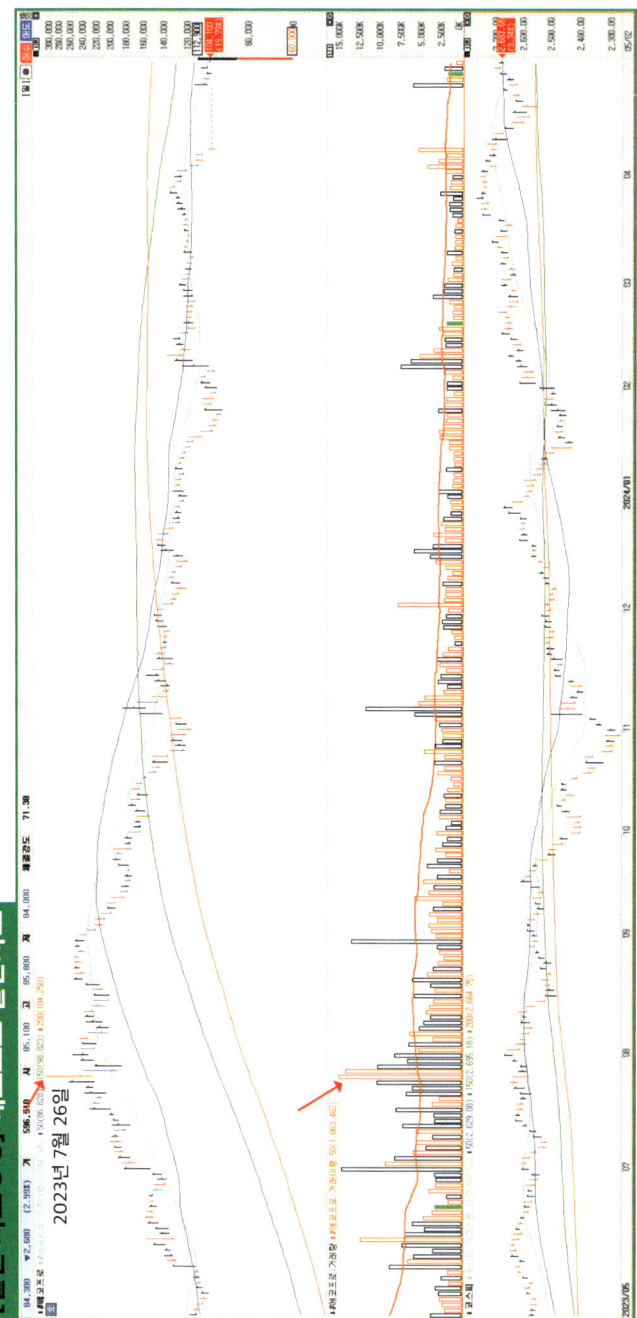

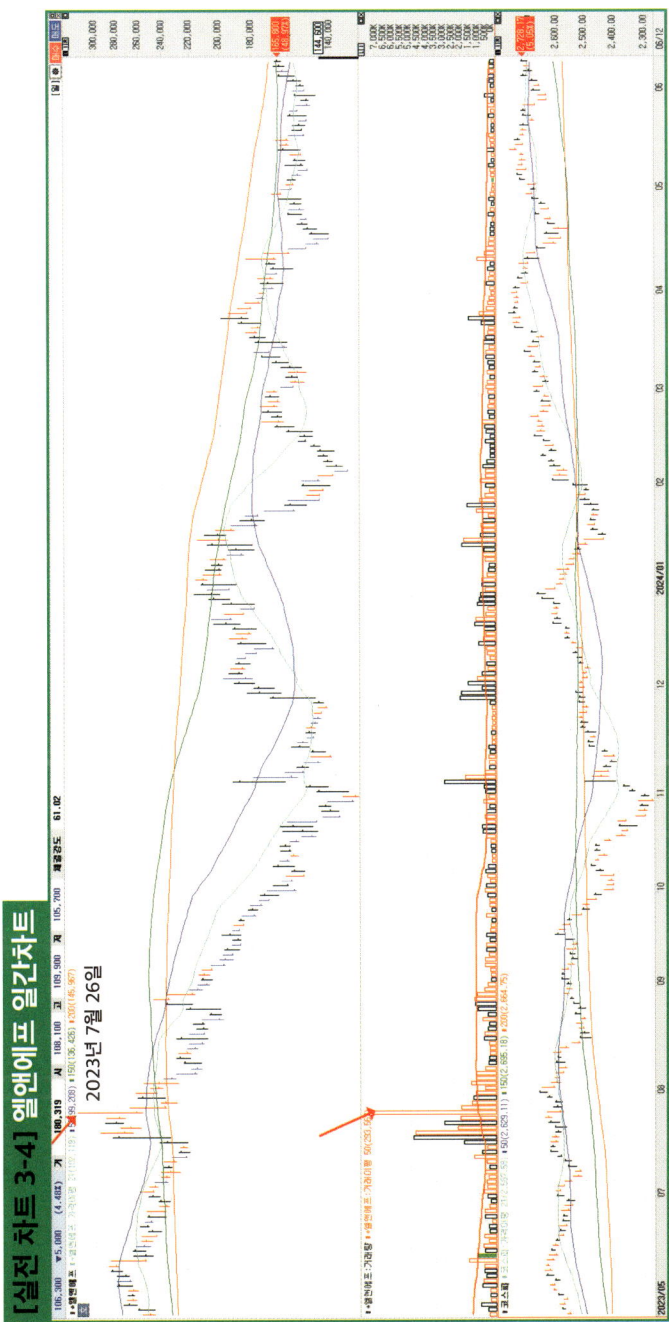

[실전 차트 3-4] 헬앤에프 일간차트
2023년 7월 26일

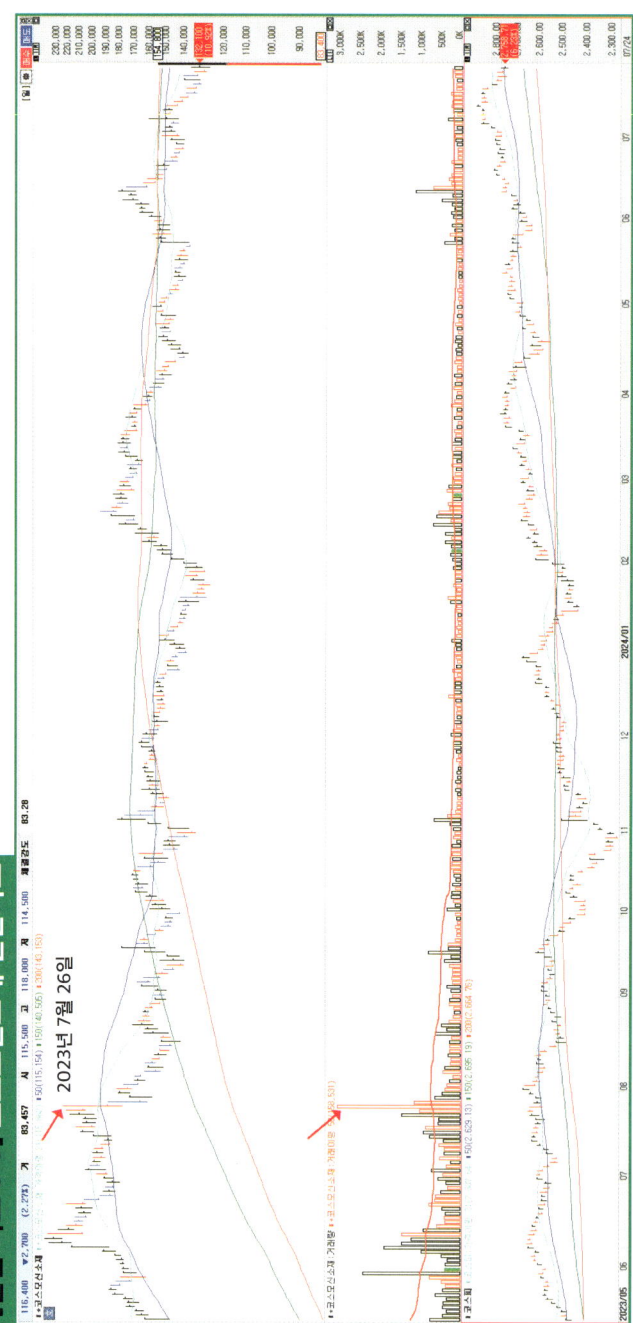

2023년 7월 26일에 2차전지 대장주들로부터 동시에 일간추세 반전이 일어나자 저를 비롯한 많은 투자자들은 급하게 매도를 하면서도 '조정은 일시적이고 다시 반등하겠지.'라고 생각했습니다. '대한민국의 미래 먹거리는 2차전지다!'라고 모두가 믿고 있었으니까요. 하지만 대중의 믿음과 달리 2차전지는 2023년 7월 26일 이후 제대로 된 반등 한 번 없이 끝없이 추락했습니다. 저는 2차전지의 몰락을 보면서 '나의 판단이 아니라 시장의 판단을 따라야 한다!'라는 교훈을 얻었습니다.

3
주도주로 읽는 시장 방향과 매도 타이밍

모든 시장의 급락 전에 앞서 말한 주간·일간 추세 반전이 발생하는 것만큼 시장을 쉽게 예측할 수 있는 방법은 없겠지만, 안타깝게도 늘 발생하는 것은 아닙니다. 그렇지만 주도주는 시장, 섹터의 몰락 전에 어김없이 '매도 신호'를 제공합니다.

"주도주는 시장을 주도한다." - 윌리엄 오닐

우리는 주도주가 시장을 선행하는 경향이 있다는 것을 앞에서 배웠습니다. 그럼 배운 내용에 이어서 주도주의 선행 경향을 이용한 시장예측 방법을 살펴보도록 하겠습니다.

주도주는 시장의 조정 전에

1. 손잡이가 달린 컵(또는 W) 패턴 돌파를 실패하거나

2. 돌파 후 다시 되돌아와서 21일선 이동평균선을 붕괴하는

경향이 있습니다. 이를 실전 차트로 살펴보면 다음과 같습니다.

[실전 차트 3-6] 에스티아이 일간차트

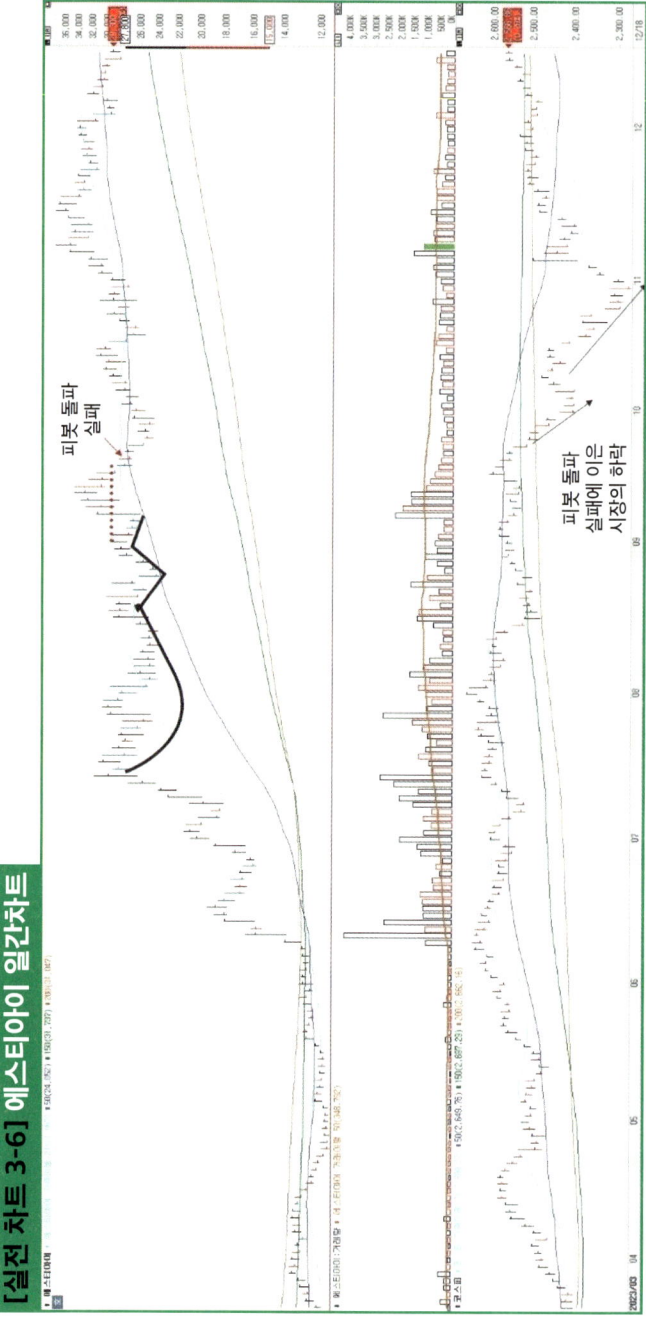

손잡이가 달린 컵 패턴을 돌파한 후 더 상승하지 못하고 돌파를 되돌리며 21일선을 깬 후 시장의 큰 하락이 연속으로 발생했습니다.

[실전 차트 3-7] 유진테크 일간차트

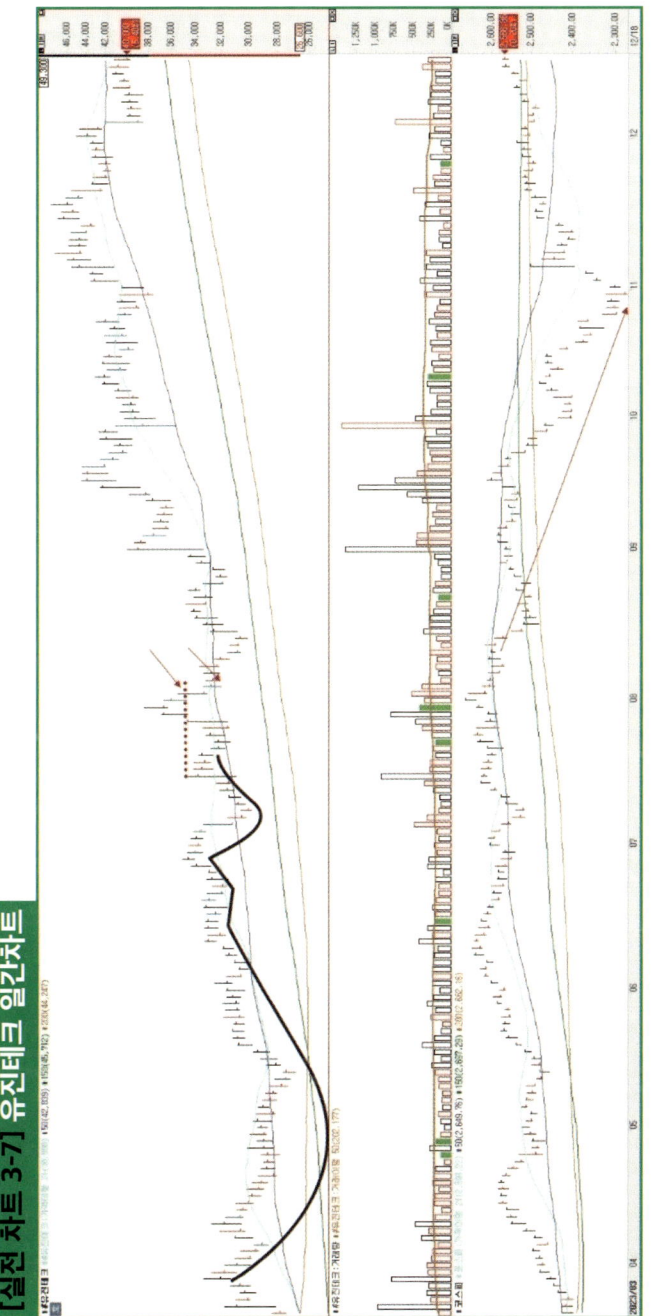

피봇(손잡이가 달린 컵) 돌파 실패 이후 시장이 하락했습니다.

기술적 분석을 활용한 시장예측 전략 **147**

반도체 조정을 미리 알린 피봇 돌파 실패

[실전 차트 3-8] 주성엔지니어링 일간차트

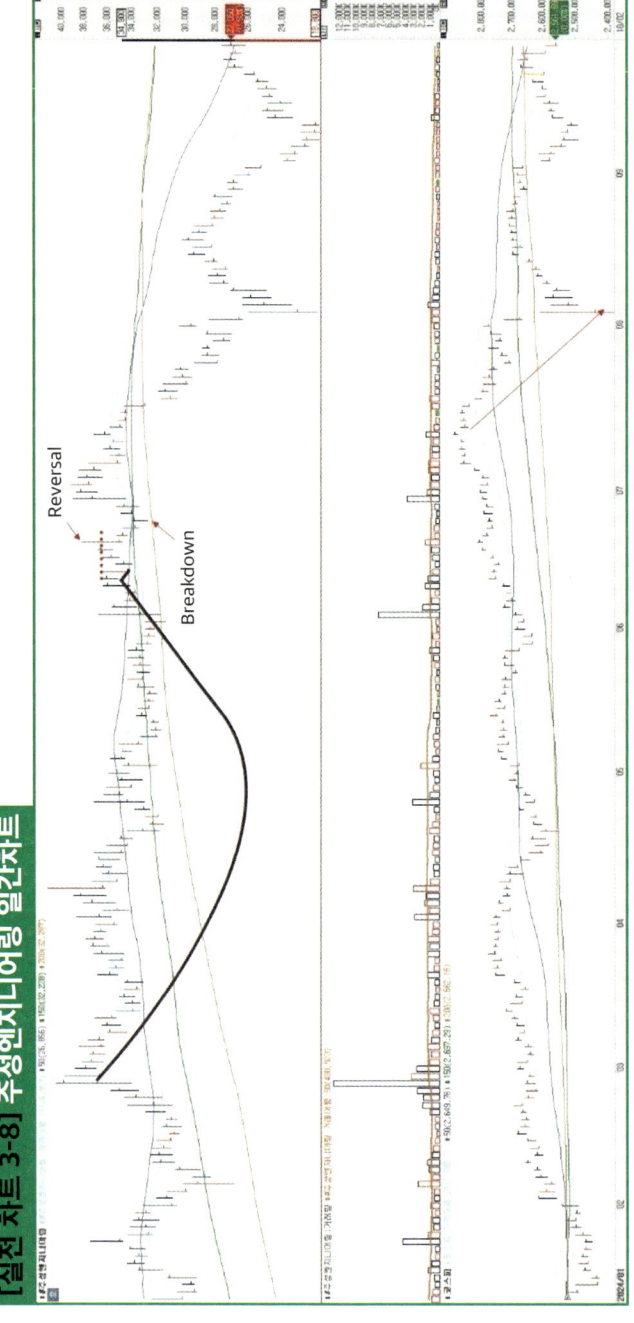

2024년 6월 28일에 돌파풀 되돌리면서(매수 지점인 손잡이에서 -4% 이상 하락) 시장의 조정 가능성을 알려 주었습니다.

[실전 차트 3-9] 주성엔지니어링의 돌파 실패에 동조하는 다른 반도체 주도주 ①

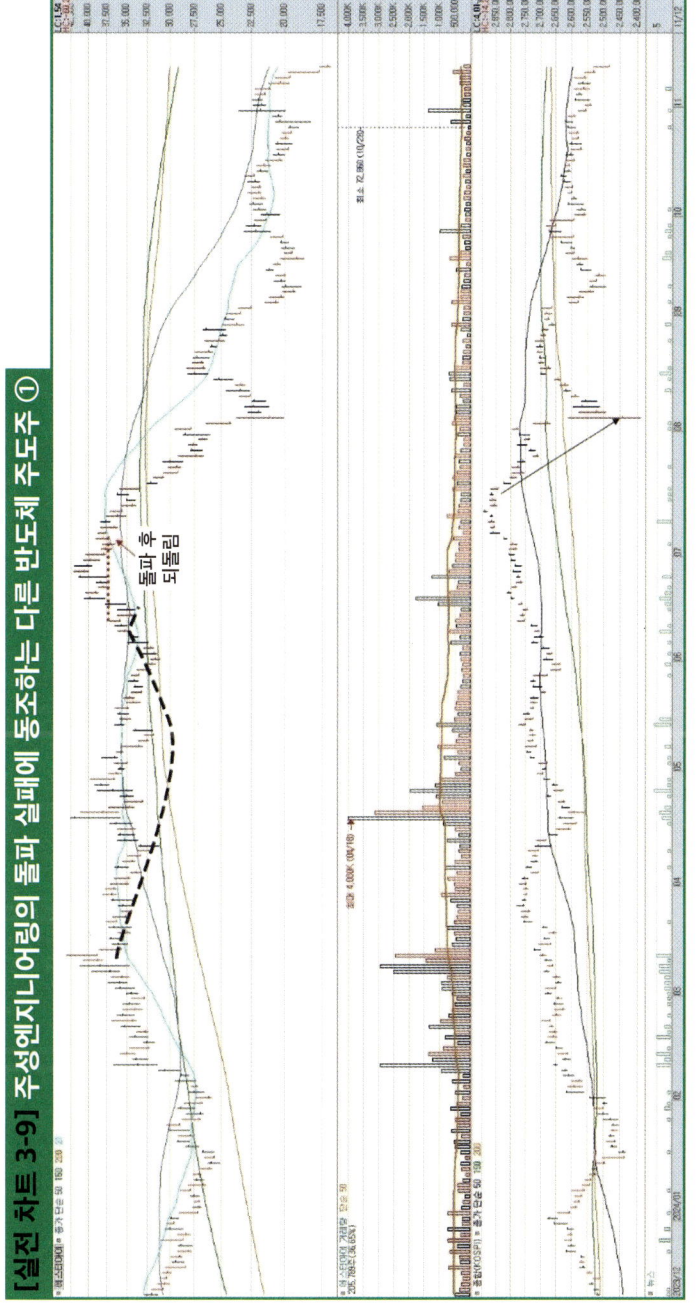

에스티아이 일간차트이며, 2024년 7월 3일에 돌파를 되돌렸습니다.

기술적 분석을 활용한 시장예측 전략　149

[실전 차트 3-10] 주성엔지니어링의 돌파 실패에 동조하는 다른 반도체 주도주 ②

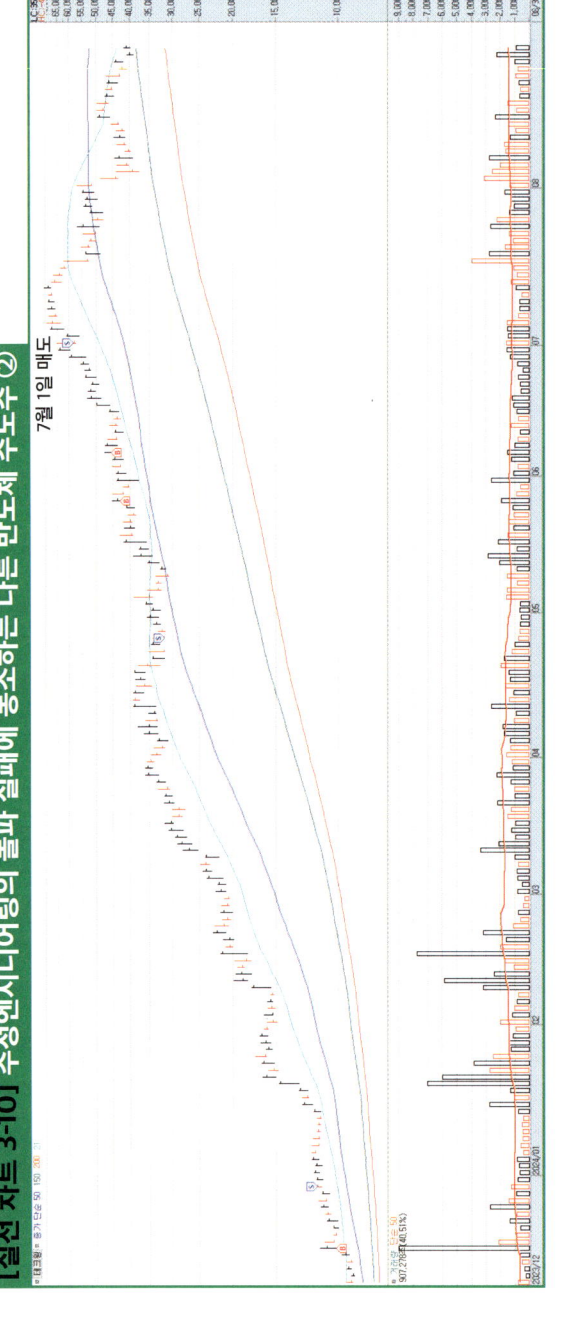

테크윙 일간차트이며, 2024년 7월 1일에 주도주들이 돌파 실패를 보고 차익실현의 타이밍으로 삼았습니다.

[실전 차트 3-11] 주성엔지니어링의 돌파 실패에 동조하는 다른 반도체 주도주 ③

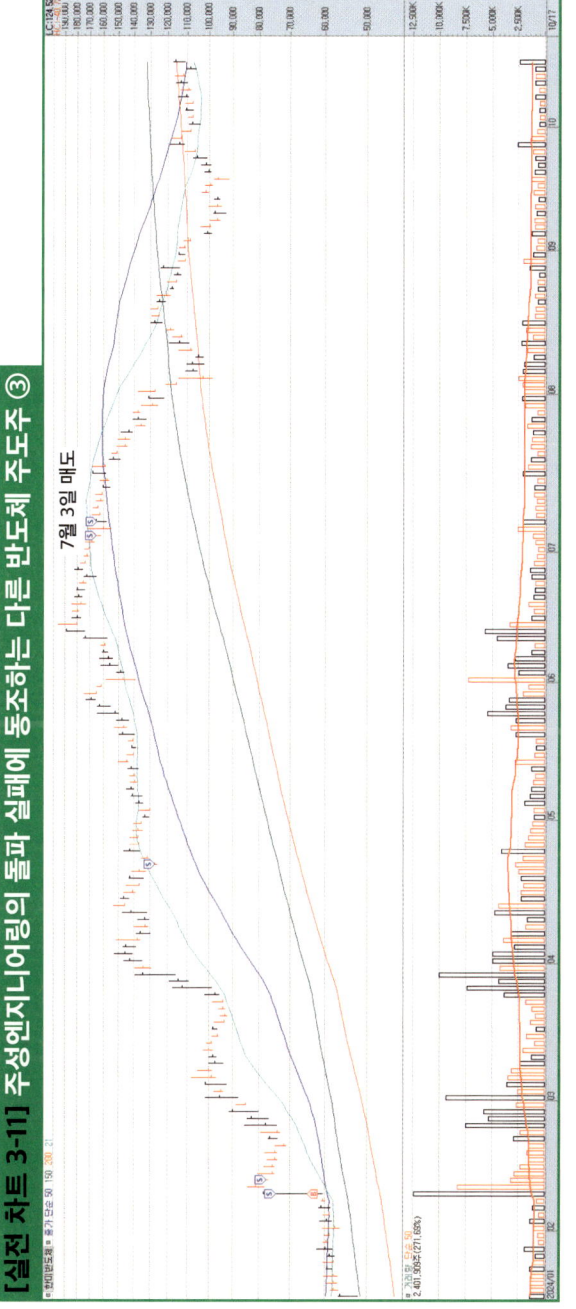

한미반도체 일간차트이며, 2024년 7월 3일에 주도주들이 돌파 실패를 보고 차익실현의 타이밍으로 삼았습니다.

기술적 분석을 활용한 시장예측 전략 **151**

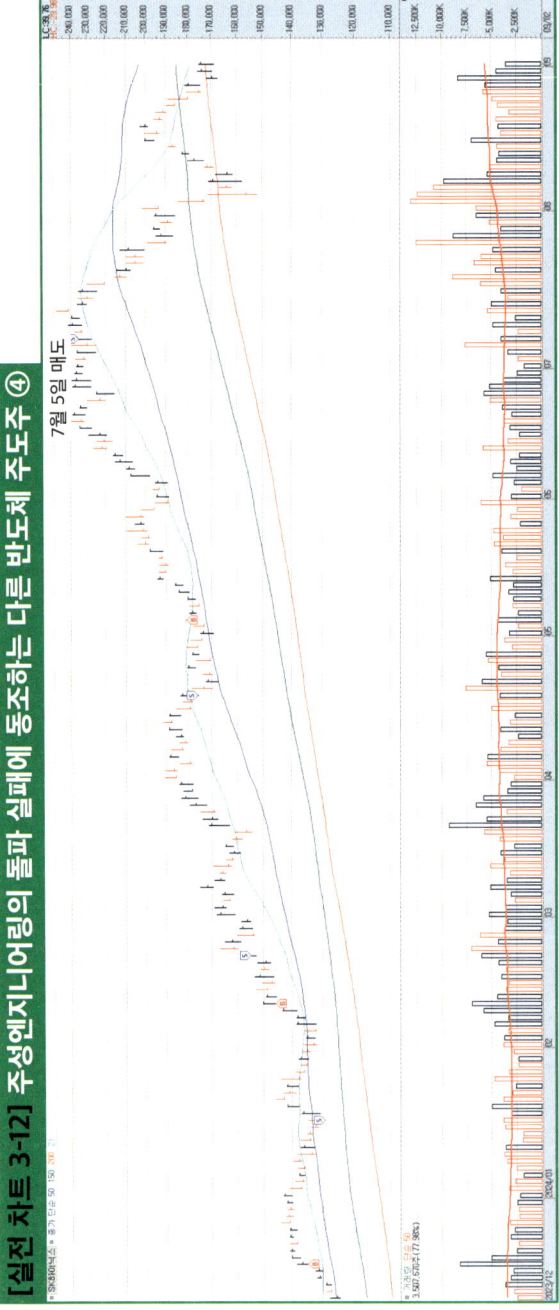

[실전 차트 3-12] 주성엔지니어링의 돌파 실패에 동조하는 다른 반도체 주도주 ④

SK하이닉스 일간차트이며, 2024년 7월 5일에 주도주들의 돌파 실패를 보고 차익실현의 타이밍으로 삼았습니다.

[실전 차트 3-13] 원익QnC 일간차트

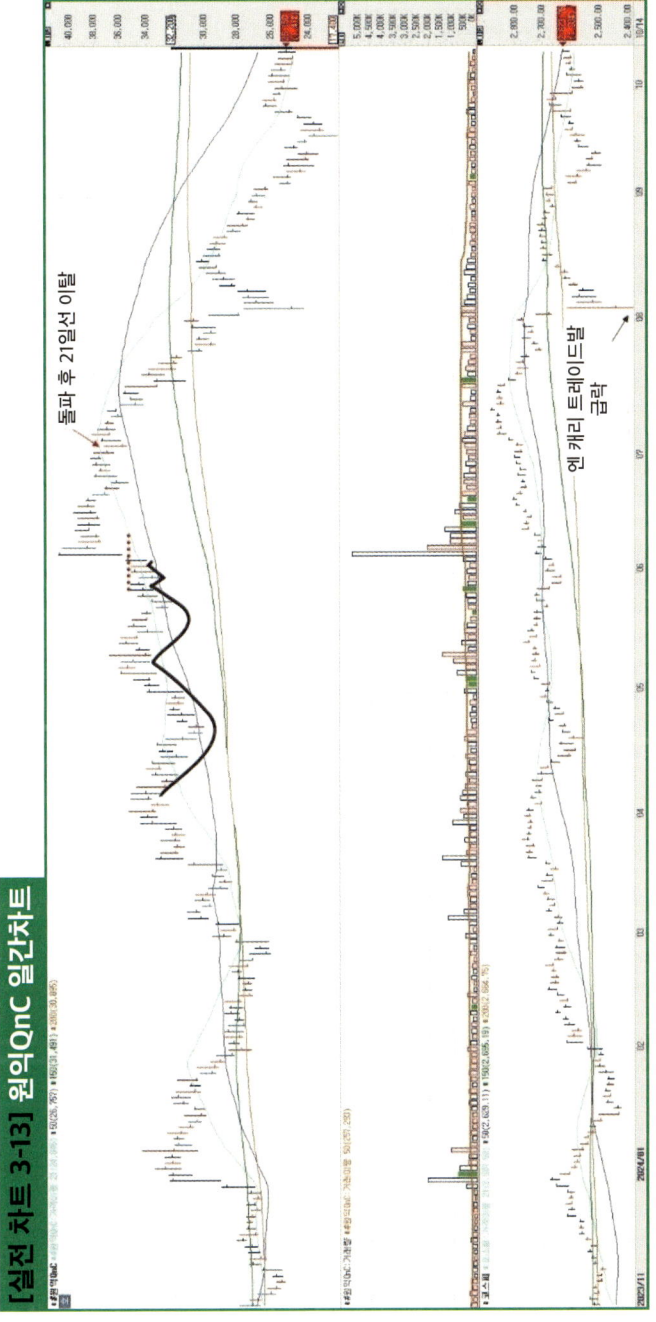

엔 캐리 트레이드발 시장 하락 전 주도주(반도체)들이 움직임을 보여 줍니다. 거래량을 동반한 매우 좋은 돌파를 성공한 종목이 20~25% 이상의 수익을 내지 못하고 21일선을 깨며 돌파를 되돌렸습니다. 시장 악재가 있으므로 차익을 어느 정도 실현하고 최소이익 실현 지점(Back Stop)을 끌어올리는 것이 중요합니다.

기술적 분석을 활용한 시장예측 전략 **153**

[실전 차트 3-14] HB테크놀로지 일간차트

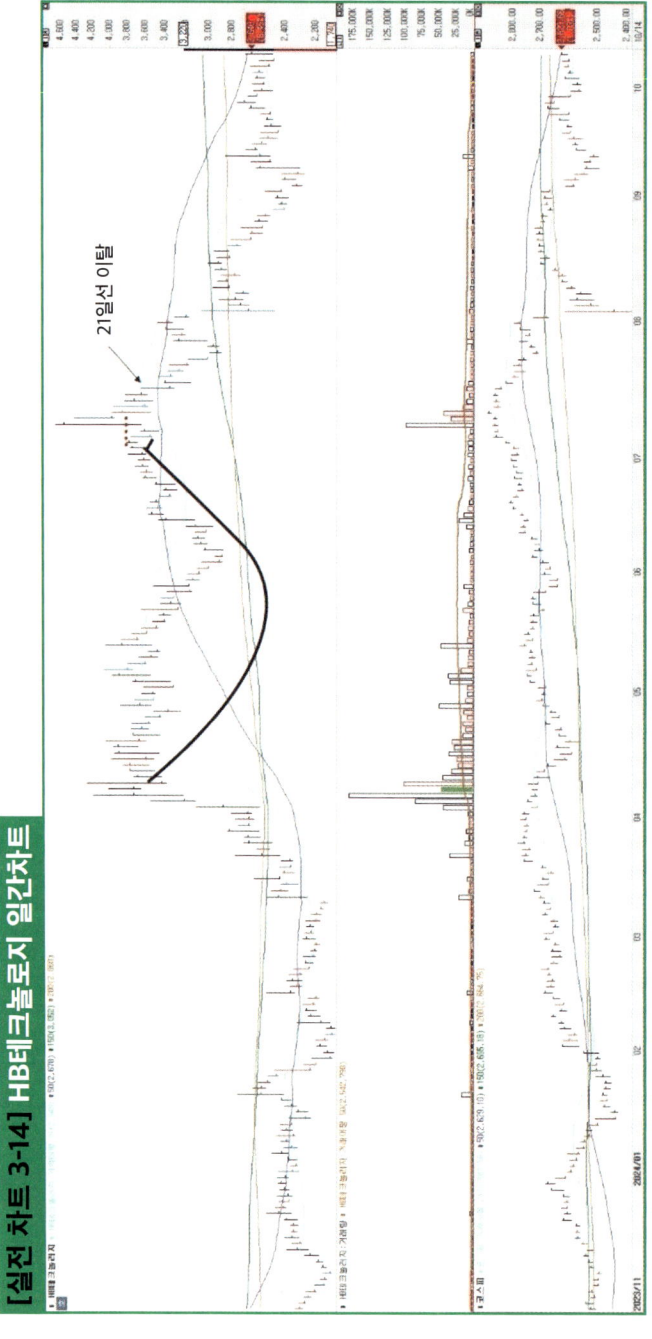

엔 캐리 트레이드로 인한 시장 급락 전 돌파 성공 후 바로 되돌려 2024년 7월 17일에 21일선을 깼습니다. 거래량을 동반한 완벽한 돌파가 되돌려진다는 것은 시장에 큰 악재가 임박했다는 신호입니다.

[실전 차트 3-15] 한미약품 일간차트

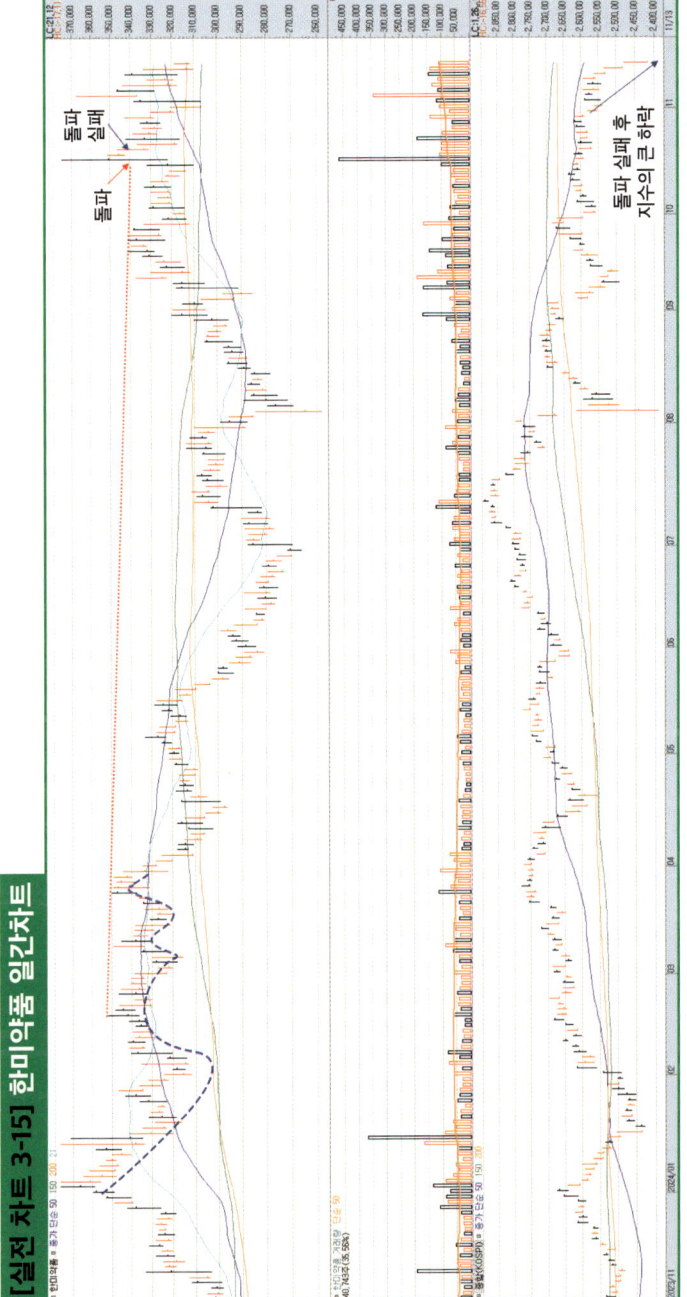

제약 섹터의 차익실현 시기를 알려 준 돌파 되돌림 현상입니다.

[실전 차트 3-16] 한화오션 일간차트

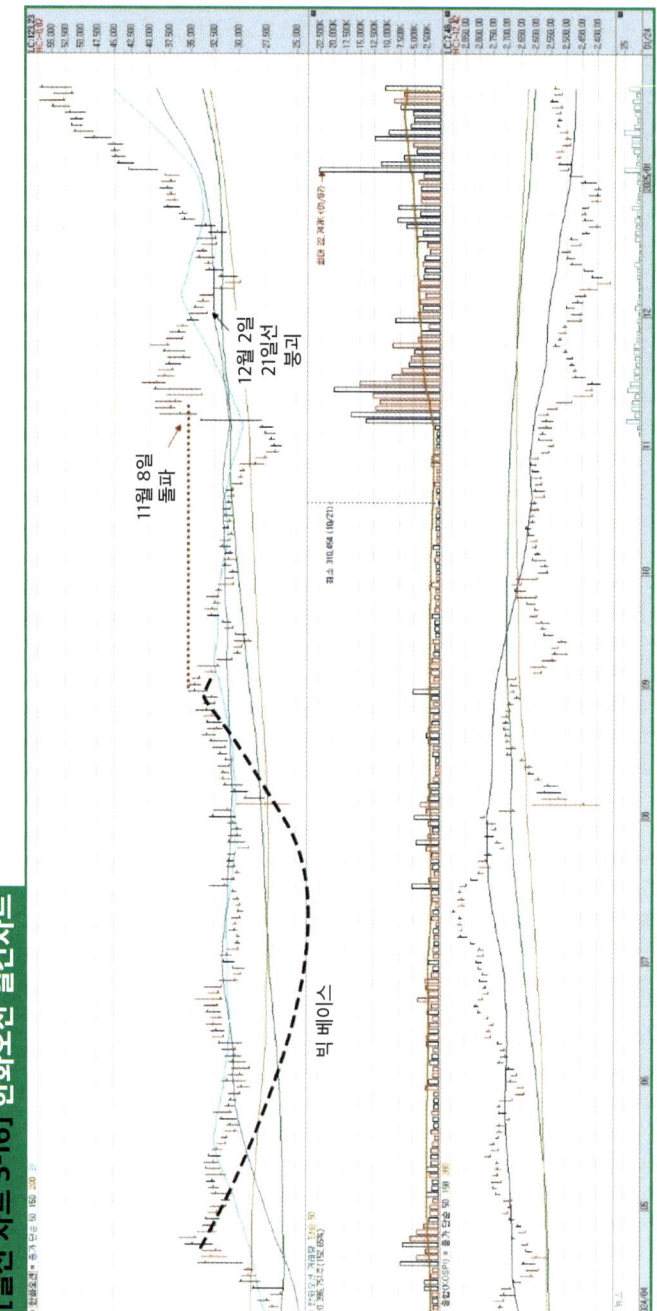

2024년 12월 3일에 계엄령 선포 전일 발생한 돌파를 되돌렸습니다.

Chapter 3

이러한 돌파 되돌림 신호(매도 신호, 현금화, Sell Signal)의 신빙성은 다음과 같을수록 높아집니다.

1. **주도섹터에 속한 종목들이 돌파를 되돌릴수록(특히 거래량을 동반한 돌파 성공의 되돌림)**
2. **여러 번의 흔들기나 베이스 재형성을 통해 매우 탄탄한 매수 셋업(손잡이)을 만들고 돌파를 실패할수록**
3. **1, 2의 조건을 충족하는 종목이 큰 거래량과 함께 완벽한 돌파를 성공한 후 20~25% 이상 상승하지 못한 채 바로 급락하여 21일 이동평균선을 깰수록**

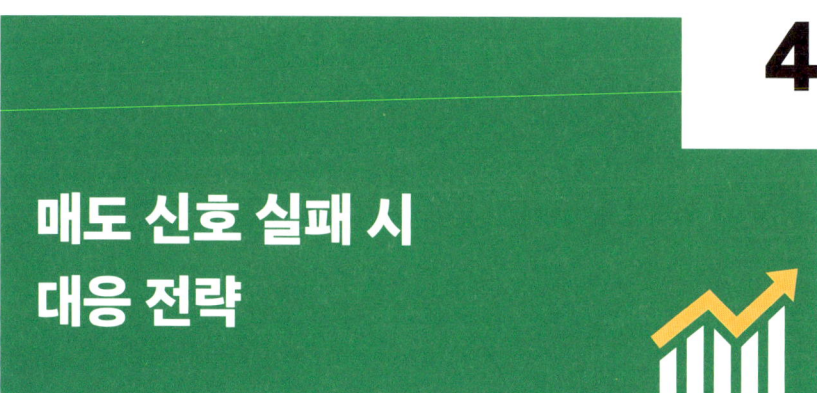

4 매도 신호 실패 시 대응 전략

주식시장에서 100% 맞아떨어지는 전략이란 존재하지 않습니다. 매도 신호는 반도체 차익실현과 엔 캐리 트레이드, 심지어 계엄령까지 정확한 예측에 성공했지만 실제로 2025년 5월 예측은 실패했습니다.

   [실전 차트 3-17]은 매우 좋은 셋업을 형성한 후 5월 12일 돌파 실패를 한 동성화인텍의 차트입니다.

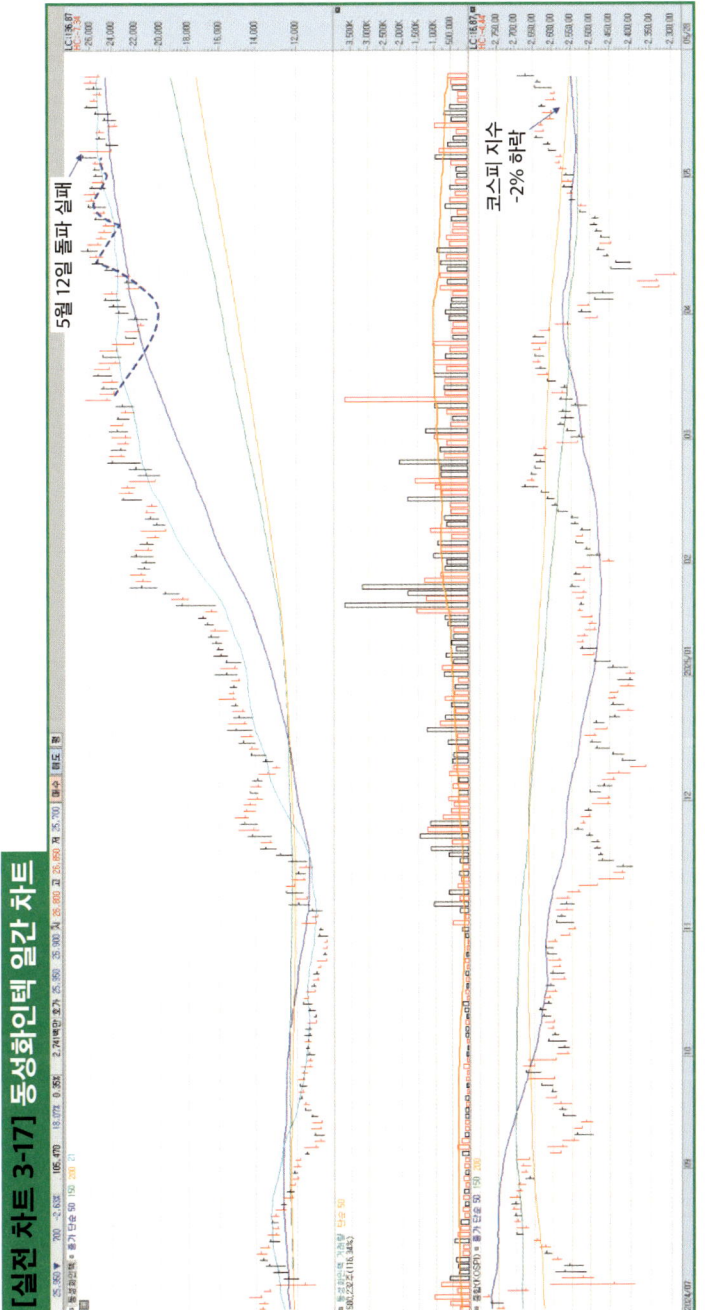

[실전 차트 3-17] 동성화인텍 일간 차트

제 연구에 따르면 매도 신호가 발생하면 코스피 지수는 -4% 이상 하락하며 주도섹터의 주도주들이 급락하는 경향을 보였습니다. 다만 코스피 조정이 작은 잘못된 매도 신호도 30%의 확률로 발생할 가능성이 있습니다.

기술적 분석을 활용한 시장예측 전략 **159**

[실전 차트 3-18] 한화 일간차트

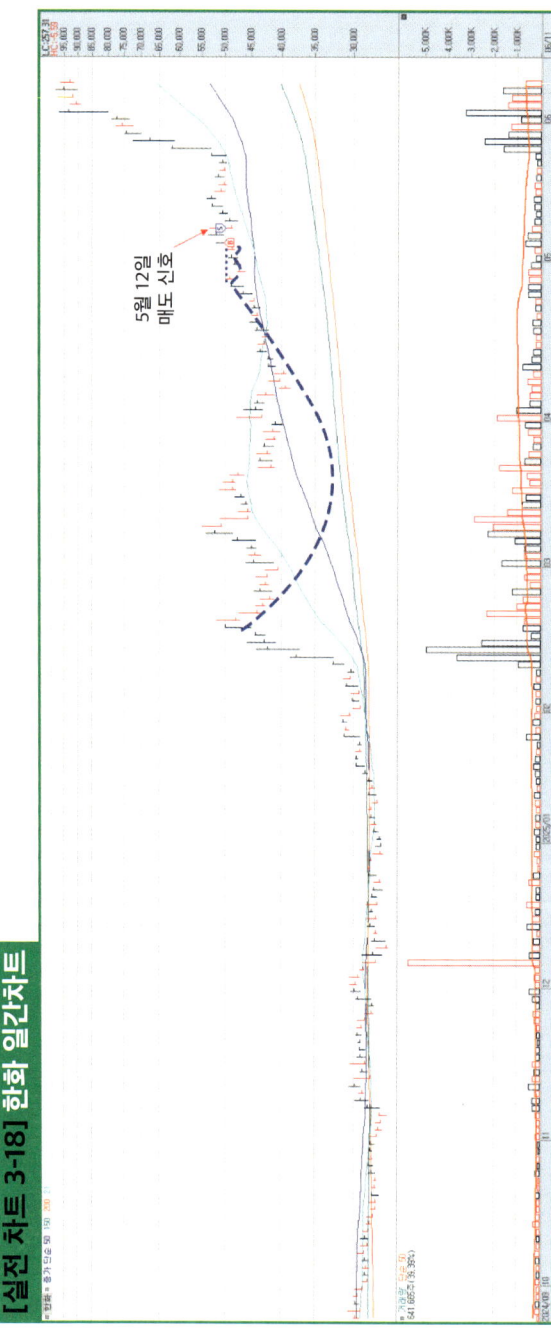

2025년 5월 12일에 발생한 매도 신호로 인해 너무 일찍 팔아 버린 한화의 차트입니다. 매우 잘 만들어진 셋업이었던 동성화인텍의 돌파 실패뿐만 아니라 주도섹터인 조선에서 연속적으로 돌파 실패가 발생했습니다. 전량 현금화를 시키기에 부족함이 없는 신호였습니다.

그렇다면 우리는 어떻게 하면 매도 신호가 틀렸을 경우까지 가정해 전략을 보강할 수 있을까요?

답은 간단합니다. 피봇 실패 위치에서 재매수하면 됩니다. 즉, 좋은 매도 신호가 발생하면 즉시 현금화를 시키되, 신호가 틀렸을 경우를 대비하여 재매수 주문을 거는 것입니다. 백 마디 말보다 그림 하나가 이해에 더 도움이 됩니다. 예제를 함께 살펴보죠.

[실전 차트 3-19] 한화 일간차트

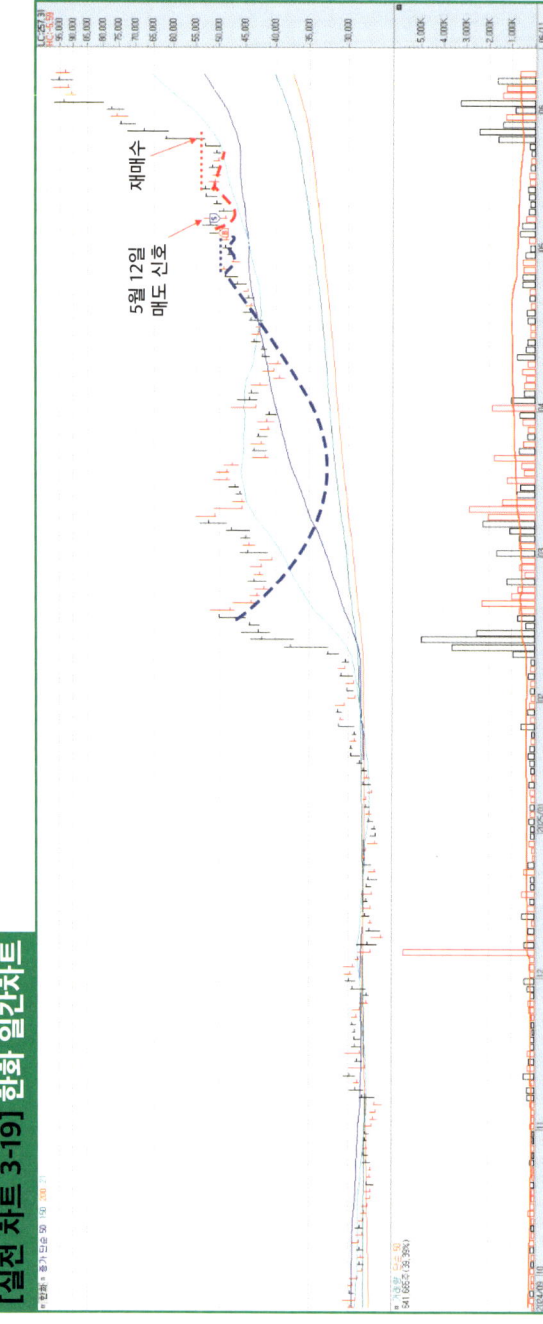

2025년 5월 12일에 매도 신호 이후 새로운 순장이(빨간색 점선)를 형성해 피봇을 만들었고 이를 돌파하면서 재매수합니다.

162 Chapter 3

[실전 차트 3-20] 현대로템 일간차트

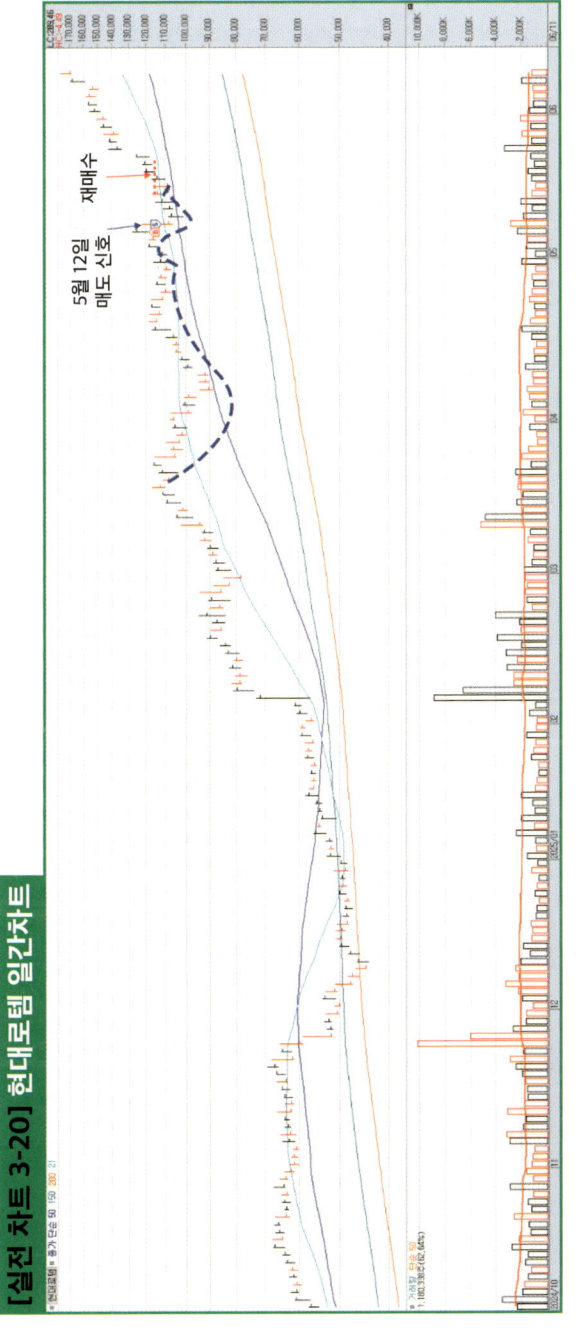

마찬가지로 2025년 5월 12일에 매도 신호 이후 새로운 손잡이를 형성하고 재매수 기회를 제공했습니다.

기술적 분석을 활용한 시장예측 전략

많은 투자자가 여전히 '기술적 분석'에 대해 반신반의합니다. 그러나 세계적인 슈퍼트레이더들과 오랜 시간 시장을 이겨 온 승자들의 공통점은 '기술적 분석을 적극적으로 활용했다'는 점입니다. 이 Chapter에서는 기술적 분석이 단순한 차트 해석을 넘어 실제로 수익률을 향상시키는 검증된 도구임을 설명하겠습니다.

Chapter 4

왜 기술적 분석을 해야 하는가

1. 수익률이 기술적 분석을 증명한다

'역사상 가장 위대한 투자자, 즉 투자의 GOAT(Greatest Of All Time)는 누구일까?'라는 질문을 받으면 아마 대부분 워런 버핏(Warren Buffett)을 꼽을 것입니다. 하지만 수익률(퍼포먼스)만 따진다면 워런 버핏이 그렇게 인상적인 투자자는 아닙니다.

[표 4-1] 투자자별 연평균 수익률과 투자 기간

(순위 방향)

이름	연평균 수익률 (년)	이름	연평균 수익률 (년)	이름	연평균 수익률 (년)
Richard Dennis (리처드 데니스)	120% (19)	George Soros (조지 소로스)	29% (34)	Lou Simpson (루 심슨)	20.3% (24)
Michael Marcus (마이클 마커스)	120% (10)	Eddie Lampert (에드워드 램퍼트)	29% (16)	Walter Schloss (월터 슐로스)	20% (49)
Jaffray Woodriff (제프레이 우드리프)	118% (10)	Paul Tudor Jones (폴 튜더 존스)	26% (19)	Robert C. Perry (로버트 C. 페리)	20.8% (20)
Bruce Kovner (브루스 코브너)	87% (10)	Scott Ramsey (스콧 램지)	25.7% (11)	Prem Watsa (프렘 왓사)	20% (15)
Randy McKay (랜디 맥케이)	≈80% (20)	Paul Rabar (폴 라바르)	25.5% (23)	Tom Knapp (톰 냅)	20% (16)
Victor Sperandeo (빅터 스페란데오)	72% (19)	Martin Zweig (마틴 츠바이크)	25% (19)	Edward Thorp (에드워드 소프)	19.8% (29)
Ed Seykota (에드 세이코타)	≈60% (30)	Julian Robertson (줄리언 로버트슨)	25% (20)	Bernard S. Sherman (버나드 S. 셔먼)	19.6% (20)
William Eckhardt (윌리엄 에크하르트)	≈60% (13)	Michael Steinhardt (마이클 스타인하트)	24.7% (28)	David Einhorn (데이비드 아인혼)	19.4% (17)

이름	연평균 수익률 (년)	이름	연평균 수익률 (년)	이름	연평균 수익률 (년)
Gil Blake (길 블레이크)	45% (12)	Charles Munger (찰리 멍거)	24% (12)	Steve Clark (스티브 클라크)	19.4% (11)
Joel Greenblatt (조엘 그린블랫)	45% (19)	Joe Vidich (조 비디크)	24% (10)	Gary Michaelis (게리 미카엘리스)	18.4% (15)
William J. O'Neil (윌리엄 오닐)	≈40% (25)	Liz Cheval (리즈 슈발)	23.1% (23)	Bill Ruane (빌 루안)	18% (14)
Jim Ruben (짐 루벤)	40% (10)	Warren Buffett (워런 버핏)	23% (54)	Gary Greenberg (게리 그린버그)	18% (25)
Jim Rogers (짐 로저스)	38% (11)	Bruce Karsh (브루스 카쉬)	23% (25)	Jack Dreyfus (잭 드레이퍼스)	17.7% (12)
Stanley Druckenmiller (스탠리 드루켄밀러)	37% (12)	Steven Perimeter (스티븐 펄미터)	23% (18)	Daniel Loeb (다니엘 로브)	17.6% (15)
Robert Wilson (로버트 윌슨)	34% (20)	Henry Soldier (헨리 솔더)	22.8% (23)	Martin J. Whitman (마틴 J. 휘트먼)	17.2% (21)
James Simons (제임스 사이먼스)	34% (24)	Francisco Garcia Paramés (프란시스코 가르시아 파라메스)	22.52% (14)	Alexander Vandenberg (알렉산더 반덴버그)	16.6% (33)

이름	연평균 수익률 (년)	이름	연평균 수익률 (년)	이름	연평균 수익률 (년)
Rick Guerin (릭 게린)	33% (19)	Jerry Parker (제리 파커)	22.2% (23)	Seth Klarman (세스 클라르만)	16.5% (25)
Jeff Vinik (제프 비닉)	32% (12)	Shelby Davis (셸비 데이비스)	22% (45)	Thomas Rowe Price (토머스 로우 프라이스)	16% (38)
Louis Bacon (루이스 베이컨)	31% (15)	Martin Taylor (마틴 테일러)	22% (11)	Tom Russo (톰 루소)	15.8% (24)
David Bonderman (데이비드 본더만)	>30% (20)	Samuel Abraham (사무엘 아브라함)	21.7% (19)	Peter Cundill (피터 컨딜)	15.2% (33)
Richard Driehaus (리처드 드리하우스)	30% (12)	Tom Claugus (톰 클라우구스)	21% (26)	John Templeton (존 템플턴)	15% (38)
Tom Shanks (톰 섕크스)	29.7% (22)	Benjamin Graham (벤저민 그레이엄)	21% (20)	John Neff (존 네프)	14.8% (31)
Peter Lynch (피터 린치)	29.2% (13)	Anthony Bolton (앤서니 볼턴)	20.3% (27)	Philip Carret (필립 캐럿)	13% (55)

* 출처 : Steve Burn's new trader.com

    퍼포먼스만 놓고 본다면 퀀트투자에 가까운 터틀 트레이딩의 창시자 리처드 데니스(Richard Dennis)가 압도적이고, 기간까지 고려한다면 펀더멘털을 전혀 보지 않는 순수 기술적 분석가 에드 세이코타(Ed Seykota)가 최고라고 말할 수 있을 것입니다. 위 표를 보고 알 수 있는 것은 성적으로만 봤을 때 상위권에 포진한 투자자 대부분이 퀀트투자자와 기술적 분석가라는 사실이죠.

그렇다면 가장 공신력 있는 투자대회라 할 수 있는 전미투자대회의 결과는 어떨까요? 2019년 이후로 매해 열리고 있는 이 대회의 우승자 명단은 다음과 같습니다.

[표 4-2] 2019~2024년 전미투자대회 우승자 명단

연도	이름	수익률	분석 유형	멤버십
2019년	Leif Soreide (레이프 소레이드)	YTD[11] 60.9%	기술적 분석가 (오닐식)	MPA[12] 멤버
2020년	Oliver Kell (올리버 켈)	YTD 941%	기술적 분석가 (오닐식)	MPA 멤버
2021년	Mark Minervini (마크 미너비니)	YTD 334.8%	기술적 분석가 (오닐식)	-
2022년	Afzal Lokhandwala (아프잘 로칸드왈라)	YTD 447%	기술적 분석가 (오닐식)	-
2023년	Goverdhan Gajjala (고베르단 가잘라)	YTD 805.1%	기술적 분석가 (오닐식)	MPA 멤버
2024년	Law Wai-Sum (로 와이섬)	YTD 353.9%	기술적 분석가 (오닐식)	MPA 멤버

---

11 Year to Date, 연초 대비 증감률.
12 Minervini Private Access. 마크 미너비니가 운영하는 투자자문 사이트로, 가입자들에게 교육 및 투자 안내를 제공함. 월 999불(한화 140만 원 상당)의 고가의 구독료를 요구하지만 전미투자대회 우승자 대부분이 사이트의 멤버로 가입해 교육을 받음.

2019~2024년까지 무려 6회의 우승자가 모두 기술적 분석가라는 사실은 기술적 분석을 '차트는 미신이다.' '도박이다.'라고 폄하하는 국내 시선의 전환을 가져오기에 충분할 것입니다. 게다가 우승자들은 모두 오닐식 추세추종 방식을 따르고 있기도 합니다.

좀 더 자세히 살펴보면 매년 1위부터 10위까지의 톱 퍼포머들은 오닐식 추세추종 방식 기반의 2021년 우승자 마크 미너비니의 MPA 멤버입니다. 전 세계에서 가장 공신력 있는 투자대회의 우승자들(레이프 소레이드, 올리버 켈, 고베르단 가잘라 등)의 대부분이 마크 미너비니로부터 교육을 받았으며, 매해 미너비니의 제자들이 상위권을 차지하고 있다는 것은 오닐식 추세추종 기술적 분석이야말로 현존하는 전략 중 가장 검증된 방법임을 의미한다고 볼 수 있습니다.

그렇다면 투자수익률 세계기록 보유자는 누구일지도 궁금해지는데, 기네스북에 등재된 가장 높은 수익을 낸 투자자를 살펴봅시다. 바로 댄 쟁거(Dan Zanger)입니다. 그는 2년 만에 29,000%의 수익을 올려 기네스북에 등재되었으며 이 기록은 아직도 깨지지 않고 있습니다.

[그림 4-1] 댄 쟁거

댄 쟁거의 성과가 더욱 인상적인 이유는

1. **금융권(제도권)에 속하지 않은, 수영장 인테리어업을 했던 우리와 같은 일반인 투자자**
2. **전문적인 교육을 받는 대신 오닐의 책을 사서 공부하고 그의 세미나를 들었던 평범한 사람**

이라는 점입니다. 즉, 우리같이 평범한 일반인들도 올바른 방향으로 공부를 해 나간다면 얼마든지 댄과 같은 성과를 낼 수 있다는 점을 시사합니다.

댄과 같은 케이스는 또 있습니다. 1997년과 2021년 전미투자대회 우승자이자 매해 전미투자대회 우승과 상위권 자리를 독식하는 투자자들의 스승 마크 미너비니는

1. **고등학교 중퇴의 학력을 가진**
2. **성인이 될 때까지 드러머 등으로 생계를 유지했던**

우리와 다를 바 없는 일반인이었습니다. 그 역시 오닐의 책을 사고 세미나를 들으면서 공부를 해 나가다가 놀라운 성과를 인정받아 잭 슈웨거(Jack D. Schwager)의 『시장의 마법사들(Market Wizards: Interviews with Top Traders)』[13](2008, 이레미디어)에까지 등재된 입지적인 인물입니다. 댄과 마크의 일화를 보면 우리 같은 일반인들도 충분히 이들과 같은 성과를 낼 수 있다는 자신감을 얻을 수 있습니다.

---

13 월스트리트의 톱 트레이더들을 인터뷰한 책. 주식이나 (헤지)펀드를 포함한 각종 투자 시장에서 막대한 수익을 올린 세계 최고의 트레이더 17인의 철학과 투자법이 담김.

"좋은 주식은 뒤도 돌아보지 않고 상승하기 때문에 조정을 기다렸다가는 매수할 기회를 놓치기 마련이다. 그래서 내 매수의 95%는 주식이 상승 돌파할 때 이뤄진다."

- 댄 쟁거

역발상 투자(Contrarian Investment)라는 말이 있습니다. '투자를 할 때 인간의 본성과 반대로 하는 것이 성과가 좋다.'라는 생각에 기반을 둔 투자법이죠. 우리는 유년기부터 재화를 가장 저렴한 가격에 구매하도록 학습되었습니다. 이러한 습관은 우리가 주식을 매매할 때도 영향을 미치기 마련입니다. 그래서 주식의 가격이 상승할 때 매수하기보다 주식의 가격이 하락할 때 좀 더 저렴한 가격에 매수하는 '눌림목' 매매를 선호하게 만들죠. 국내의 기술적 분석 서적과 강연에서도 돌파매매가 아닌 눌림목, 즉 조정 시 가격이 좀 더 저렴해졌을 때 매수하는 방식을 주로 다루고 있습니다.

Chapter 5

왜 돌파매매를 해야 하는가

눌림목 매매의 한계

눌림목 매매의 경우 치명적인 단점이 2가지 있습니다.

1. 가격 조정을 노리는 트레이더들을 떨구어 내는 흔들기에 손절당할 확률이 높음.
2. 시장이 조정되기 전 주도주의 가격이 하락하는 경향이 있는데, 눌림목 매수를 할 경우 시장 상승의 결과로 역행하는 매매를 하게 될 확률이 높음.

즉, 시장이 잠깐 조정(하락)에 들어가기 전 잘나가던 주도주(리더 종목)는 미리 하락하는 경우가 많습니다. 실제로는 시장 전체가 하락을 앞두고 있어서 이때 눌림목 매매를 하면 결국 주가가 더 떨어지기도 합니다. 결과적으로 상승장이 오더라도 거꾸로 움직이는 잘못된 타이밍의 매매를 할 수 있다는 것입니다. 1번의 예를 [실전 차트 5-1]과 함께 살펴보겠습니다.

> "네가 차트에서 보고 있는 것을 다른 이도 보고 있을 거란 걸 명심하라." - 윌리엄 오닐

메르카도리브레의 차트를 보면 눌림목 매수를 진행하기에 적합해 보이는 명확한 지지선들을 두 차례나 붕괴시킨 후 가격이 다시 상승하는 것을 볼 수 있습니다. 이를 흔들기(Shakeout)라고 하는데, 다들 한 번씩 경험해 봤을 것입니다. 내 주식을 팔면 주가가 상승하는 현상을 말입니다. 이런 일들이 발생하는 이유는, 큰 상승을 하기 전에는 몇 차례에 걸쳐 지지선들을 붕괴시키면서 단기 차익을 노리는 트레이더들을 떨구고 가는 경향이 있기 때문입니다.

메르카도리브레의 경우 지지선 붕괴가 몇 차례 일어난 후 아주 타이트한 손잡이가 만들어졌죠? 이때 만들어진 손잡이를 가격이 돌파할 때 매수하면 흔들기에 당할 확률이 감소할 것입니다.

[실전 차트 5-1] 메르카도리브레 일간차트

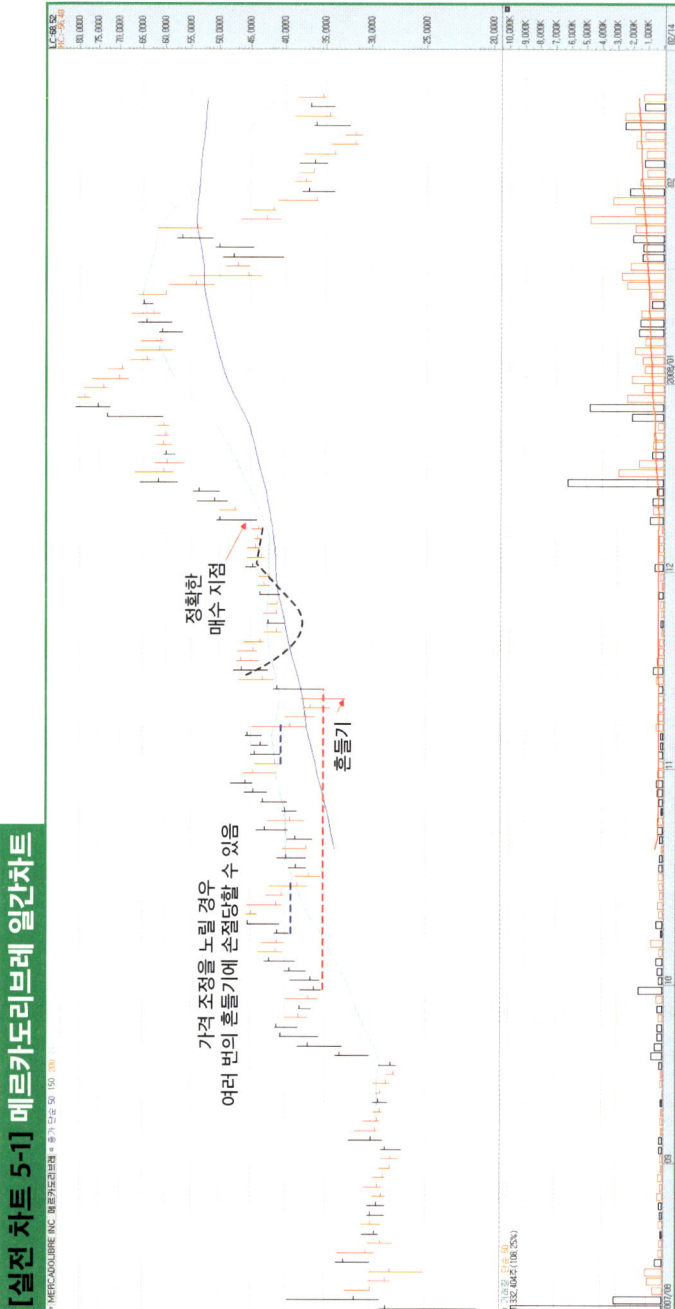

큰 상승 직전의 종목들은 이따금 가격이 급락하는데, 이를 흔들기라고 합니다.

178 Chapter 5

그럼 2번의 예도 한번 살펴보겠습니다. 주도주는 시장을 선행하므로, 주도주에 조정이 발생하면 시장 하락이 임박한 경우가 많습니다. 즉, 심리적 안정감을 위해 좀 더 저렴한 가격에 매수하려고 조정 시 눌림목이 발생했을 때 매수할 경우 바로 시장 상승의 훈풍을 타는 돌파매매와 달리 시장 하락에 직면하게 될 확률이 높습니다.

[실전 차트 5-2] 제이브이엠 일간차트

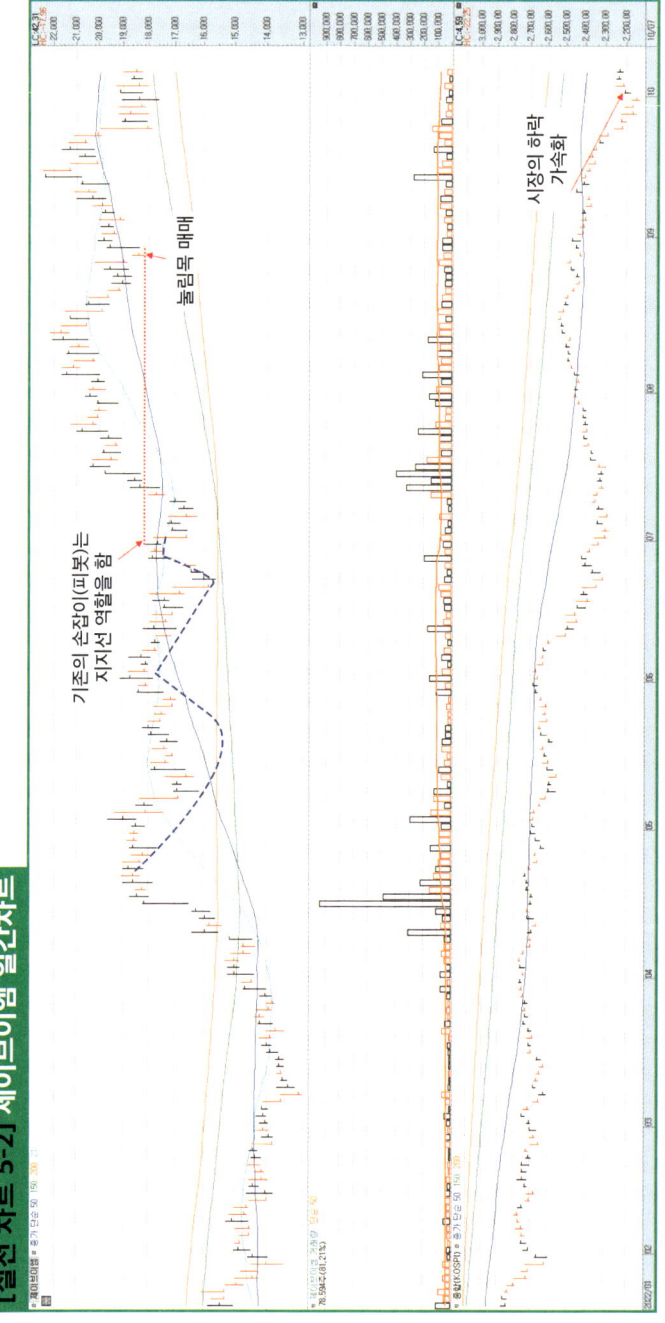

시장 하락이 시작되는 시장에서 눌림목 매수 신호가 발생합니다. 눌림목에서 반등은 했으나 시장의 하락 추세가 가속화되면서 결국 돌파 되돌림 현상이 일어났습니다.

[실전 차트 5-3] 피엔에이치테크 일간차트

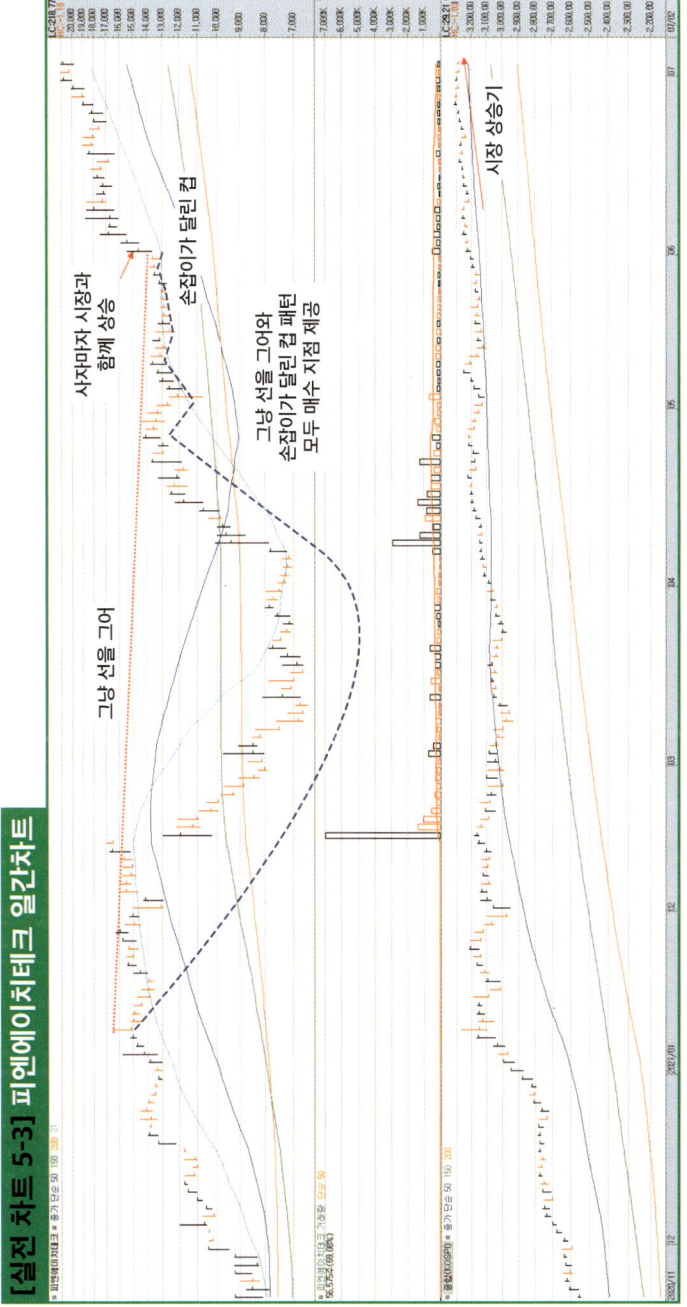

시장 상승이 시작되는 시점에 돌파매매 신호가 발생합니다. 돌파 시기 이후 시장이 상승세를 이어 가면서 시장이 상승세를 자연스럽게 가격도 지속적으로 상승합니다.

왜 돌파매매를 해야 하는가 | 181

"매수는 기술이고, 매도는 예술이다." "나는 매수는 잘하는데, 매도를 잘 못해."라는 말을 많이들 합니다. 그만큼 매도를 어렵게 생각하는 분들이 많습니다. 그런데 매도에 어려움을 겪는 투자자들의 차트를 보면 '이러니 어려울 수밖에 없지!'라는 생각이 들곤 합니다. 여러 강연과 미팅을 통해 수많은 사람의 매도 방식을 살펴본 후 제가 내린 결론은 '매수 시점이 잘못되었기 때문에 매도 시점을 아는 것이 어려운 것이다.'였습니다.

Chapter 6

왜 매매 시점이 중요한가

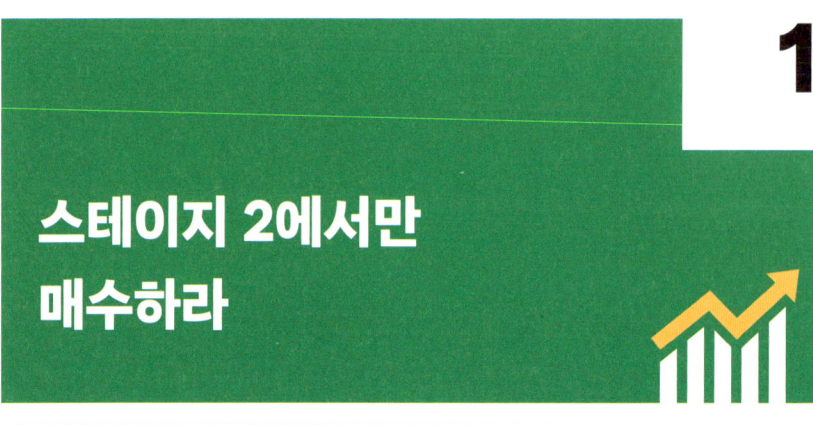

스테이지 2에서만 매수하라

스탠 와인스타인은 주식의 라이프 사이클, 즉 인생을 4단계로 분류했습니다. 스테이지 1은 사람으로 치면 유아기(Infant)입니다. 특별한 가격이나 거래량의 상승 없이 박스권을 형성하면서 아무 변화가 없는 상태입니다.

많은 이들이 스테이지 1에 속한 종목을 저가매수하는 것을 선호하는데, 최대한 바닥에서 매수를 하여 수익률을 극대화하고 싶은 욕심 때문에 그렇습니다. 하지만 스테이지 1에 있는 주식들은 대개 시장과 기관투자자들로부터 소외된 상태이어서 제대로 된 상승을 할 때까지 몇 년 이상의 오랜 시간이 걸리는 경우가 많습니다.

많은 이들이 주식투자를 할 때 수익과 손실만 염두에 둘 뿐 기회비용은 고려하지 않습니다. 특히 직장인들의 평균 운용금액이 2,000만 원에서 5,000만 원 정도의 적은 금액이라고 가정한다면, 죽은 돈(Dead Money)으로 박스권에 갇혀 있는 시간은 최소화시켜야 합니다. 따라서 스테이지 1에서 매수하는 것은 자금 여유를 고려할 때 바람직하지 않습니다.

추세가 정해지지 않은 스테이지 1에서의 매수는 매도를 어렵게 만듭니다. 한 번 추세가 정해진 주식은 계속해서 정해진 방향으로 움직이려는 경향이 있습니다. 이런 경우는 추세선을 따라 추가 매수(피라미딩)도 하고 추세가 꺾이면 익절을 할 수 있는 기준을 세우기가 용이합니다. 그러나 스테이지 1의 종목들은 추세가 정해져 있지 않아 기준을 세우기가 매우 어렵습니다. 주가의 등락도 임의적이고 등락 폭이 클 때도 있다 보니 너무 일찍 익절하거나 손실이 커지면 공포감에 손절을 하는 경우도 종종 발생합니다.

또한 주가가 오랫동안 박스권에서 움직이지 않으면 투자자는 지루함을 견디지 못하고 매도를 하는 경우도 생깁니다. 이와 같이 추세가 정해지지 않은 스테이지 1 박스권에서의 매수는 추후 매도 기준을 세우는 데에 어려움을 겪을 수밖에 없게 만듭니다.

이에 반해 상승 추세가 확립된 스테이지 2에서는 추세선과 이동평균선을 이용한 다양한 매도 전략을 세울 수 있습니다. 스테이지 2에 있는 종목의 경우 스테이지를 통틀어 상승 폭이 가장 큰 구간에 있으므로 수익을 내기 좋고 추세가 확립된 덕분에 매도하기에도 좋은 환경을 제공합니다. 이런 이유로 톱 트레이더들은 스테이지 2에 있는 종목들만을 매매합니다.

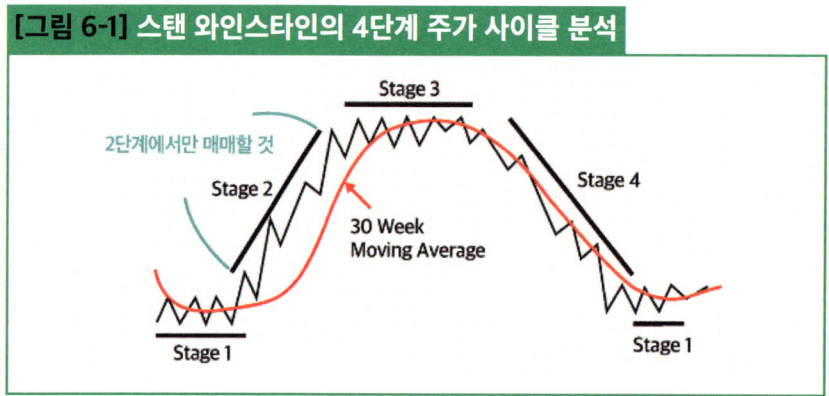

[그림 6-1] 스탠 와인스타인의 4단계 주가 사이클 분석

2 이동평균선을 활용한 쉬운 매도법

 만약 매수 지점이 스테이지 2의 정확한 피봇(손잡이가 달린 컵의 손잡이)을 돌파한다면 매도는 상대적으로 쉽기 마련입니다. 우리는 2개의 가격 이동평균선을 이용해 트레일링 스톱(Trailing Stop)을 사용하는 방법을 배워 보도록 하겠습니다.
 [실전 차트 6-1]과 같이 주가가 W 패턴을 돌파하여 계속해서 상승하다 보면 50일 이동평균선도 주가를 따라 상승하게 됩니다. 50일 이동평균선이 매수가(본전)를 따라잡은 순간부터는 50일 이동평균선을 익절 라인으로 잡으면 됩니다.

[실전 차트 6-1] 테크윙 차트

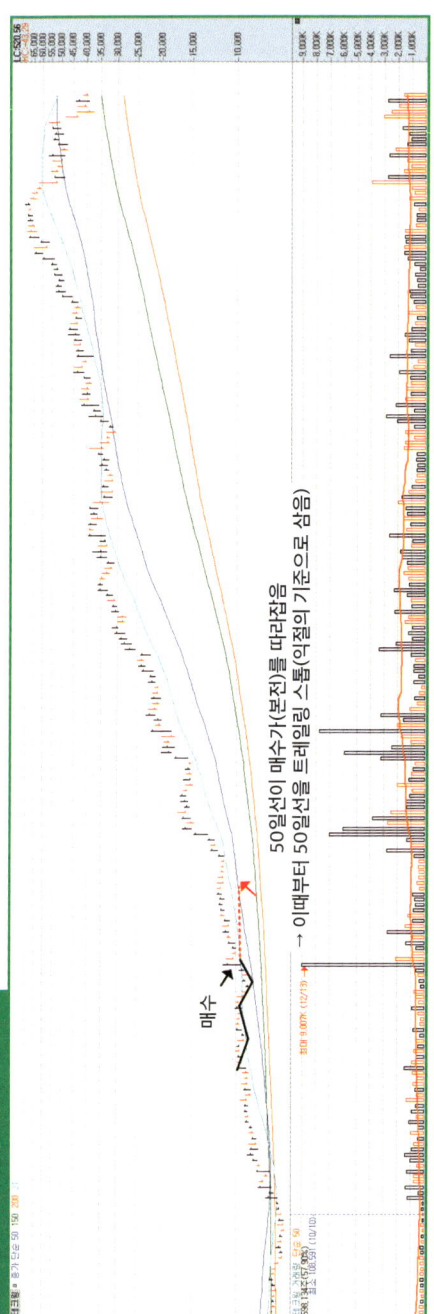

시장에서 생존하는 기본기

트레일링 스톱

주가가 상승함에 따라 익절 라인도 자연스럽게 따라 올라가는 방식입니다. 예를 들어 설명하면서 이해를 돕겠습니다.

1. A 주식을 1만 원에 매수하고, 트레일링 스톱을 10%로 설정한다고 가정한다.
2. 주가가 1만 4,000원이 되면 스톱 라인은 자동으로 1만 2,600원까지 올라간다.
3. 이후 주가가 1만 2,600원 밑으로 떨어지면 자동 매도되고, 주가가 더 오르면 트레일링 스톱도 오른다.

여기에 더해서 21일선까지 이용하는 방법도 있습니다.

1. **주가가 21일선 이하로 떨어질 경우 50% 익절함.**
2. **주가가 최종적으로 50일선 이하로 떨어지는 경우 남은 물량을 100% 익절함.**

그렇다면 왜 그 많은 이동평균선 중에서도 21일선과 50일선을 기준으로 삼는 것일까요? 윌리엄 오닐은 그의 저서 『최고의 주식 최적의 타이밍』에서 기관 투자자들의 경우 50일선을 벤치마크 인덱스로 사용하여 매수하는 경향이 있다는 연구 결과를 언급했습니다.

기관 투자자들은 물량을 대량으로 매수해야 하기 때문에 개인 투자자들처럼 원하는 양을 한 번에 다 매수할 수 없습니다. 한 번에 매수를 하면 주가는 급등하게 되고 비용도 천문학적으로 증가할 것이기 때문입니다. 그래서 며칠, 몇 주, 때로는 몇 달에 걸쳐서 분할매수를 하는데, 이때 기관 투자자들이 50일선 근처에 가격이 도달했을 때 매수하는 경향을 보였다는 것입니다. 즉, 기관 투자자들이 계속 매수하고 있는 종목이라면 가격이 50일선으로 떨어졌을 때 반등할 확률이 높다는 것을 파악할 수 있습니다.

그렇다면 50일선 외에 21일선을 적용하는 이유는 무엇일까요? 존 보익(John Boik)은 2020~2021년 동안 가격이 크게 상승한 빅위너들의 경우 주가가 21일선과 50일선 근처로 떨어지면 반등하는 경향이 있음을 밝혀냈습니다. 즉, 21일선과 50일선을 기준으로 기관 투자자들의 자금이 유입되니 큰 폭으로 상승하는 종목의 경우 21일선과 50일선을 오랫동안 깨지 않을 확률이 높습니다. 따라서 우리는 이를 이용해서 쉽게 매도의 기준을 정하자라는 것이 요지입니다.

[그림 6-2] 21일과 50일 이동평균선을 이용한 매도

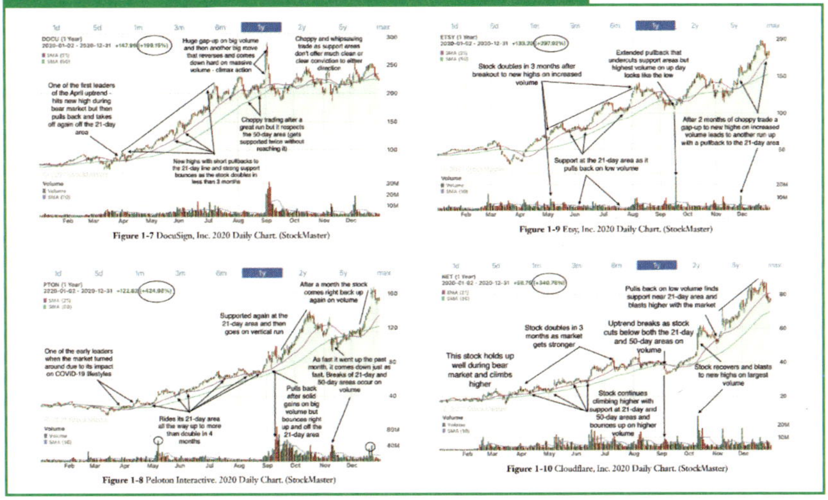

* 출처 : 존 보익의 monster stock lessons

21일과 50일 이동평균선을 이용하여 매도를 결정한 예제들을 살펴보겠습니다.

[실전 차트 6-2] SK하이닉스 일간차트

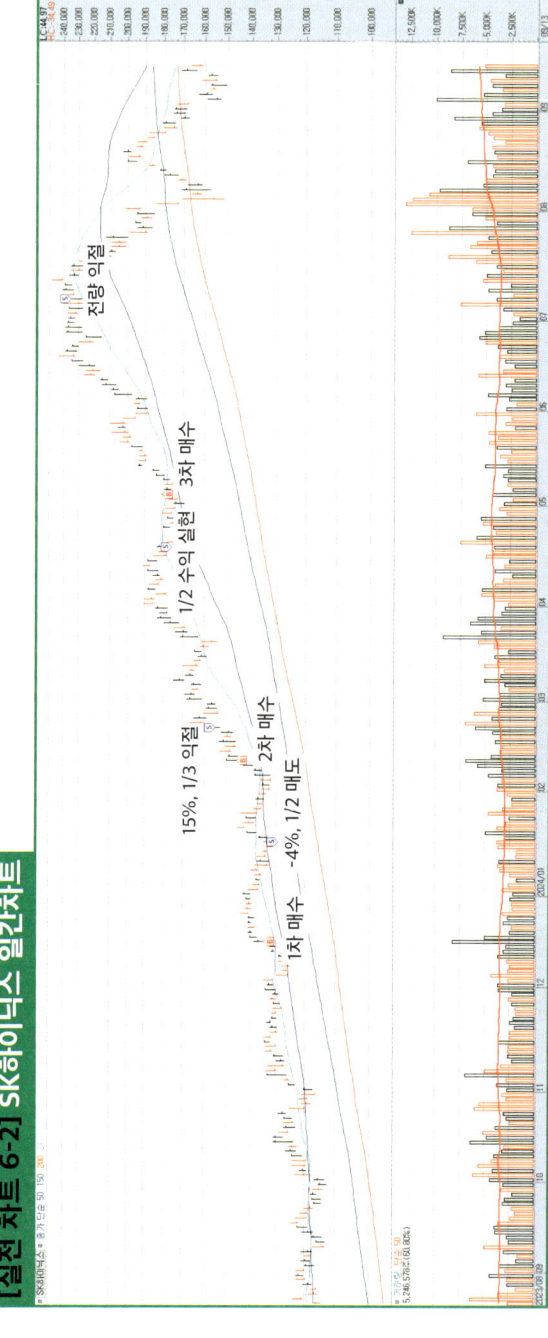

21일선과 50일선만 이용하여 매도를 결정할 경우 약 70~80%의 수익이 보장됩니다. 21일선과 50일선을 이탈하지 않았지만 2024년 7월에 전량을 익절한 이유는 매도 신호가 발생했기 때문입니다. 매도 신호를 무시하고 원칙대로 21일선과 50일선 이탈 시 매도했어도 수익을 얻는 데에는 문제가 없기는 합니다.

[실전 차트 6-3] 테크윙 일간차트

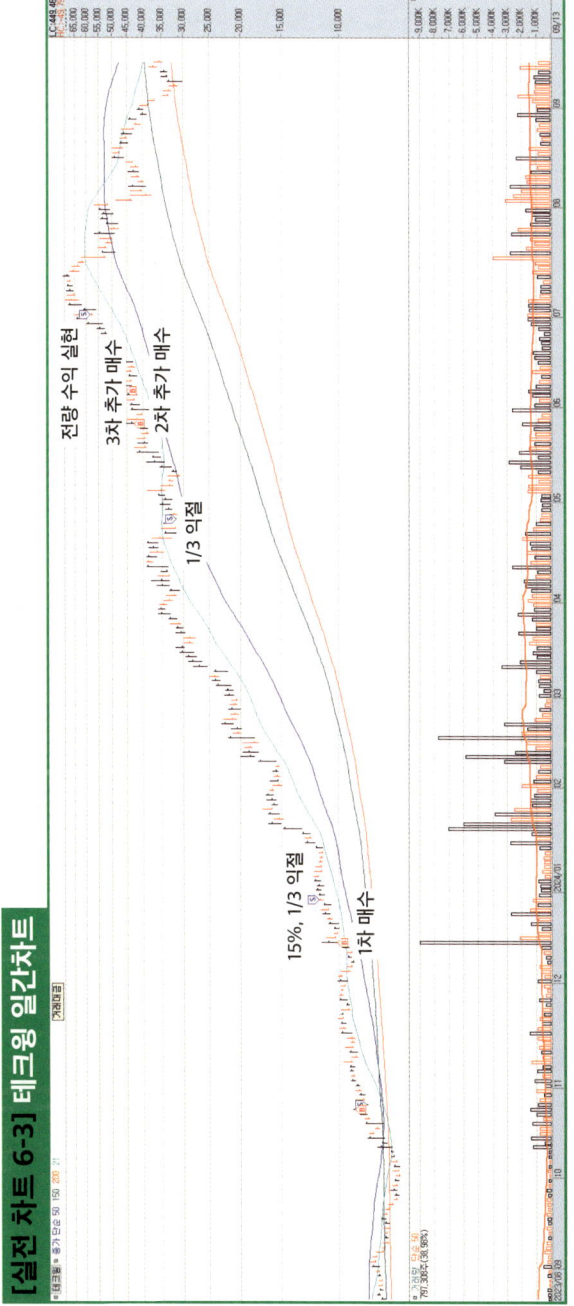

피봇으로부터 500% 이상 상승하는 동안 단 한 번도 50일선을 깨지 않았습니다. 7월에 발생한 매도 신호로 21일과 50일 이동평균선 이탈 전에 전량 수익 실현을 하셨습니다.

왜 매매 시점이 중요한가 193

[실전 차트 6-4] 한미반도체 일간차트

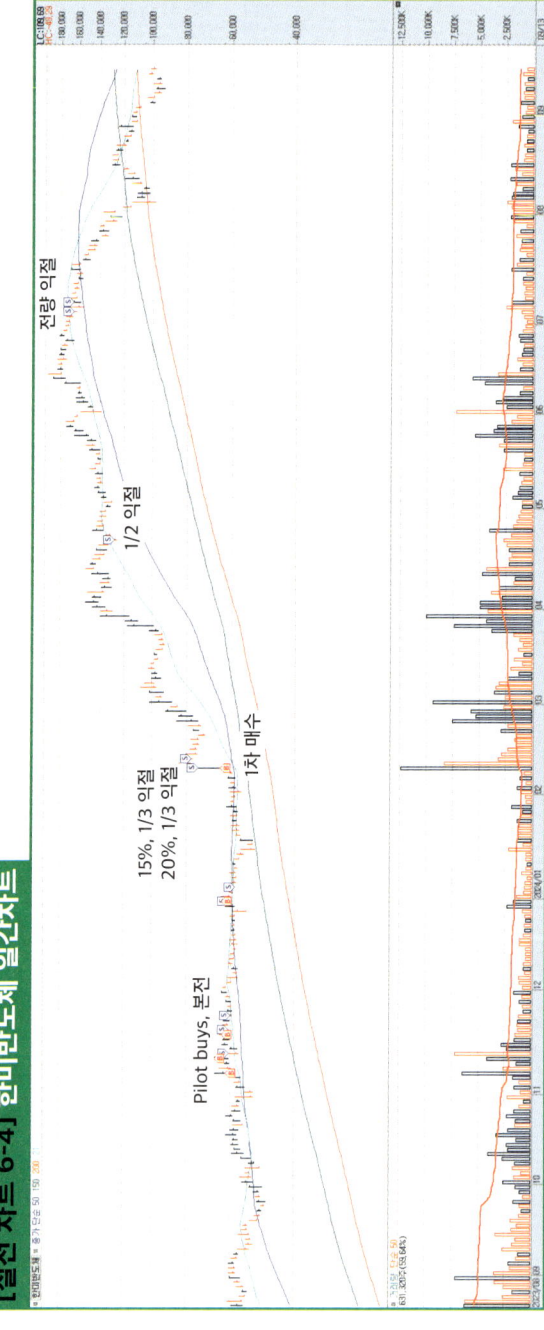

피봇 돌파 후 무려 5개월 동안 주요 이동평균선인 21일선과 50일선에서 지지를 받고 반등했습니다. 3가지 종목이 예와 같이 단순히 21일과 50일 이동평균선을 매도의 기준으로만 삼아도 100~400%의 수익은 쉽게 이룰 수 있습니다.

이렇게 21일과 50일 이동평균선을 이용한 매도 전략은 다양하게 응용이 가능한데, 저 같은 경우는 매수 후 15% 이상 주가가 상승하면 1/3을 매도한 뒤 그 다음부터 21일과 50일 이동평균선을 트레일링 스톱으로 사용합니다. 15%에서 미리 1/3을 익절하고 나면 이후에 시장 급락으로 주가가 되돌려진다고 해도 본전은 지킬 수 있는, 절대 잃지 않는 플레이인 프리롤(Free Roll)이 가능해집니다. 21일과 50일 이동평균선 전략을 기반으로 자신의 투자 성향에 따라 다양하게 운용해 보면 좋을 것 같습니다.

손절은 어떻게 설정할 것인가

『시장의 마법사들』 인터뷰 도중 잭 슈웨거는 갑자기 녹음기를 끄면서, "마크, 아까부터 계속 손절에 대해서만 얘기를 하는데, 손절에 관한 내용은 이미 인터뷰에서도 충분히 다뤄졌어요. 저는 손절이 아닌 다른 새로운 내용을 당신에게서 듣고 싶습니다."라고 말을 꺼냈다. 그래서 나는 "잭, 그들이 시장의 마법사가 된 이유가 바로 그거예요. 손절이야말로 투자성공의 가장 중요한 덕목이죠!"라고 답했다.

* 출처 : 『시장의 마법사들』 마크 미너비니 인터뷰 후기

손절의 중요성은 아무리 강조해도 지나치지 않습니다. 가치투자를

하고 기업에 대해서 열심히 공부하는 것이 투자라고 하는데, 그렇지 않습니다. 손절을 쓰면 투자를 하는 것이고, 손절을 쓰지 않으면 갬블링(Gambling)을 하는 것입니다. 위대한 시장의 마법사들이 계속 손절의 중요성을 강조하는 이유가 있는 것입니다.

그렇다면 손절은 어떻게 설정해야 할까요? 저는 최대한 신뢰가 가는 레퍼런스를 통해서 손절을 설정하는 기준을 제시하고자 합니다.

대가들의 손절 기준

많은 기술적 분석가들이 수치화된 손절(Percentage Stop)을 쓰는 대신 지지선이나 이동평균선을 손절 라인으로 쓰는데, 여기에는 문제점이 있습니다. 손절 본연의 목적인 '손실이 커지기 전에 빠르게 잘라 내는' 역할을 하지 못한다는 점입니다.

실제로 제시 리버모어(Jesse Livermore), 윌리엄 오닐, 마크 미너비니, 댄 쟁거와 같은 대가들은 지지선이나 이동평균선과 같은 기술적 라인이 아닌 기계적인 수치에 의존한 손절을 씁니다. [표 6-1]을 통해 대가들의 손절 퍼센티지를 한번 살펴볼까요?

가장 넓은 범위의 손절 퍼센티지를 쓰는 리버모어는 예전에 버킷샵에서 매매를 했을 때의 청산 기준인 -10%를 그대로 사용했다고 합니다. 그는 버킷샵의 디폴트 손절 퍼센티지를 습관적으로 써 왔는데, 나

쓰지 않았던 것 같습니다. 전설적인 투잡 트레이더인 니콜라스 다바스의 경우 비교적 짧은 5~5.5%의 손절을 썼습니다. 이처럼 손절 퍼센티지는 트레이더들의 매매 성향과 특성에 따라 달라지는 것을 알 수 있지만 10% 이상 넘어가는 손절을 쓰는 대가들은 별로 없습니다.

[표 6-1] 대가들의 손절 퍼센티지

이름	손절 퍼센티지
제시 리버모어 (Jesse Livermore)	10%
니콜라스 다바스 (Nicolas Darvas)	5~5.5%
윌리엄 오닐 (William J. O'Neil)	7~8%
마크 미너비니 (Mark Minervini)	4%, 8%

그렇다면 손절 퍼센티지를 얼마에 설정할지 결정을 내려야 하는데, 이에 대한 기준은 명확한 근거가 필요합니다. 윌리엄 오닐은 '정확한 매수 지점을 돌파한 종목이 그 이후 -8% 이상 하락하는 경우는 매우 드물다.'라는 연구 결과를 바탕으로 8% 손절 설정의 당위성을 부여했습니다.

실전

마크 미너비니의 스태거드 스톱 (Staggered Stop)

 윌리엄 오닐의 연구 결과를 따른다면 매수 -8%의 손실이 발생했을 때 기계적으로 매도하는 원칙을 세우는 게 옳을 것으로 보입니다. 그럼에도 불구하고 -8%의 손실은 저 같은 투자자에게 정신적으로 부담이 됩니다. 윌리엄 오닐의 -8% 룰을 지키면서 부담감도 줄일 수 있는 방법은 무엇인지 고민하다가 결국 제가 선택한 방법은 마크 미너비니의 스태거드 스톱입니다.

 스태거드 스톱을 설정하는 방법은 간단합니다. 매수 -4%의 손실이 발생할 경우 절반을 매도하고 이후 -8%의 손실이 발생할 경우 나머지 절반을 다 매도하는, 즉 오닐의 -8% 룰을 약 -6%대의 손실로 지키는 것

[그림 6-3] 스태거드 스톱 설정

입니다.

키움증권의 영웅문 MTS를 통해 살펴보면 [자동감시주문]의 [잔고편입] 주문을 활성화시킴으로써 매수하는 종목이 발생했을 경우 자동으로 스태거드 스톱을 적용시킬 수 있습니다.

개인적으로 저는 매수 후 수익이 15% 이상 발생할 경우 1/3을 익절하는 [자동주문]도 적용하고 있는데, 이는 기네스북 레코더인 댄 쟁거의 방식을 따른 것입니다. [자동주문]을 설정해 놓으면 투자자들이 손절과 익절을 해야 하는 시기에 망설이다 시기를 놓치거나 바쁜 업무로 신경을 쓰지 못할 때 손절하지 못하는 상황을 방지해 줍니다.

4. 베이스카운트 (Base Count) 활용

 이 방법 역시 매우 심플하지만 강력한데, 돌파를 성공한 베이스에서부터 순차적으로 몇 개의 베이스가 만들어졌는지 세어 보는 방식입니다.
 교과서적인 베이스카운트의 경우 위너가 한 번 돌파를 성공하면 서너 번째의 베이스까지 돌파에 성공하지만, 다섯 번째부터는 모두가 주목하는 시기라 돌파 성공 가능성이 낮습니다. 따라서 베이스의 숫자가 5개 이상인 경우에는 추가 매수를 하는 대신 익절을 준비해야 합니다. 네 번째 베이스에서 돌파에 실패하는 경우도 많으므로, 네 번째부터는 주의해야 합니다.

[실전 차트 6-5] HMM 주간차트

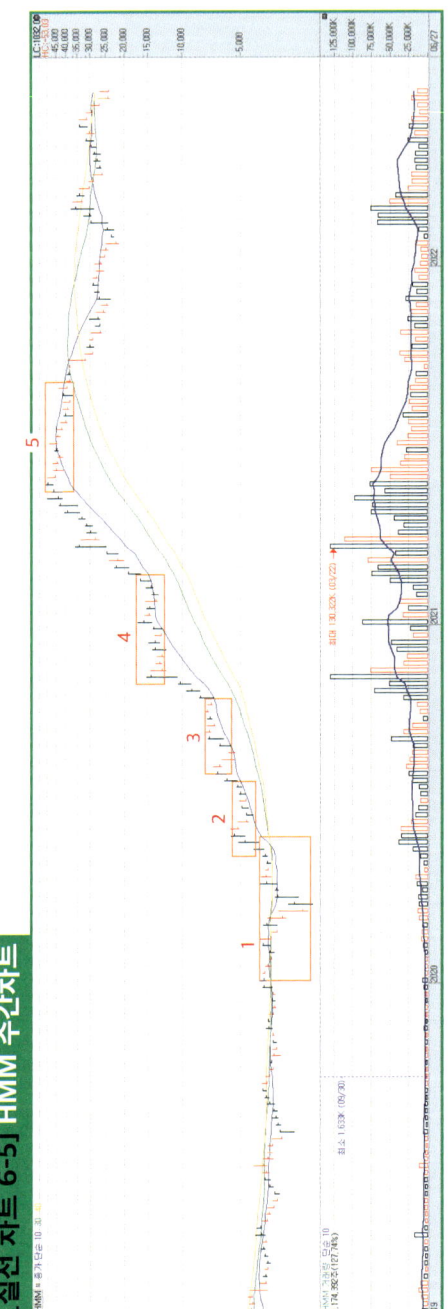

다섯 번째 베이스에서 붕괴되었습니다.

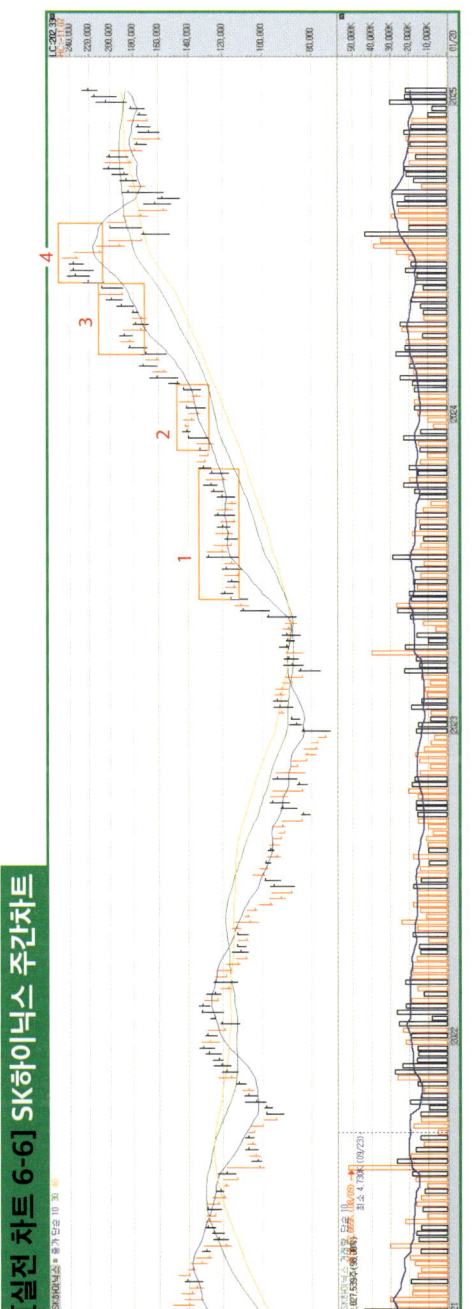

[실전 차트 6-6] SK하이닉스 주간차트

네 번째 베이스에서 붕괴되었습니다.

왜 매매 시점이 중요한가

[실전 차트 6-7] 한미반도체 주간차트

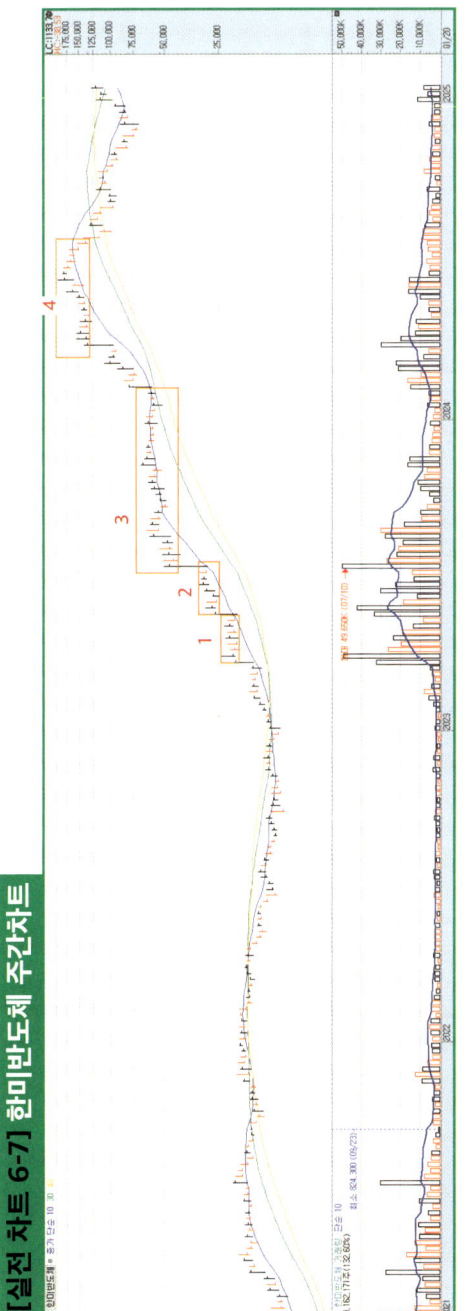

네 번째 베이스에서 붕괴되었습니다.

[실전 차트 6-8] 모더나 주간차트

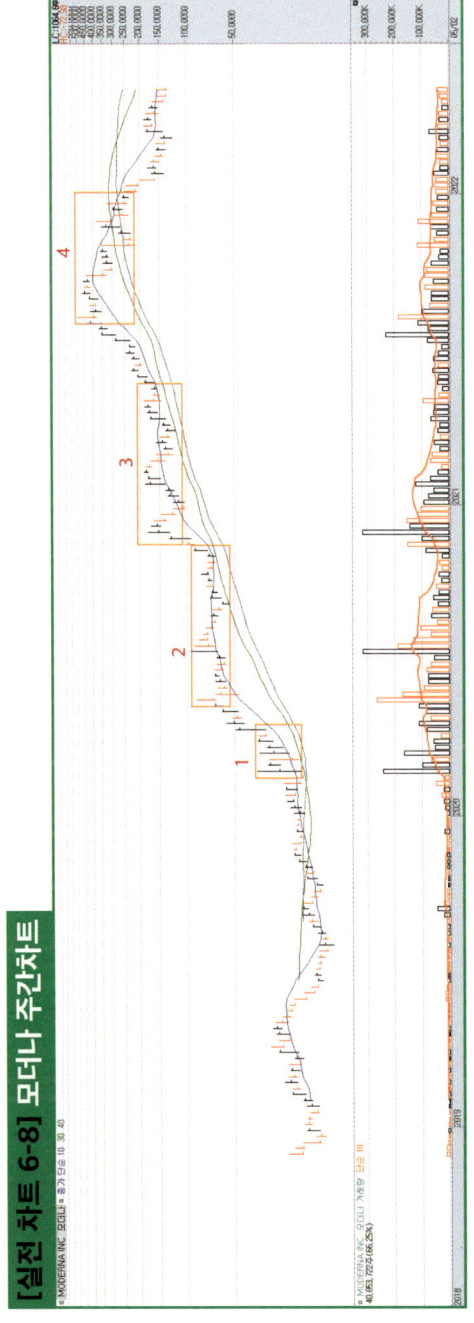

네 번째 베이스에서 붕괴되었습니다.

왜 매매 시점이 중요한가

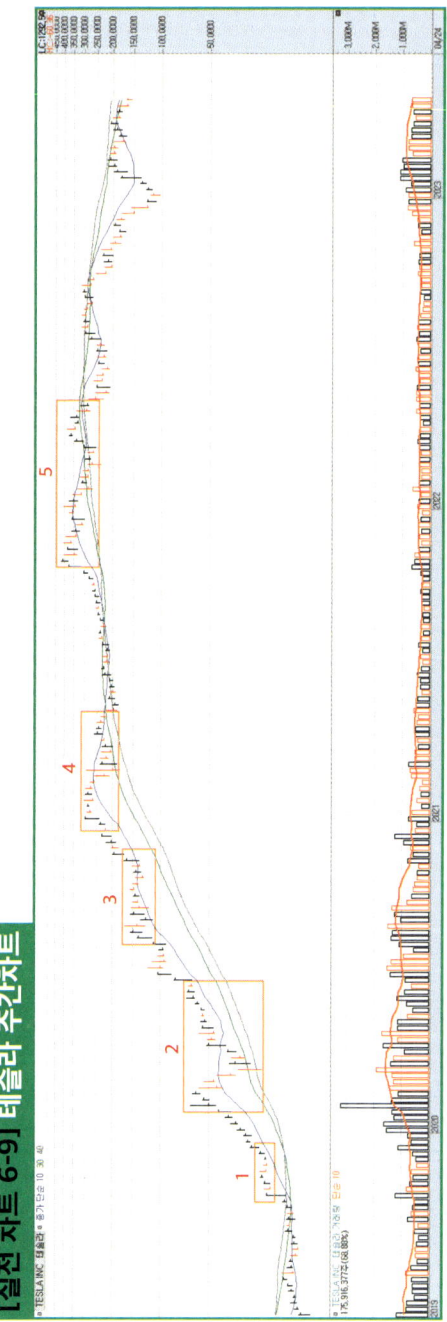

[실전 차트 6-9] 테슬라 주간차트

다섯 번째 베이스에서 붕괴되었습니다.

앞의 Chapter에서 손잡이가 달린 컵 패턴과 파생패턴인 W 패턴에 대해 심도 있는 설명을 했습니다. 우리는 이미 가장 중요한 두 패턴을 배웠지만, 심화과정을 공부하고 싶은 독자분들을 위하여 몇 가지 패턴들을 더 다루어 보도록 하겠습니다. 특히 후반부에 다룰 베이스 온 베이스는 기술적 분석에서 심화과정을 공부하고자 하는 분들에게 중요한 내용이니 꼭 읽어 보길 바랍니다.

Chapter 7

주요 차트패턴의 확장

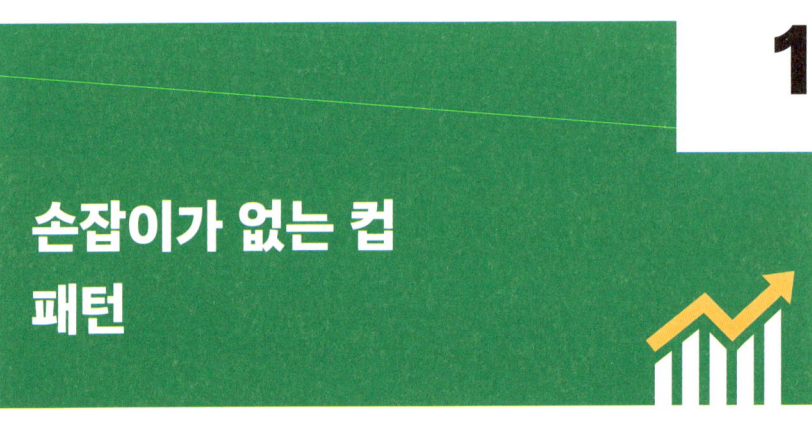

1 손잡이가 없는 컵 패턴

먼저 손잡이가 없는 컵 패턴의 교과서적인 정의를 살펴보겠습니다. 이 패턴은 손잡이가 만들어지지 않은 종목이 탄탄한 베이스를 형성한 후 강한 지수 대비 상대강도(RS)로 컵의 최상단을 통과할 때 매수하는 방식입니다.

주가가 컵의 상단을 돌파하면서 RS가 100을 상향 돌파할 때 이 두 조건이 겹치는 시점이 이상적인 매수 시점입니다. 하지만 설명만 듣고 손잡이가 없는 컵 패턴을 파악해 제대로 매수하기란 어렵습니다.

[그림 7-1] 손잡이가 달린 컵의 모양

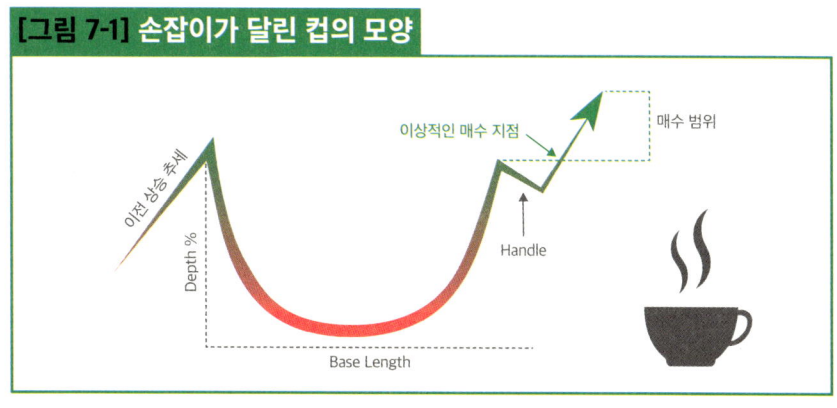

[그림 7-2] 실제 예시

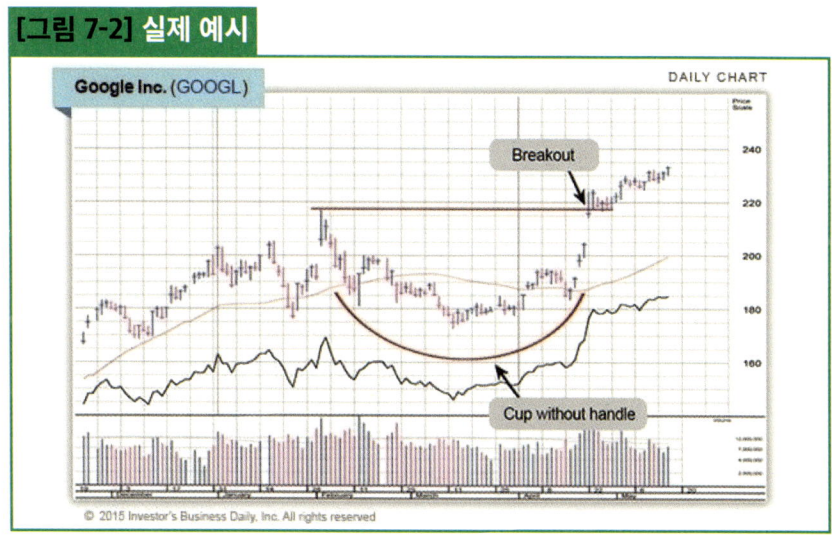

손잡이가 없는 컵 패턴의 공략법은 W 패턴과 같습니다. 차트 좌측에서 손잡이가 달린 컵 패턴이 형성된 후 시장의 조정으로 손잡이 돌파가 늦어진 패턴으로 간주하고 매매하면 되는 것입니다. 예제를 살펴보도록 하겠습니다.

[실전 차트 7-1] 엘케이전자 일간차트(1)

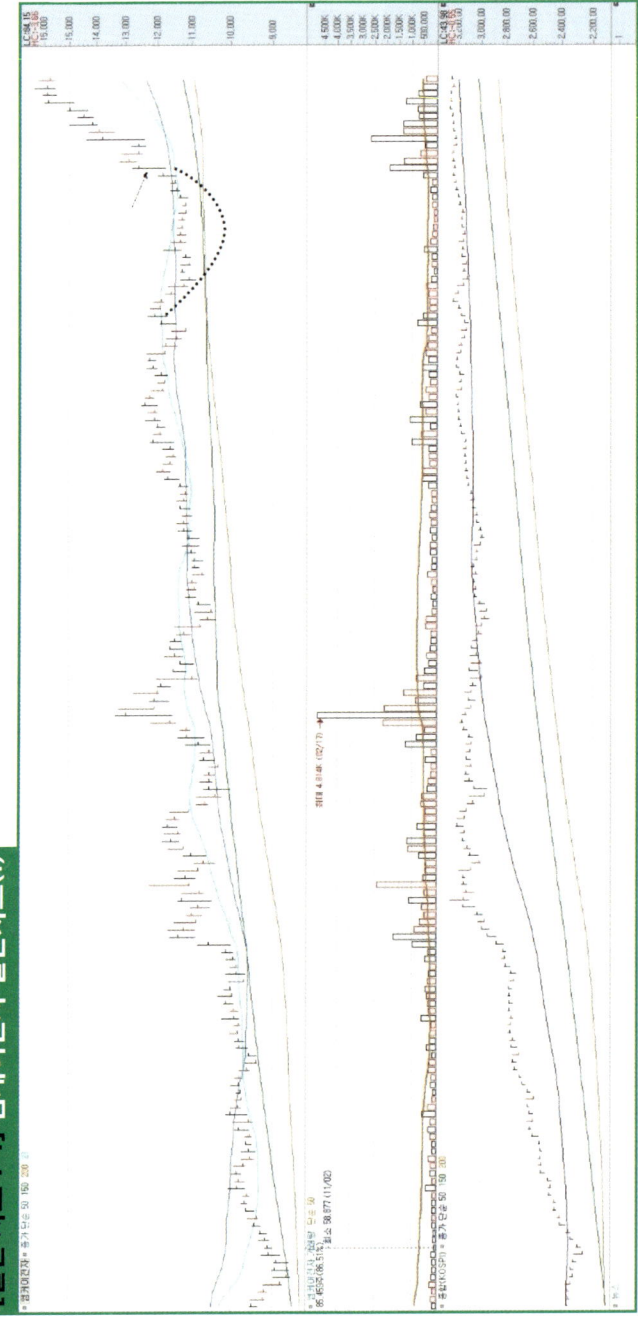

처음에는 손잡이가 없는 컵의 모양으로 보일 것입니다.

[실전 차트 7-2] 엘케이전자 일간차트(2)

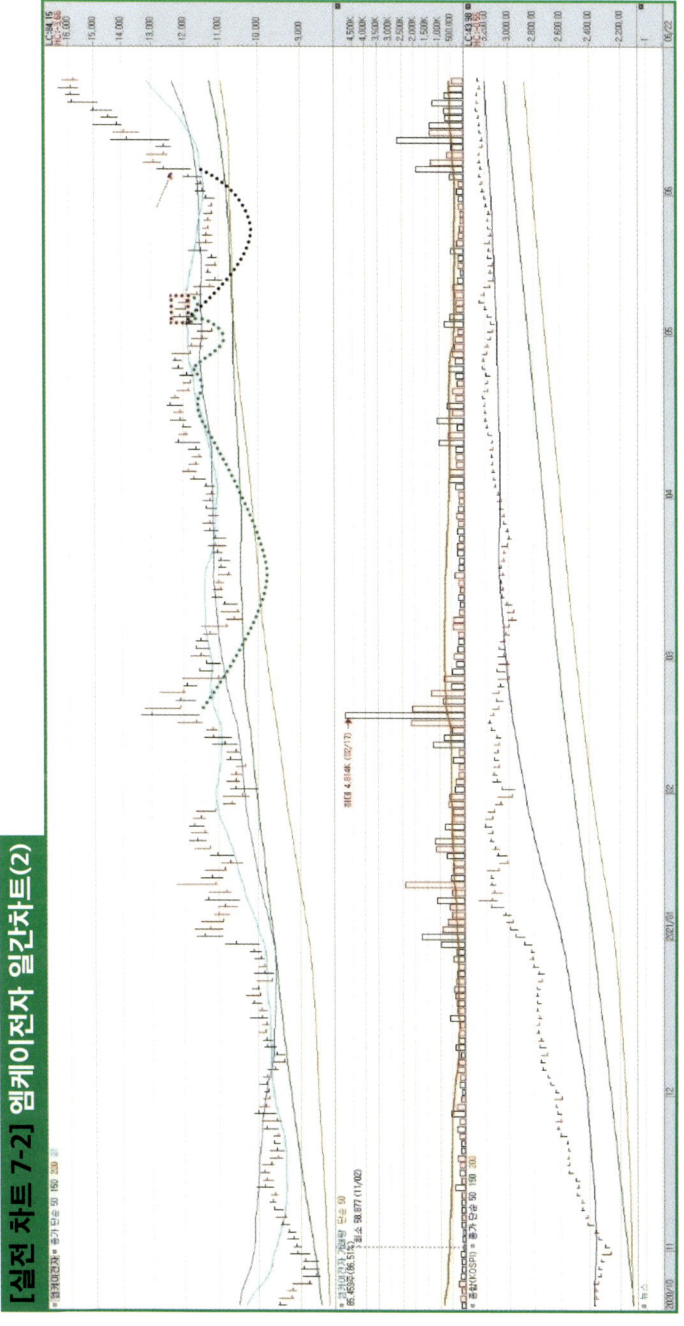

하지만 잘 살펴보면 차트 좌측(초록색 점선)에 이미 손잡이가 달린 컵 패턴이 형성되어 있습니다. 이와 같이 차트 좌측에 이미 형성된 손잡이를 그대로 사용하여 약 2개월 후 돌파 시 그대로 매수하면 됩니다.

주요 차트패턴의 확장 **213**

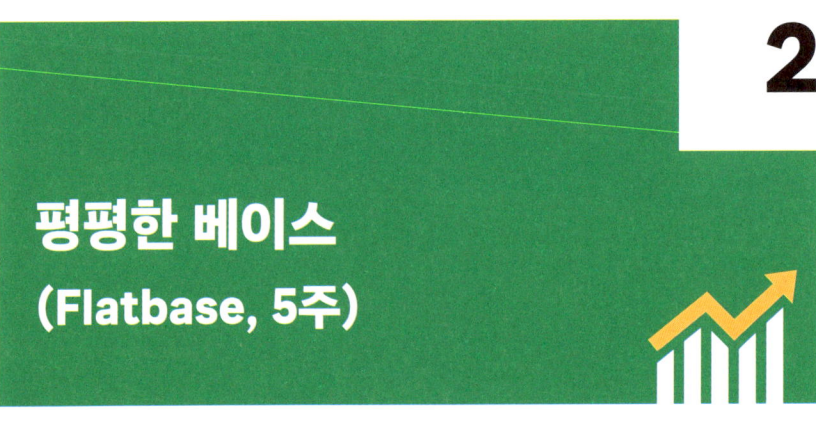

평평한 베이스
(Flatbase, 5주)

평평한 베이스는 주간차트만 이용해서 매매하는 패턴입니다. 교과서적인 정의는 손잡이가 달린 컵 패턴이나 W 패턴을 한 번 돌파한 뒤 시장의 조정으로 박스권이 형성되면서 잠시 정체되었다가 전고점을 뚫고 다시 상승을 이어가는 패턴이라고 되어 있습니다. 평평한 베이스 패턴은 손잡이가 달린 컵 패턴보다 짧은, 최소 5주의 베이스 형성 기간만 있어도 매매가 가능합니다. 주간차트로 보면

1. 고점과 저점의 폭이 15% 이내
2. 종가의 차이가 1% 이내로 마감되는 지점이 2~3개 있어야

성립이 가능합니다.

매수 시점은 전고점을 돌파할 때입니다.

[그림 7-3] 전고점 돌파 예시

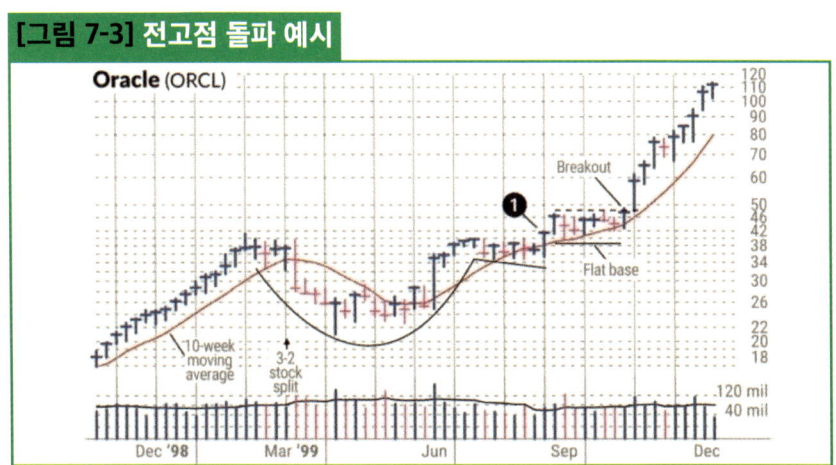

평평한 베이스 패턴의 실제 예제들을 살펴보겠습니다.

[실전 차트 7-3] MDS테크 주간차트

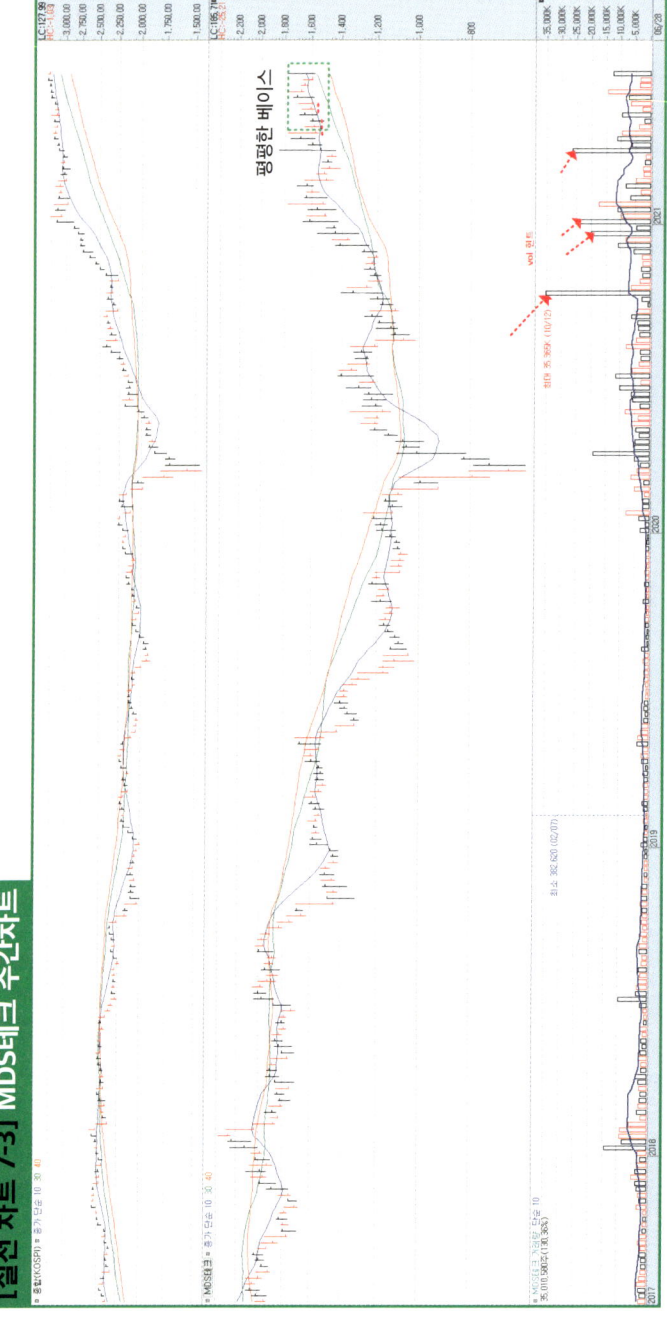

박스의 상하 폭이 15% 이내, 주간 종가의 차이가 1% 이내, 주간 종가의 차이가 1% 이내인 경우(빨간색 지시선) 총 5주의 타이트 클로즈(주간차트의 종가 차이가 1% 이내)가 발생합니다.

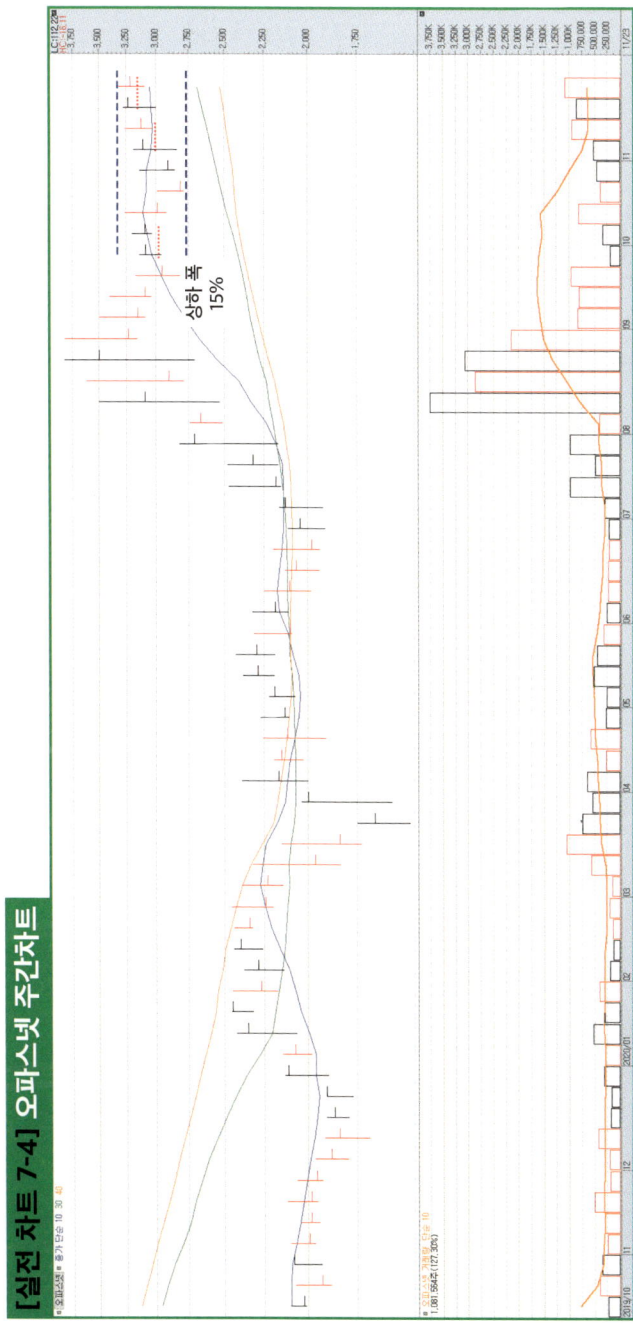

[실전 차트 7-4] 오파스넷 주간차트

주요 차트패턴의 확장

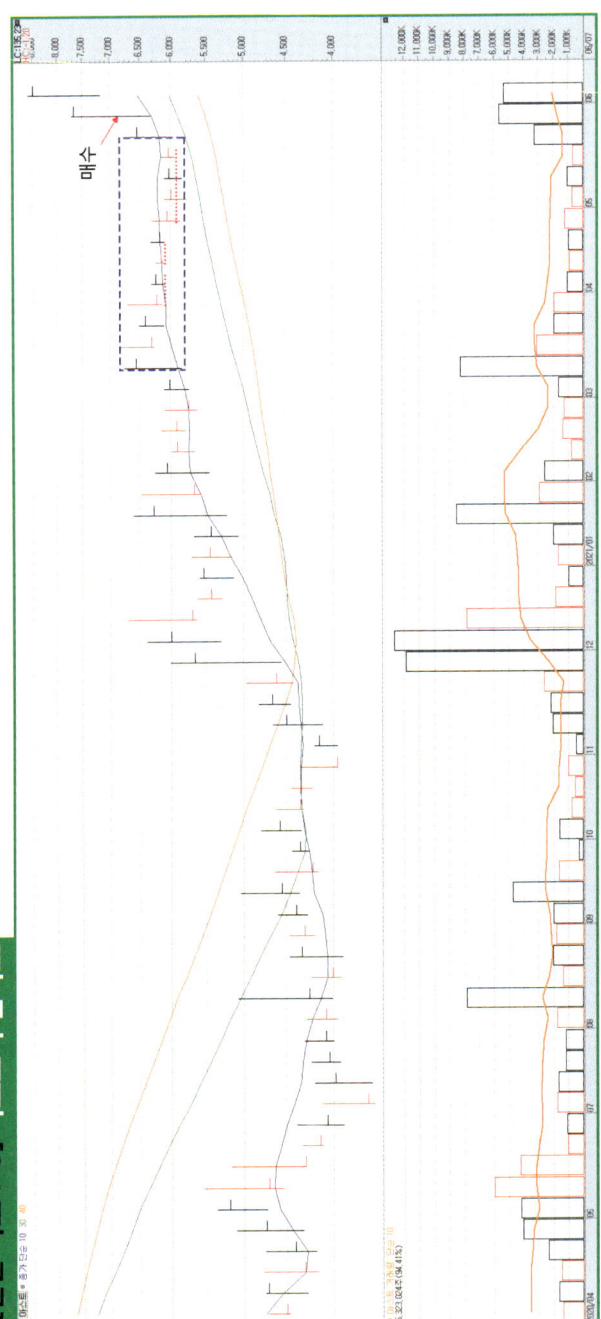

[실전 차트 7-5] 이스트 주간차트

3

베이스 형성 기간이 짧아도 되는 패턴

지난 Chapter에서 다루었던 차트패턴들의 최소 베이스 형성 기간을 정리하면 다음의 3가지입니다.

1. **손잡이가 달린 컵 패턴 - 7주(W, 손잡이가 없는 컵 패턴 포함)**
2. **로우칫 패턴 - 3주**
3. **평평한 베이스 패턴 - 5주**

매우 중요하므로 반드시 암기해야 합니다. 이렇게 패턴별로 베이스의 최소 형성 기간이 필요한 이유는 베이스가 갓 형성되는 시기에는 매물대의 압력이 크기 때문입니다. 수요와 공급의 역학상 매물대의 압력은 시간이 지날수록 약화되는데, 이런 압력대는 최소 몇 주는 지속됩니다. 그래서 최소 베이스 형성 기간을 인지하는 것이 중요합니다.

그런데 최소 베이스 형성 기간이 필요하지 않은 패턴이 있습니다. IPO, 하이타이트 플래그(높이 솟은 깃발형, High Tight Flag, 이하 HTF)입니다.

IPO, 즉 상장한 지 얼마 안 된 종목의 경우 차트 형성 기간이 짧아 매물대의 축적이 이루어지지 않았으므로 압력이 약합니다. 이때는 최소 베이스 형성 기간을 기다릴 필요가 없죠.

HTF 패턴은 강력한 수요가 드러나는 패턴으로, 8주 안에 90% 이상 급등하고 조정 폭은 20~25%로 제한되는 '가장 강력한 상승패턴'입니다. 사실 8주 만에 90% 이상 급등하면 당연히 차익실현 매물이 나오기 마련이고 조정이 있을 수밖에 없습니다. '얼마나 강력한 호재가 있었으면 차익실현 매물까지 다 소화하느라 20~25% 이상 넘게 빠지는 조정이 안 나올까?'라고 고려해 보면 '너무나 강력한 수요가 있기 때문에 기존의 매물대가 의미가 없어지는 패턴'이라고 정의할 수 있겠습니다.

[그림 7-4] HTF 패턴

예를 들자면 FDA 승인을 앞둔 신약을 보유하였거나 창사 이래 최대의 공급 계약을 앞둔 기업인 것이죠. 그 호재가 너무나 강력한 게임체인저라서 정보를 미리 입수한 기관 투자자들이 가격에 상관없이 매수, 매수, 매수를 외치는 상태인 것입니다.

[실전 차트 7-6] HTF 패턴의 성립 조건과 전형적인 예

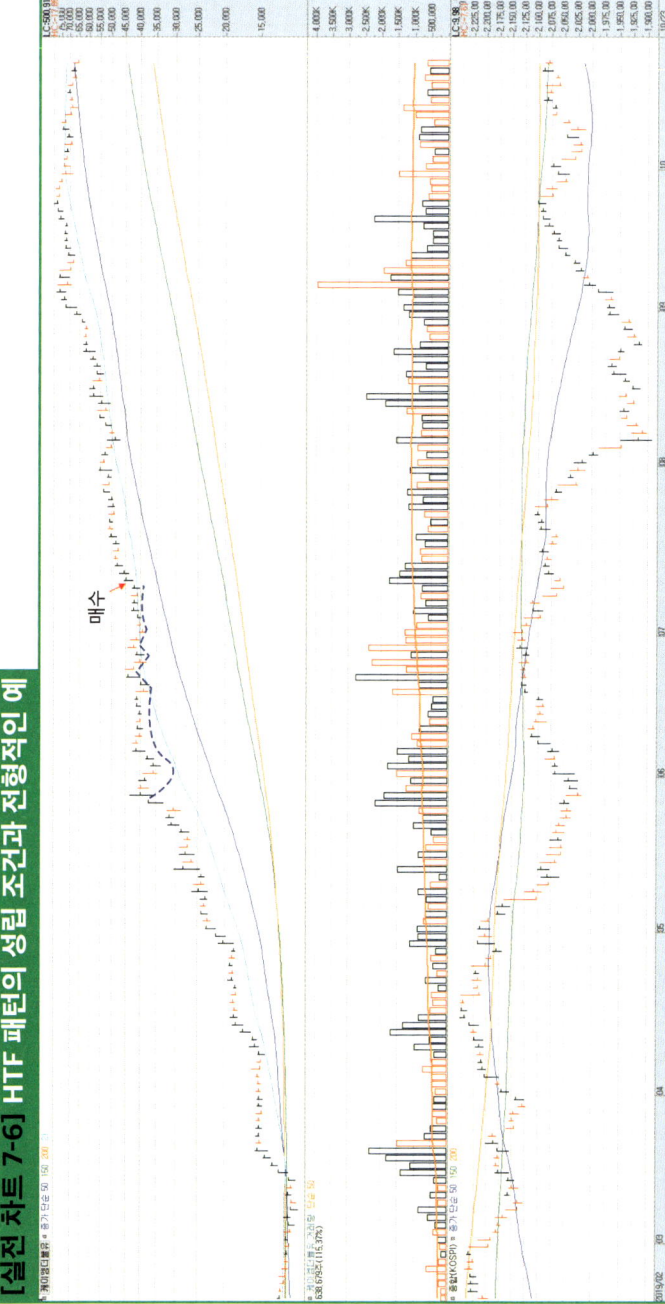

케이엠더블유의 일간차트입니다. 이미 200% 이상 오른 상태에서도 손답이를 돌파한 후 80% 이상 추가 상승합니다.

[실전 차트 7-7] INSMED 일간차트

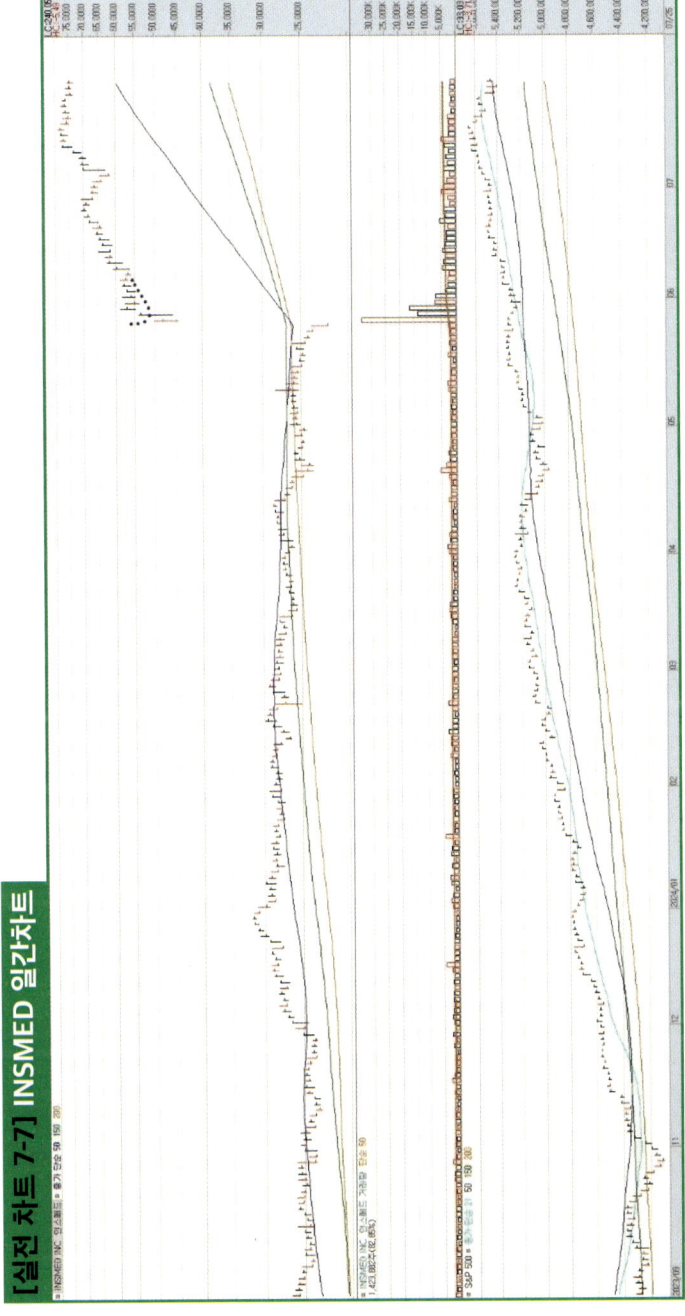

손잡이가 달린 컵 패턴의 최소 베이스 형성 기간인 7주를 충족하지 않고도 돌파에 성공했습니다.

주요 차트패턴의 확장

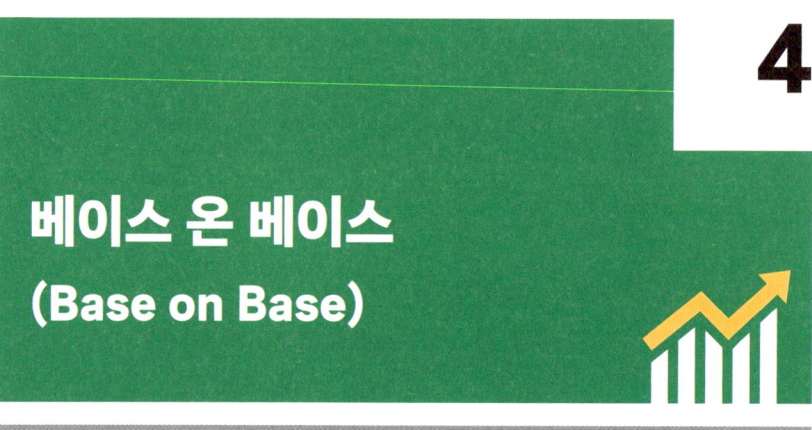

베이스 온 베이스
(Base on Base)

앞에서 제가 강조했던 것 중에 손잡이가 달린 컵 패턴 하나만 제대로 알면 된다는 말이 있었습니다. W, 로우칫, 손잡이가 없는 컵 패턴은 단지 파생패턴일 뿐이고 평평한 베이스 패턴은 손잡이가 달린 컵 패턴에서 미리 매수 포인트가 생기는 경우가 대부분입니다. 따라서 '손잡이가 달린 컵 패턴만 제대로 알고 있으면 기타 패턴들은 자연스럽게 공략할 수 있다'는 것이 제가 말씀드린 내용의 핵심입니다.

지금 다룰 베이스 온 베이스는 손잡이가 달린 컵 패턴 다음으로 가장 중요한 패턴입니다. 그럼에도 설명의 순서가 뒤로 밀린 이유는 베이스 형성 기간의 필요성이 충분히 설명되어야 알 수 있는 패턴이기 때문입니다.

베이스 온 베이스는 HTF 패턴, IPO와 같이 최소 베이스 형성 기간이 필요 없는 예외패턴입니다. 보통 손잡이가 달린 컵 패턴 돌파가 성공한 후 시장 조정이 발생할 때 생깁니다. 원래는 손잡이 돌파 후 최소 20~50% 이상 상승해야 하는 주가가 시장의 조정으로 손잡이에서부터 20% 이하로 상승 폭이 제한되는 현상이 발생하는 경우입니다. 즉, 상승 추세가 남아 있다는 것이죠. 이런 경우 새로운 베이스가 생겨도 기존 베이스의 주 수를 그대로 이어서 세면 됩니다.

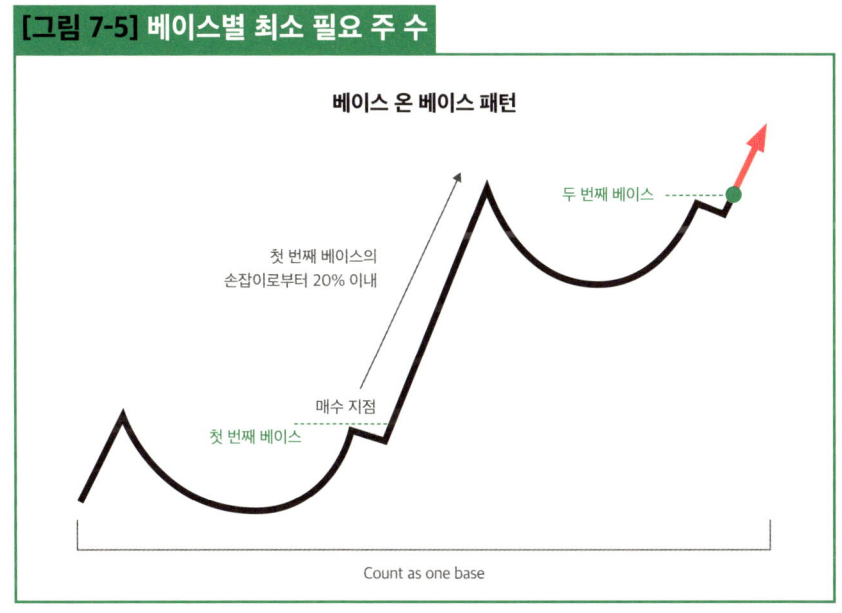

[그림 7-5] 베이스별 최소 필요 주 수

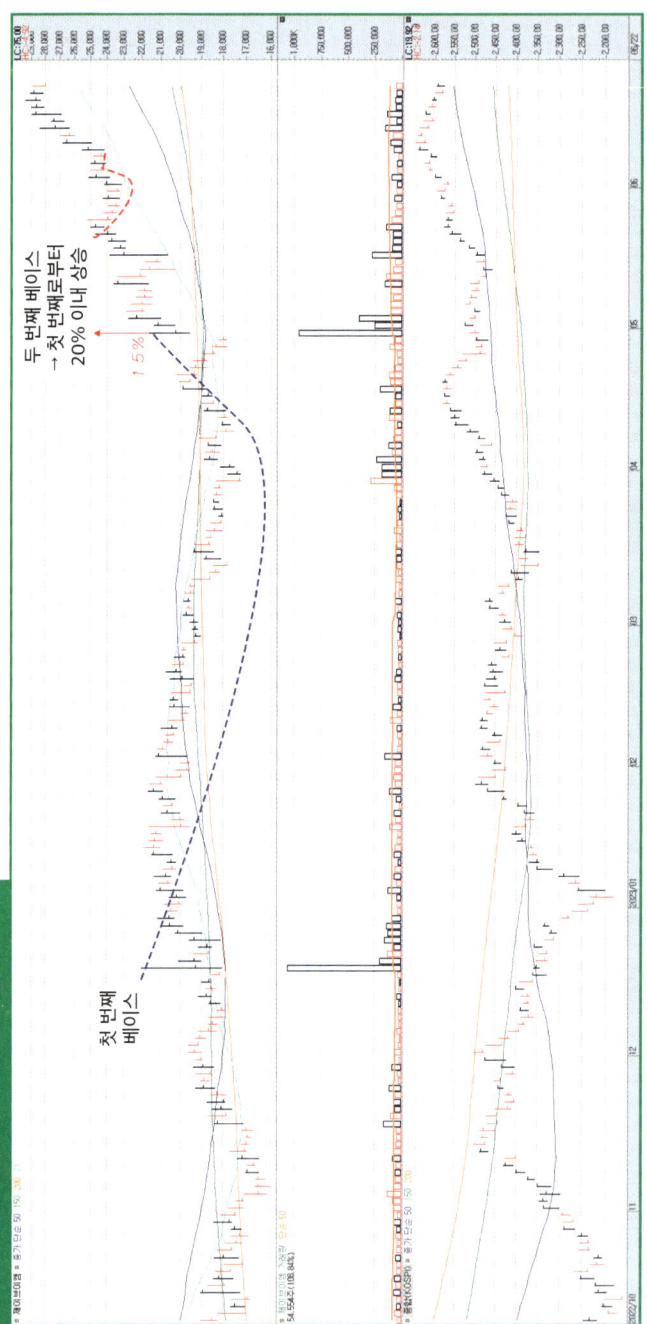

[실전 차트 7-8] 제이브이엠 일간차트

226 Chapter 7

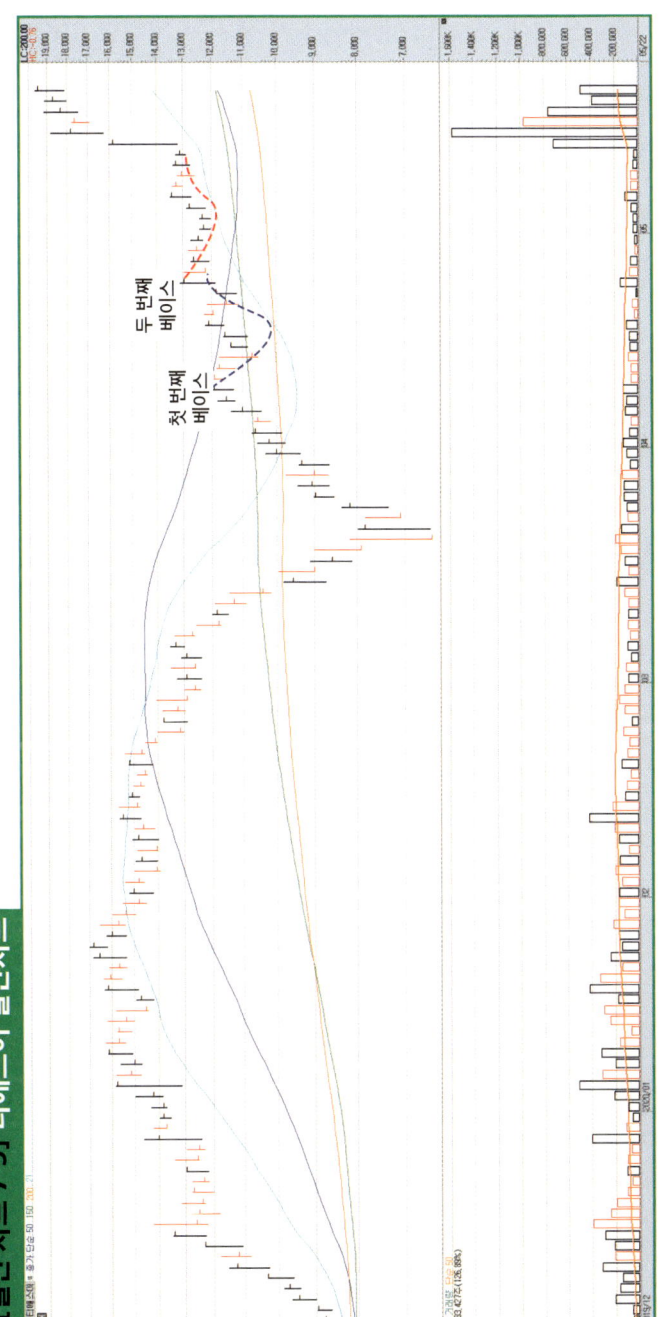

[실전 차트 7-9] 티에스이 일간차트

주요 차트패턴의 확장

베이스 온 베이스 위에 또 하나의 베이스가 생기는 패턴도 있습니다. 이 3개의 베이스를 어센딩 베이스라고 칭합니다. 역학은 기존의 베이스 온 베이스와 같습니다. 첫 번째, 두 번째 베이스의 형성 기간이 세 번째까지 그대로 따라오는 것입니다.

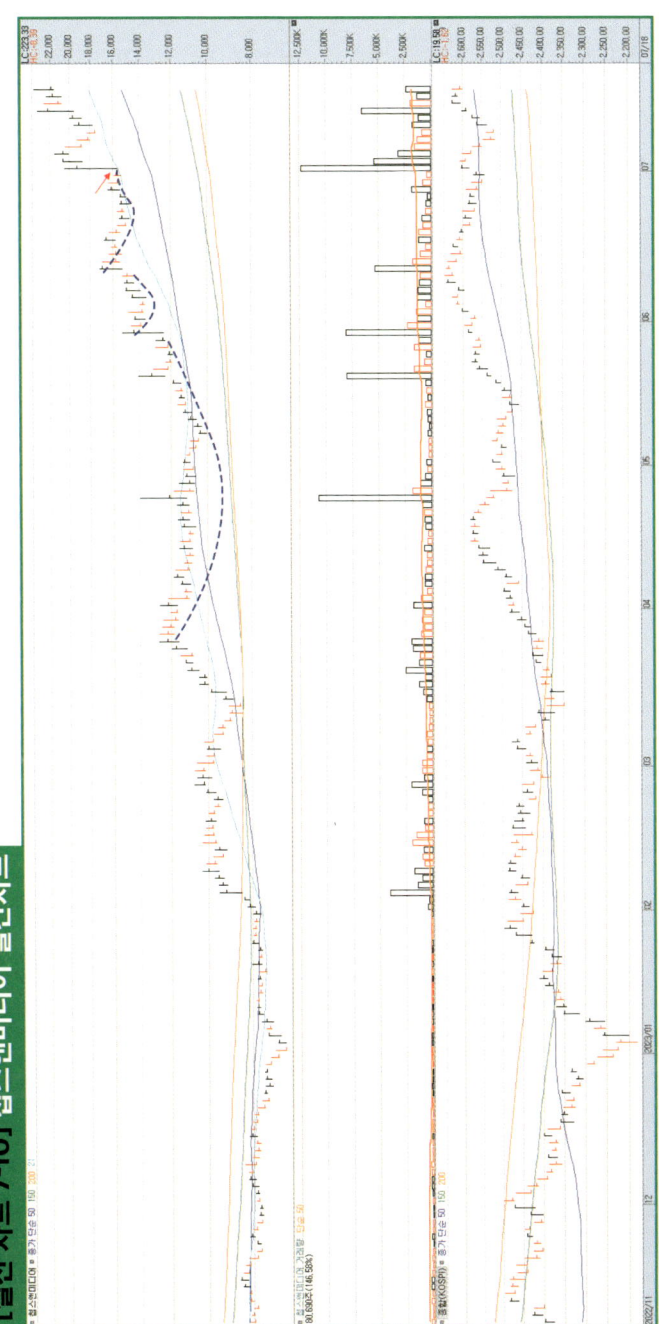

[실전 차트 7-10] 침스앤미디어 일간차트

주요 차트패턴의 확장

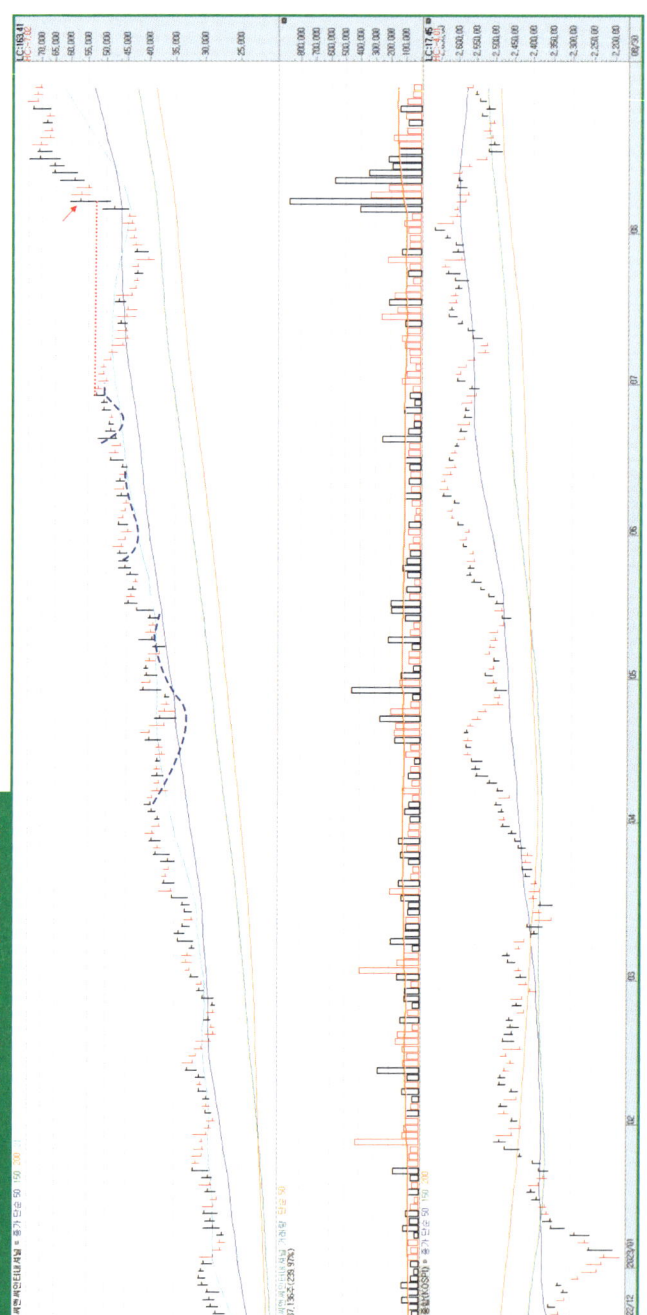

[실전 차트 7-11] 씨엔씨인터내셔널 일간차트

230 Chapter 7

5

추세 전환의 신호를 포착하는 팔로우스루 데이
(FollowThrough Day)

팔로우스루 데이(FollowThrough Day, 이하 FTD)란 새로운 호황장의 전조를 미리 포착하고자 고안된 개념으로, 윌리엄 오닐에 의해 만들어졌습니다. 오닐은 오랜 연구를 통해 대부분의 장기 호황장은 FTD 발생 이후 시작된다는 사실을 알아냈습니다. FTD의 특징은 다음과 같습니다.

1. 바닥에서 4~7일 정도의 반등이 발생한 후 FTD가 등장하는 경우가 대부분임.
2. S&P 500, 나스닥, 코스피, 코스닥과 같은 주요 지표의 종가가 1% 이상에서 마감될 때, 특히 1.5~2% 이상으로 마감되

면 좋은 FTD가 될 수 있음.
3. **FTD가 발생하는 날의 거래량은 반드시 전일 거래량보다 커야 함.**

FTD에 대한 오해

많은 이들이 FTD로 시장예측을 하려고 합니다. FTD가 발생하면 장밋빛 전망을 쏟아 내며 서둘러 롱 포지션을 잡으려 하죠. 그러나 FTD를 시장의 반등지표로 사용하기에는 정확성이 떨어집니다.

FTD의 정확성에 대한 의문은 오닐의 제자들이 인터뷰이로 참석한 마크 미너비니의 저서 『초수익 모멘텀 투자』에 잘 나타나 있죠. FTD는 호황장의 대표적인 지표이지만 정작 오닐의 제자들은 부정확성을 이유로 들며 사용하지 않았습니다.

그렇다면 시장예측의 지표로 쓸 수도 없는 FTD의 효용가치는 무엇일까요? 오닐은 FTD가 발생하는 날에 좋은 셋업을 돌파하는 종목이 있다면 매수를 하라고 했습니다. 아무 셋업이나 돌파하는 종목이 아니라 '좋은' 셋업을 돌파하는 종목을 말이죠. 그런데 이 말에 유의할 점이 있습니다. '좋은' 셋업의 조건은 무엇일까요? 저는 오닐의 이 말을 바탕으로 어떤 셋업이 FTD 발생 시 돌파 성공률이 높은지 후향적으로 연구해 보았습니다.

**돌파 성공률이 높은
FTD 셋업**

1. 기존에 흔들기나 베이스 재형성이 진행된 후 형성된 셋업
2. 주도섹터에 속한 종목의 셋업

[실전 차트 7-12] 태성 일간차트

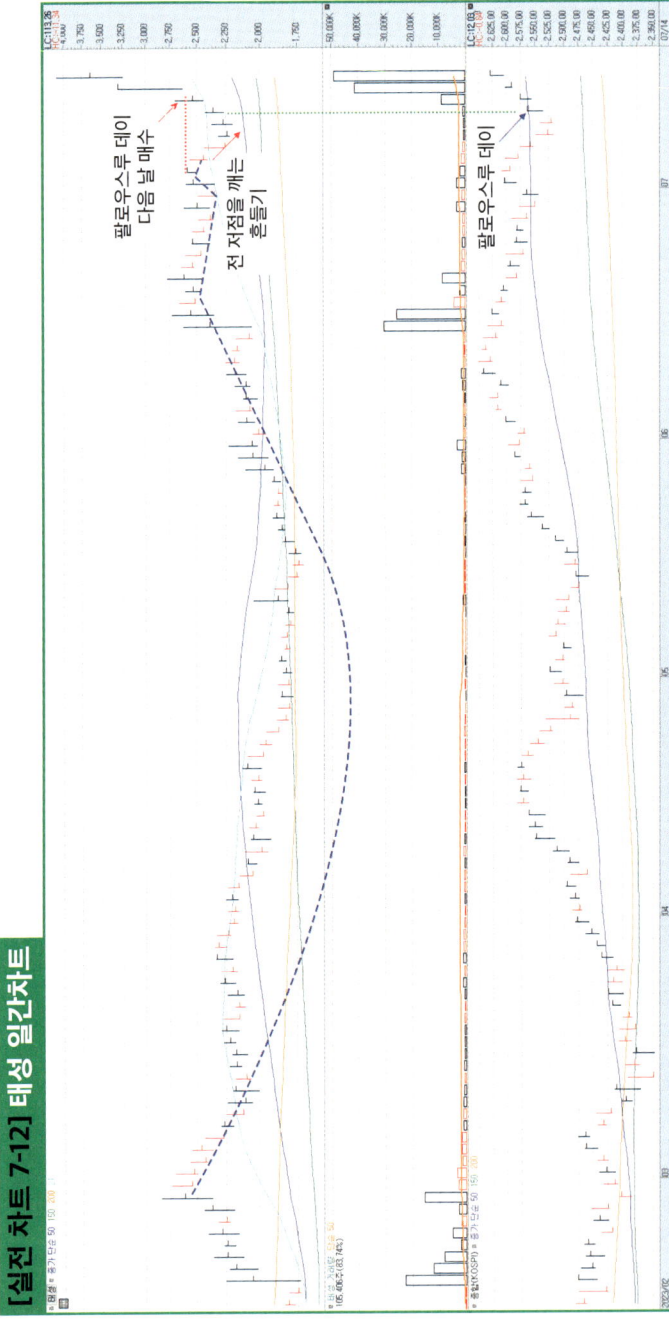

손잡이가 달린 컵 패턴 형성 후 손잡이에서 5일간 하락 조정이 발생했습니다. 흔들기가 발생한 종목의 경우 FTD 당일이나 다음날 매수를 진행합니다. FTD 당일과 다음날이 돌파 성공률이 제일 높기 때문입니다.

6

데이비드 라이언의
그냥 선만 잘 그어
(Just Draw the Line)

차트패턴 분석과 타깃 베이스 선정이 어렵다는 분들에게도 전미투자대회 3년 연속 우승자 데이비드 라이언의 비기인 그냥 선을 그어를 설명하면 쉽게 이해를 하는 경우가 많습니다. '차트에 선을 긋는 방식이 초보자만을 위한 방식인가?' 하면 절대 그렇지 않습니다. 이 비기는 숙련된 차트 분석가에게도 본인의 피봇(컵의 손잡이)을 확인시켜 줄 뿐만 아니라 피라미딩(Pyramiding)[14]의 지점까지 제공해 주는 매우 유용한 매매법입니다.

---

[14] 가격이 오를 때 추가 매수하는 기법.

[그림 7-6] 데이비드 라이언

데이비드 라이언은 전미투자대회에서 3년 연속 우승한 투자자로, 오닐과 함께 잭 슈웨거의 『시장의 마법사들』에 수록된 인물입니다. 오닐의 수제자이자 전미투자대회의 스승이라 불리는 마크 미너비니의 멘토이기도 합니다. 미너비니는 데이비드를 가리켜 '현존 최고의 투자자'라고 칭했습니다.

선을 긋는 매매법이 나온 이유는 데이비드가 자주 하던 말에서 알 수 있는데, 그는 『초수익 모멘텀 투자』에서 이렇게 말했습니다. "많은 이들이 패턴의 모양에만 집착을 한다. 자신이 매매하려는 패턴이 손잡이가 달린 컵인지 W인지에만 신경을 쓰는데, 그럴 필요가 없다. 당신이 해야 할 일은 오직 가장 많은 매매가 일어난 고점들을 선으로 잇는 것이다. 그리고 가격이 그 선을 뚫으며 상승할 때 같이 매수하라. 매매란 그렇게 쉬운 것이다."

그렇다면 데이비드의 그냥 선을 그어 방식은 기존의 고점선 긋기와 어떻게 다른 것일까요? 바로 '가장 많은 거래가 이루어지는 고점'을 주목해야 합니다. 거래량이 가장 크게 터진 지점을 뜻합니다.

우리는 고점이라는 '가격' 측면에 거래량이라는 '확인' 요소를 더해 선을 그어야 합니다. 예제를 통해 살펴보면 이해가 훨씬 빠를 것입니다.

[실전 차트 7-13] 제니셈 주간차트

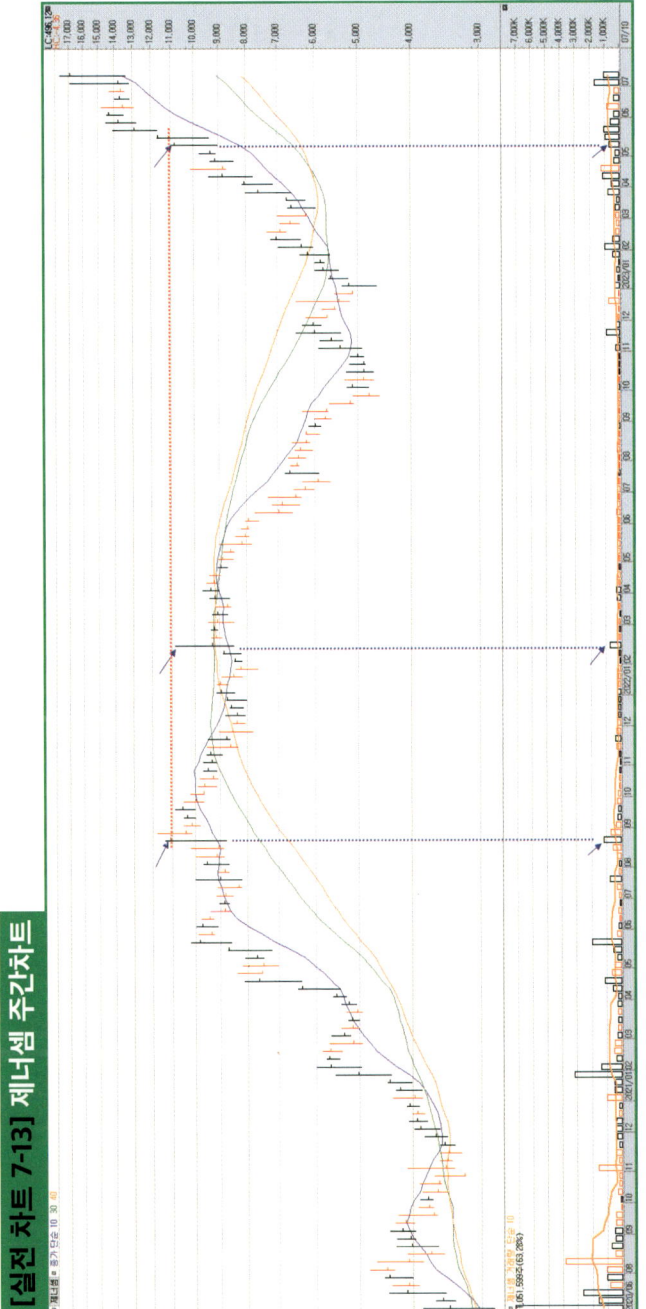

거래량이 크게 터진 지점이 고점들을 그냥 선으로 이으면 됩니다.

주요 차트패턴의 확장

[실전 차트 7-14] 테크윙 주간차트

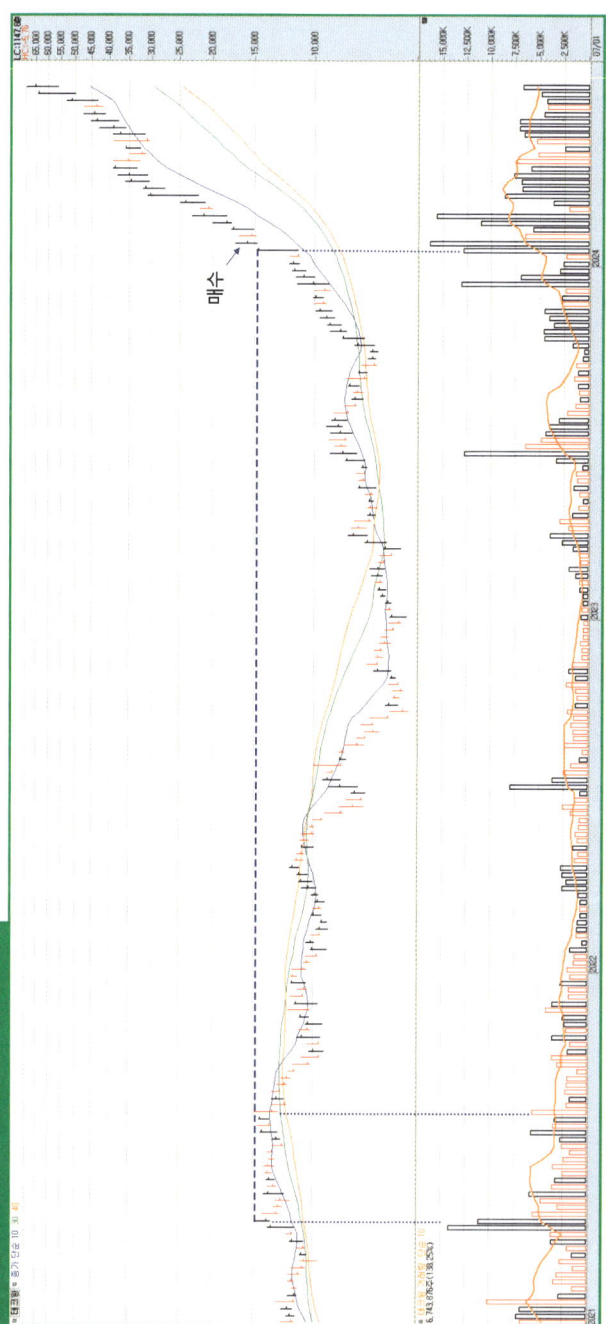

Chapter 7

[실전 차트 7-15] 한국컴퓨터 주간차트

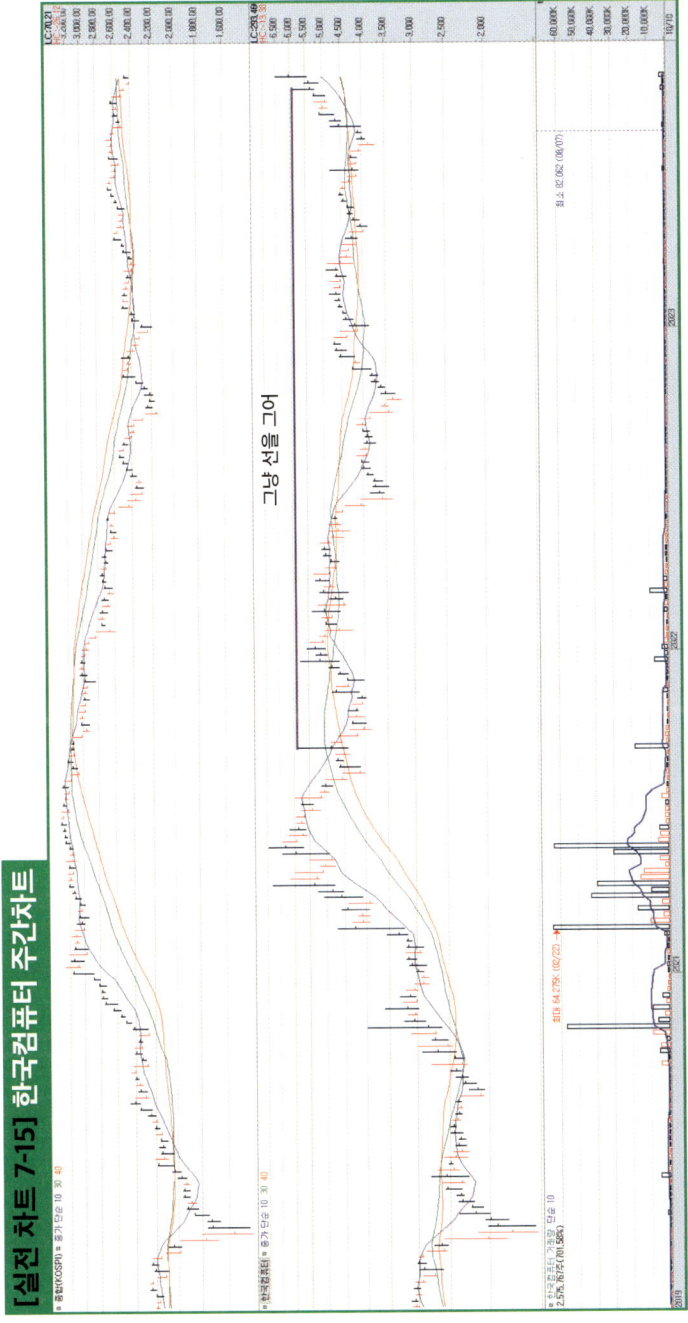

'돌파 전 마지막에 터진 거래량은 전에 터진 거래에 비해 너무 적은 것 아닌가?'라고 생각할 수 있는데, 이 종목은 2021년부터 무려 3년 동안 매집(Accumulation)이 된 상태였습니다. 매집의 과정에서 유통주식(Outstanding Share)의 양이 극적으로 좁혀들었기 때문에 적은 양의 거래량이 큰 임팩트를 주었다고 볼 수 있습니다. 거래량의 수치가 아니라 직전을 대비 거래량의 증가 퍼센티지를 살피는 것이 중요합니다.

주요 차트패턴의 확장   239

[실전 차트 7-16] 가온칩스 일간차트

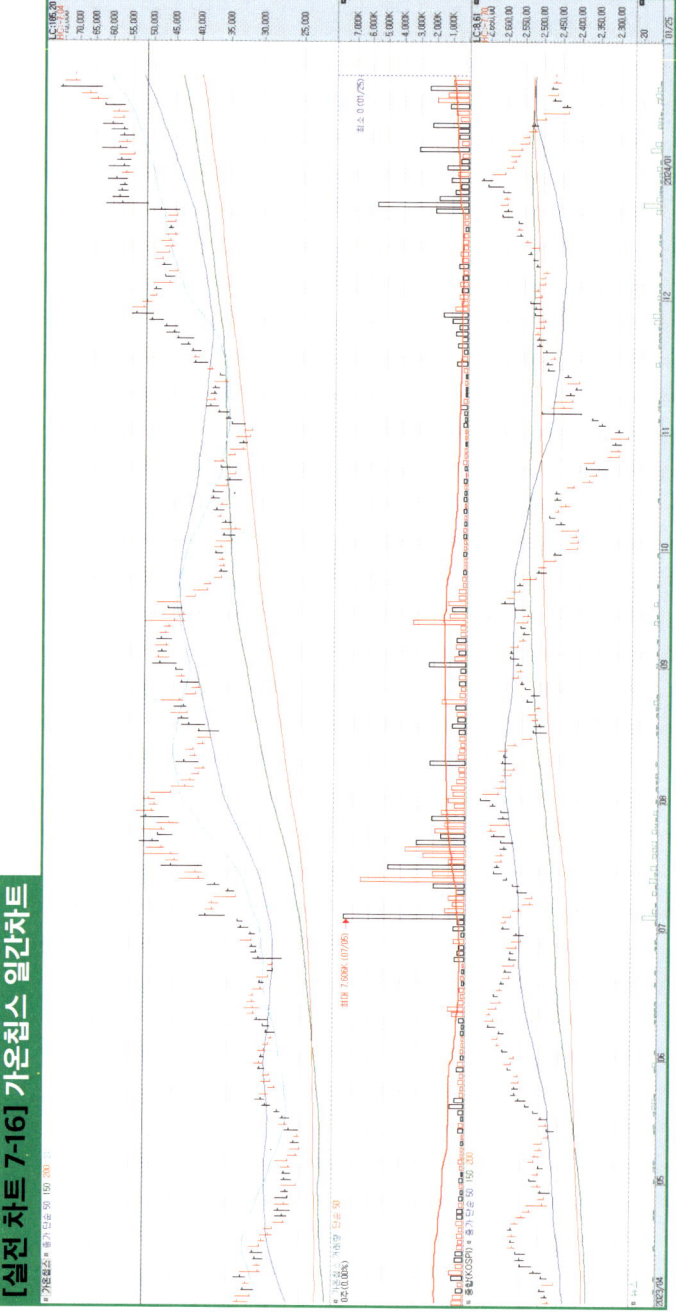

기존의 선을 관통한 케이스입니다. 한 번 관통이 된 후(실패) 다시 기존의 선에서 저항을 받았습니다. 그러면 재매수가 가능합니다.

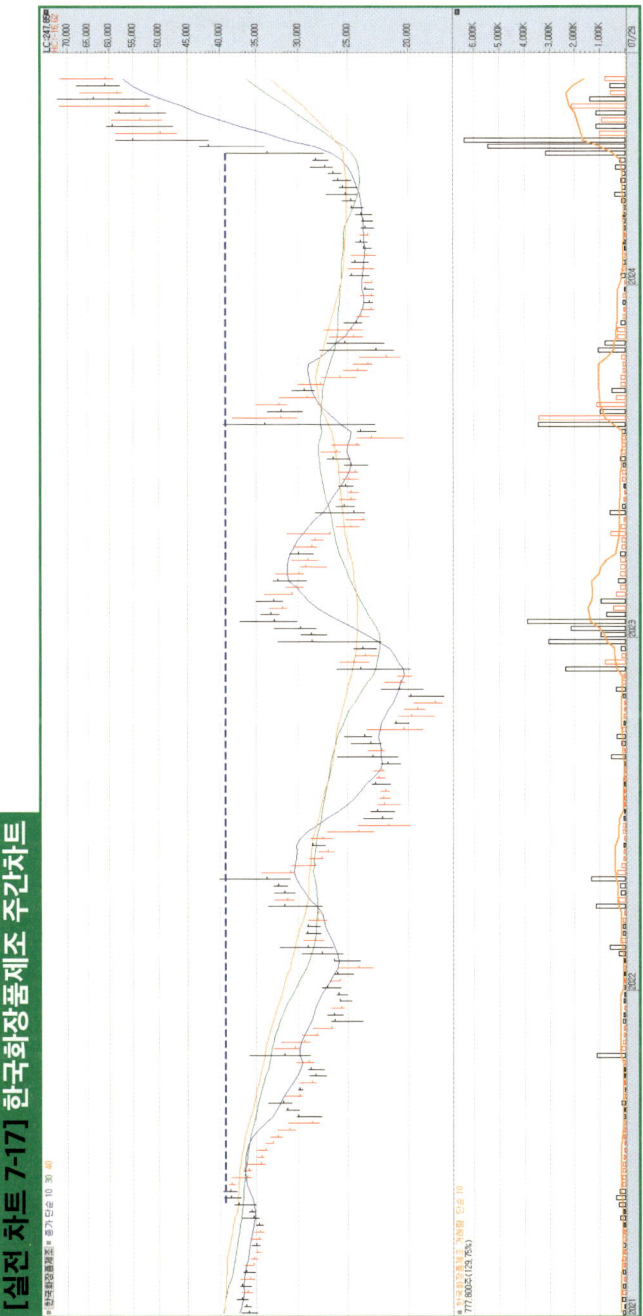

[실전 차트 7-17] 한국화장품제조 주간차트

주요 차트패턴의 확장

[실전 차트 7-18] SNT다이내믹스 주간차트

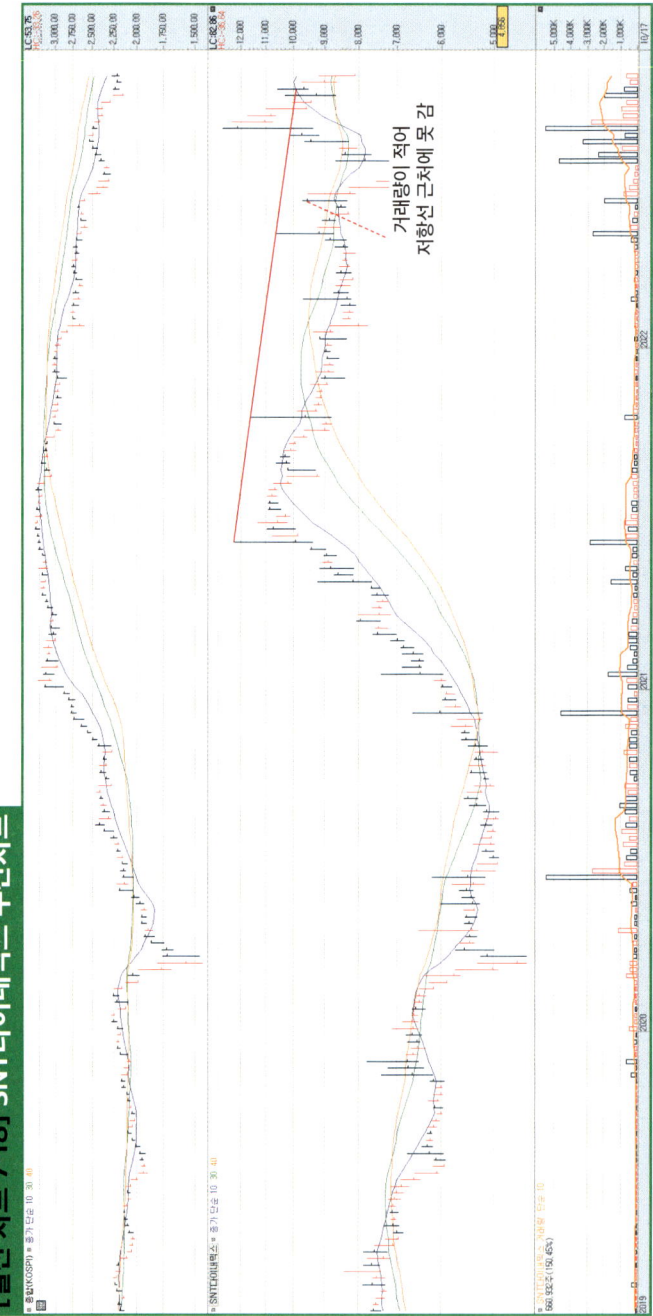

그냥 선을 그어의 경우 반드시 그 선에 근접하게 닿아야 성립이 되는 건 아닙니다. 거래량이 적어도 저항선의 힘으로 돌림이 생긴다면 그냥 선을 그어 그 선의 영향이라고 생각하면 됩니다.

기술적 분석을 어느 정도 익힌 투자자는 차트를 볼 줄 알게 됩니다. 하지만 진짜 성패는 그 다음 단계에서 갈립니다. 고점을 예측하고, 매물대를 피하고, 약한 흔들림에 휘둘리지 않기 위해서는 단순한 패턴 인식만으로는 부족합니다. 정교하게 읽고, 느리고 무섭게 다가오는 위험까지 감지할 줄 알아야 합니다. 이 Chapter에서는 상승 흐름을 꺾는 보이지 않는 매물대의 압력, 고점 돌파 직전 시장이 만들어내는 RS의 흔들림, 상승 준비 구간인 베이스 재형성, 그리고 진입과 청산의 타이밍을 정밀하게 설계하는 노출 전략까지 소개합니다. 단순히 '차트가 좋다'는 판단을 넘어서 왜 좋고 언제 나빠지며, 그 근거는 무엇인가에 대한 판단력을 길러야 합니다.

Chapter 8

기술적 분석 심화

1. 고점을 알아차리는 매물대 파악 (Overhead Supply Detection)

많은 이들이 매물대 차트를 이용해서 매물대[15]를 파악하려고 하지만 매물대 차트에는 치명적인 오류가 있습니다. '매물대는 시간이 지날수록 약해지므로 1년이 지나면 신고가나 다름 없게 된다.'라는 미국의 유명 기술적 분석가 스탠 와인스타인의 연구 결과가 반영되어 있지 않기 때문입니다.

---

15 특정 가격대에서 거래가 많이 이루어진 구간을 뜻함.

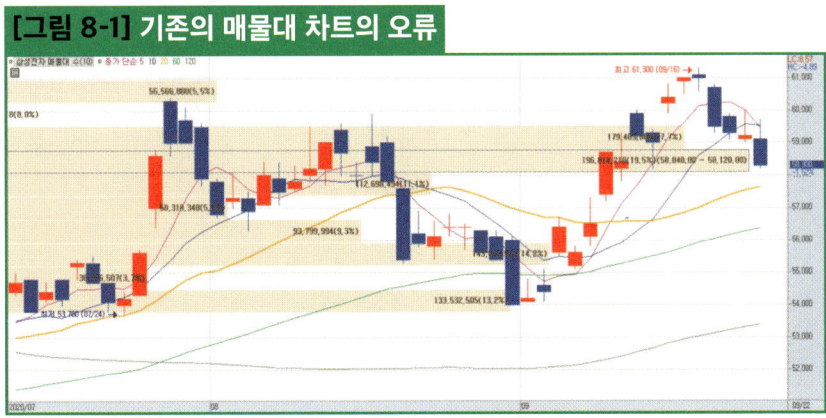

[그림 8-1] 기존의 매물대 차트의 오류

[그림 8-1]을 보면 시간이 지날수록 매물대가 약화되는 것을 반영하지 않고 있습니다. 여기에 더해 매물대의 영향력은 지수 대비 상대강도(RS)에 따라 달라진다는 점 역시 반영되지 않았습니다. 따라서 기존의 매물대 차트에 대한 정보를 가지고 있다면 모두 지우고, 새로운 마음으로 매물대에 대해 배워 보길 추천합니다.

2 매물대와 RS의 관계

아래 그림에서 돌파 확률이 가장 높은 패턴은 어떤 것일까요?

   답은 C입니다. 손잡이가 높을수록 매물대의 저항을 적게 받기 때문입니다.

[그림 8-2] 손잡이의 높이에 따른 돌파 성공률

그런데 가장 낮은 위치에 손잡이가 있는 A에서 가장 강력한 지수 대비 상대강도(RS)가 보인다면 어떻게 될까요? A의 돌파 성공률이 가장 높아집니다.

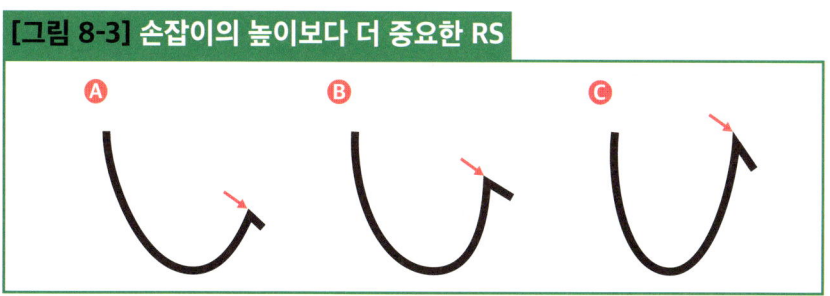

[그림 8-3] 손잡이의 높이보다 더 중요한 RS

그래서 우리는 매물대를 가늠할 때 비교적 최근의 매물대를 고려해야 하는데, 방법은 간단합니다. 일간차트의 손잡이 돌파 매수 지점으로부터 가로로 선을 긋고 그 선 위에 가격(매물대)이 형성되어 있는 지점이 몇 개인지, 그날의 거래량은 어떠한지 살펴보는 것입니다. 거래량이 클수록 매물대는 강력해집니다. 그림을 통해 약한 매물대를 좀 더 알아보겠습니다. 손잡이 위에 가격이 형성된 날이 총 이틀밖에 안 되고, 거래량은 ❶ 50일선을 간신히 넘었거나 ❷ 50일선 이하에 형성되어 있습니다. 게다가 종가는 손잡이 기준선 아래에 형성되어 있습니다. 실제 예제를 들어서도 살펴보겠습니다.

[그림 8-4] 약한 매물대의 모습

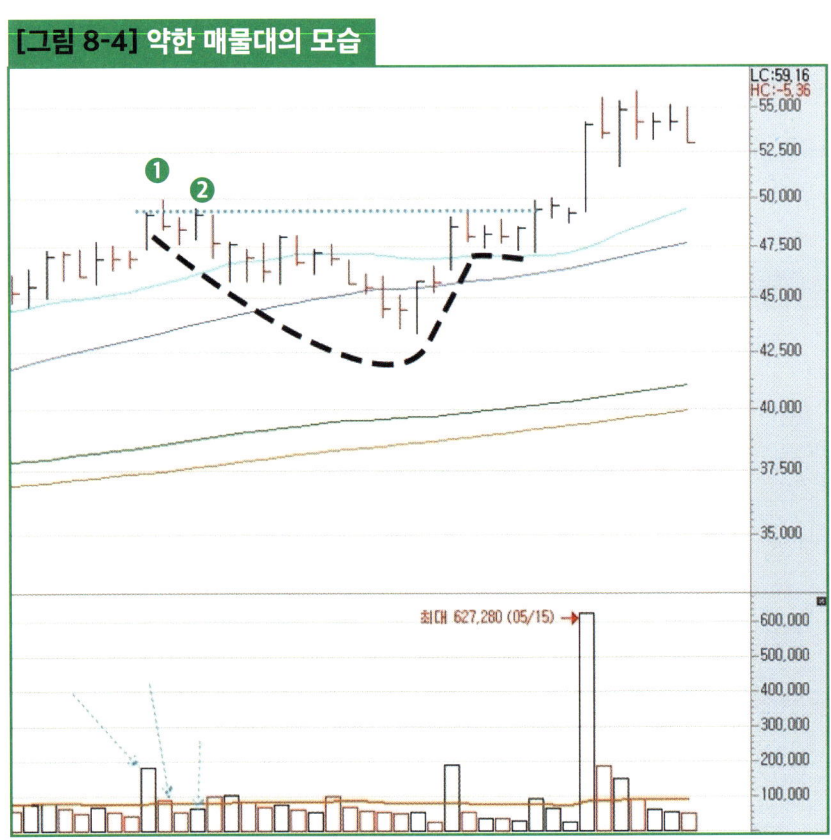

[실전 차트 8-1] 셀트리온 일간차트

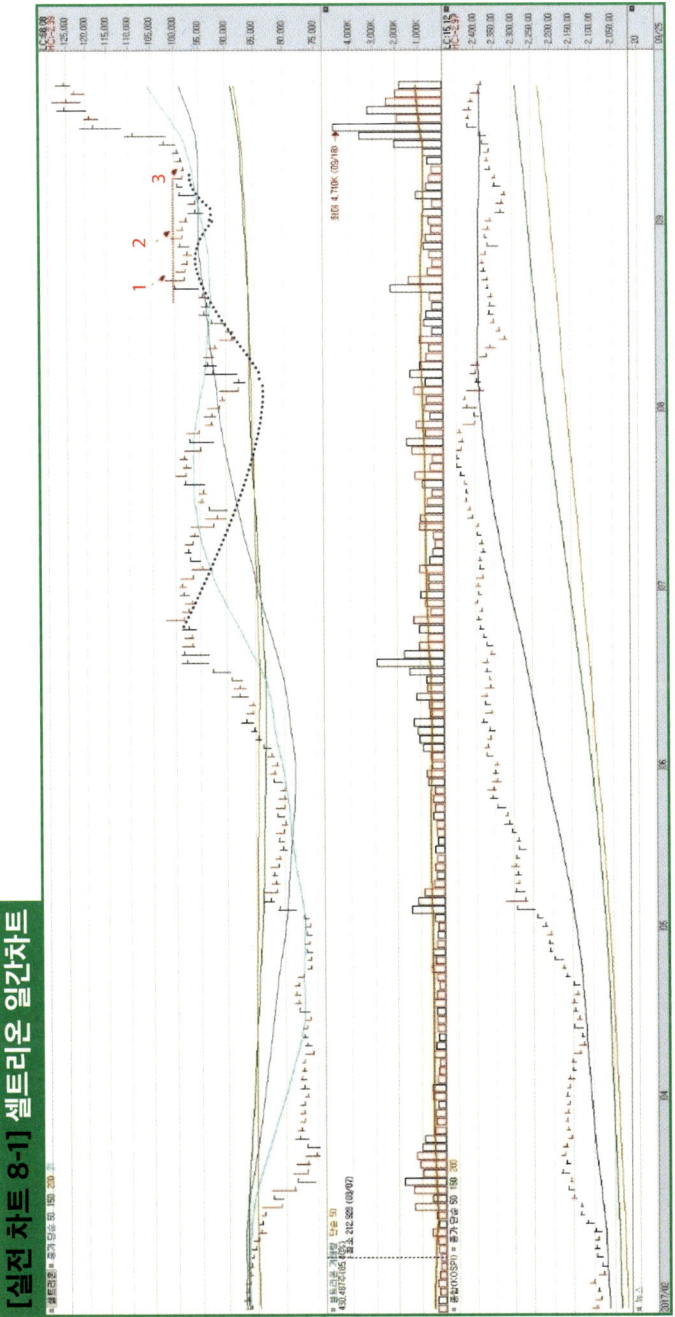

손잡이 위의 가격이 형성된 날이 이틀밖에 되지 않고 거래량은 모두 50일선 아래에 위치하고 있습니다.

기술적 분석 심화 **251**

[실전 차트 8-2] 칩스앤미디어 일간차트

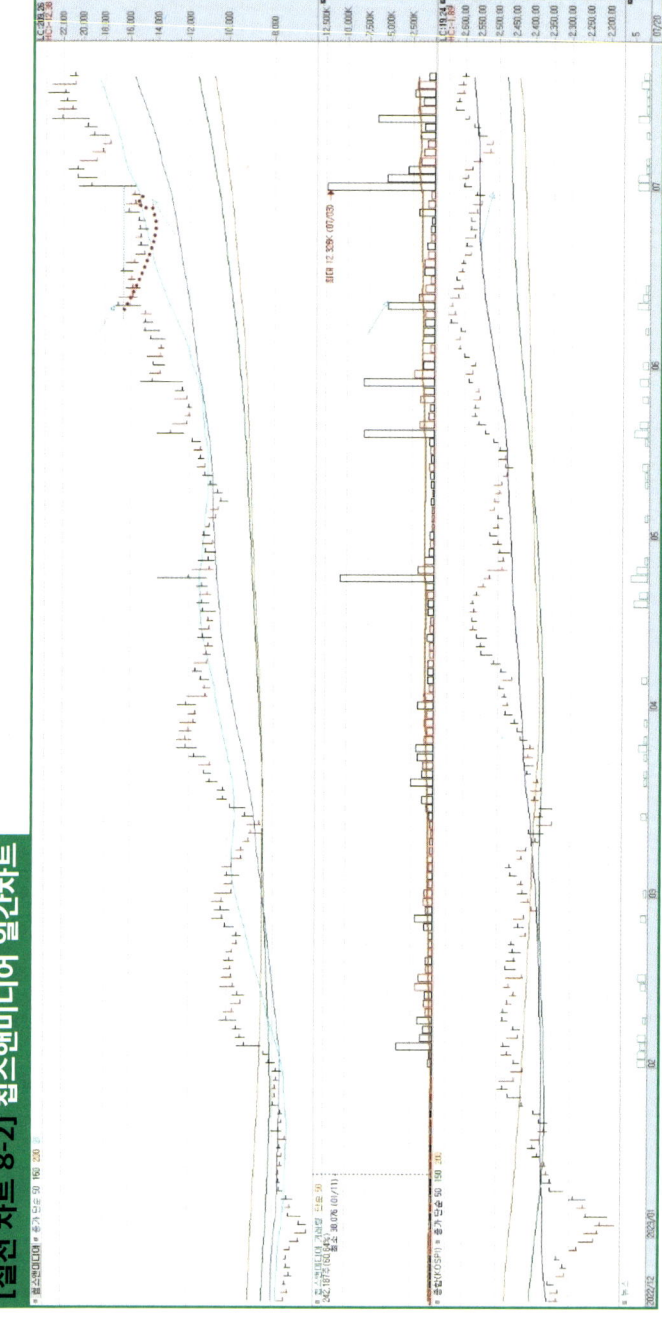

코스피 지수는 하락하는데, 손잡이는 상승하면서 형성이 되었습니다. 손잡이가 만들어지는 지점 근처에서의 강력한 지수 대비 상대강도(RS)는 기존의 매물대를 극복할 수 있는 원천이 됩니다.

[실전 차트 8-3] 가온칩스 일간차트

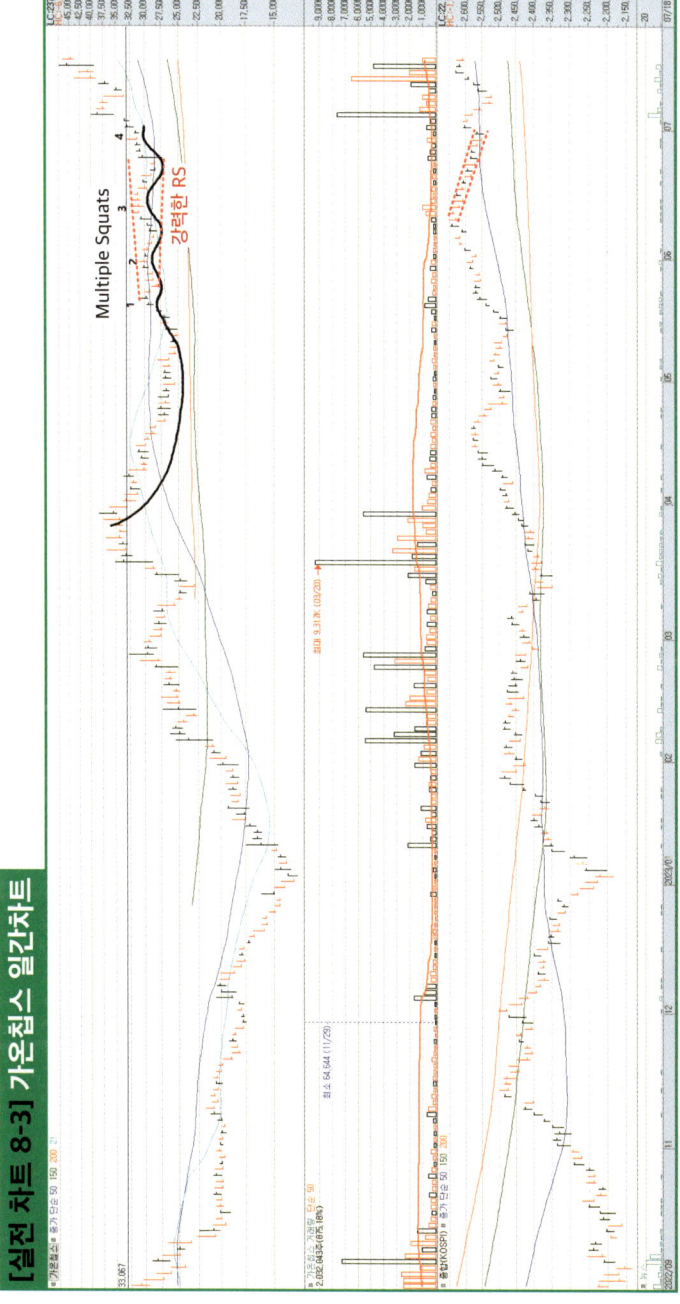

지수의 하락에도 불구하고 강력한 지수 대비 상대강도(RS)를 보이며 기존의 매물대를 뚫고 상승했습니다. Multiple Squats(여러 개의 돌파실패) 역시 강한 RS와 마찬가지로 기존의 매물대를 약화시키는 요소입니다. 즉, 기존에 돌파 실패가 많을수록 더 상승할 확률이 높아진다는 의미입니다.

기술적 분석 심화 **253**

차트가 힘을 비축하는 구간인
베이스 재형성(Re-basing)

'무엇이 주가를 상승시키는가?' 대중들은 주가가 상승하는 이유에 대해서 정확하게 알지 못합니다. 주가를 상승시키는 것은 대중들의 믿음과 달리

1. **강력한 차트 셋업(빅 베이스, RS 등)**
2. **산업, 그룹 액션**
3. **뉴스**

이렇게 3가지입니다. 주가 상승에 영향을 준다고 믿는 펀더멘털 요소들, PER, EPS, 매출, ROE 등은 생각보다 영향을 미치지 않는다는 연구 결과가 꽤 있습니다.

익절 포인트가 짧고, 오버나잇(Overnight)[16]을 하지 않는 데이트레이더들에게 정교한 차트 셋업을 파악하는 건 그렇게 중요하지 않습니다. 그들은 차트의 완성도를 만회해 줄 수 있는 뉴스와 그룹 액션(Industry Action) 파악을 중시합니다. 즉, 차트와 산업 액션, 뉴스를 살피는 것이 단기 트레이딩과 호황장 때 먹히는 전략인 거죠.

익절 포인트가 상대적으로 긴 스윙과 장기투자의 경우 주가를 오랫

---

[16] 매수한 주식을 당일에 팔지 않고 다음 날까지 보유하는 것.

동안 부양시킬 수 있는 강력한 차트 셋업을 파악해야 합니다. 특히 조정장 때 강력한 차트를 가지고 있는 주도주 후보들은 산업 액션이 터지기 전에 돌파를 하기 때문에 더욱 그러하죠.

그래서 이번에는 평소 문의를 꽤 받는 차트의 강약에 대해서 이야기를 해보려 합니다. 제 연구 결과에 따르면 차트분석에 있어서 중요하다고 여겨지는 요소들 중 몇 가지는 주가 상승에 그리 유의미하지 않습니다.

먼저 타이트 클로즈(Tight Close), 즉 주간 종가의 차이가 1% 이내로 형성[17]되는 것은 좋은 시그널이지만 강력한 부양 요소가 아닙니다. 즉, 타이트 클로즈는 그 유용성이 조금 과대평가되어있습니다. 주요 이동평균선에서의 지지 여부도 그러하며 외국인, 기관, 개인 투자자들의 매매 내역인 수급은 언급할 가치도 없을 정도입니다.

그렇다면 무엇이 주가 상승의 강력한 요소일까요?

1. **RS : 벤치마크 인덱스 대비 상대강도**
2. **빅 베이스 : 거래량이 마른 채로 오랜 기간 형성되면 가장 좋음**
3. **베이스 재형성 : 하락 후 새로운 베이스 형성/흔들기**
4. **테니스볼 액션**

이렇게 4가지입니다. 특히 3번의 흔들기는 널리 알려진 속설인 이동

---

17 이번 주 금요일 종가와 지난주 금요일 종가의 가격 차이가 거의 없음을 뜻함.

평균선에서의 지지 여부, 지지선 이탈 여부와는 반대되는 내용입니다. 주요 이동평균선의 지지선을 깰수록 주가의 상승 모멘텀이 축적된다는 것이죠. 일반적으로 사람들은 주가가 이동평균선을 지지하면 좋고 이탈하면 나쁘다고 믿습니다. 그런데 흔들기는 이론과 반대로 움직입니다.

이 4가지 요소에 비해 기존의 투자 고려 요소들은 주가 상승에 미치는 영향이 미미하기 그지 없습니다. 매출, EPS, PER, PBR과 같은 펀더멘털은 보조지표의 역할 그 이상도 그 이하도 아닙니다. 경박하다고 여겨지는 뉴스 분석이 오히려 주가 상승에 훨씬 더 중요한 역할을 합니다.

강력한 차트 셋업의 파악은 단순히 조정기에 나타나는 위너들을 먼저 잡기 위해서만이 아닙니다. 정량적인 점진적 베팅만이 아닌 정성적 베팅을 가능하게 합니다. 그러면 차트에 강력함을 더해 주는 요소들 몇 가지를 설명해 보겠습니다.

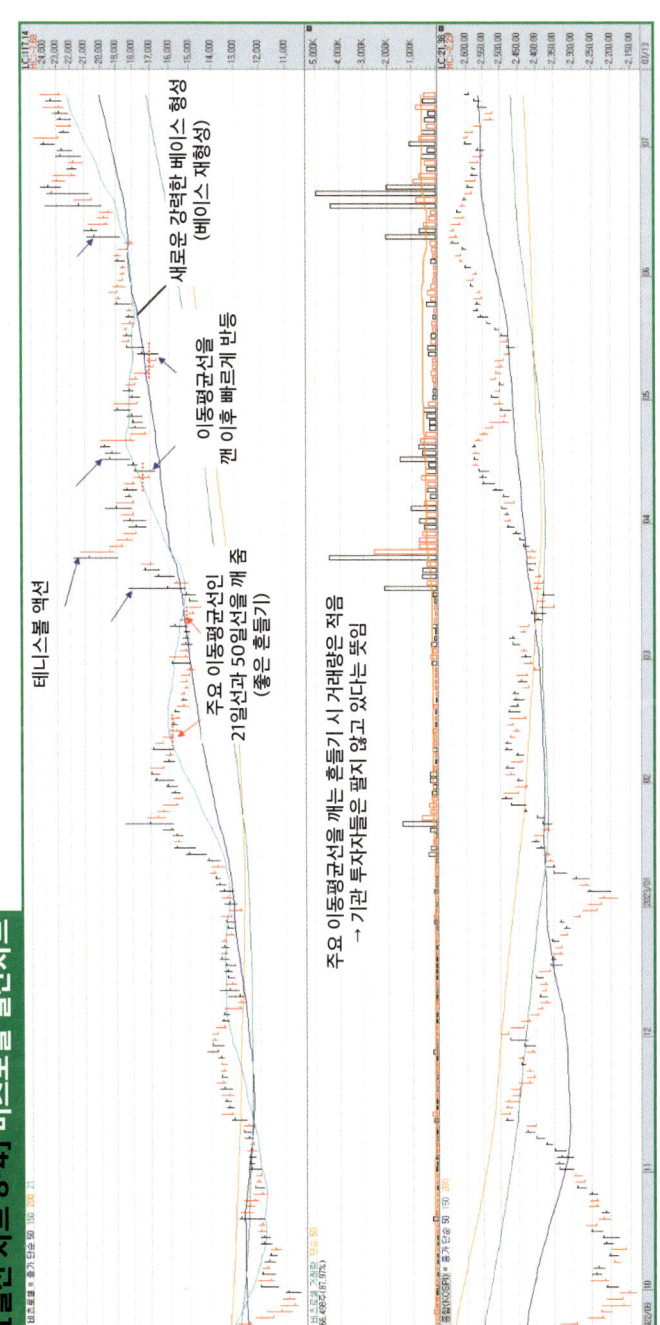

[실전 차트 8-4] 비츠로셀 일간차트

강한 종목도 잠시 쉬어가는 RS 흔들기
(RS Shakeout)

3

이번 심화과정의 꽃이라고 불러도 과언이 아닌 파트입니다. 국내에서 지수 대비 상대강도(RS)는 친숙한 개념이 아니라서 이와 관련된 개념인 RS 흔들기는 무척 생소할 것입니다.

 RS 흔들기란 매우 강력한 상대강도를 기록하면서 급격하게 상승한 종목의 지수 대비 상승강도가 며칠, 때로는 몇 주간 약해지는 현상을 말합니다. 이런 현상이 일어나면 많은 트레이더들은 해당 종목의 상승세가 꺾였다고 착각을 하게 됩니다. 그러면서 해당 종목을 관심종목에서 지우는데, 이렇게 대중들의 관심에서 멀어지면 마치 그들을 우롱하듯 돌파에 성공합니다. 강력한 상승세 이후 상대강도가 약화되면서 마치 해당 종목의 상승 추진력이 사라진 것처럼 보이죠.

[실전 차트 8-5] 선익시스템 일간차트

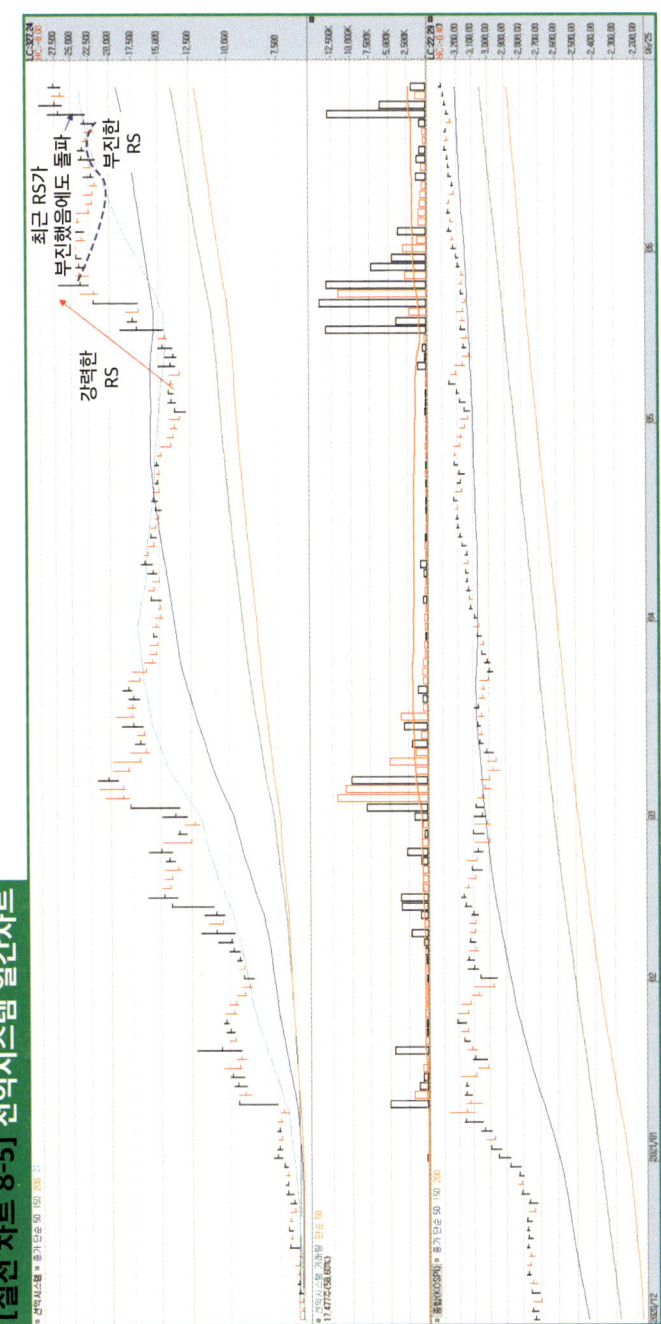

기술적 분석 심화

[실전 차트 8-6] ISC 주간차트

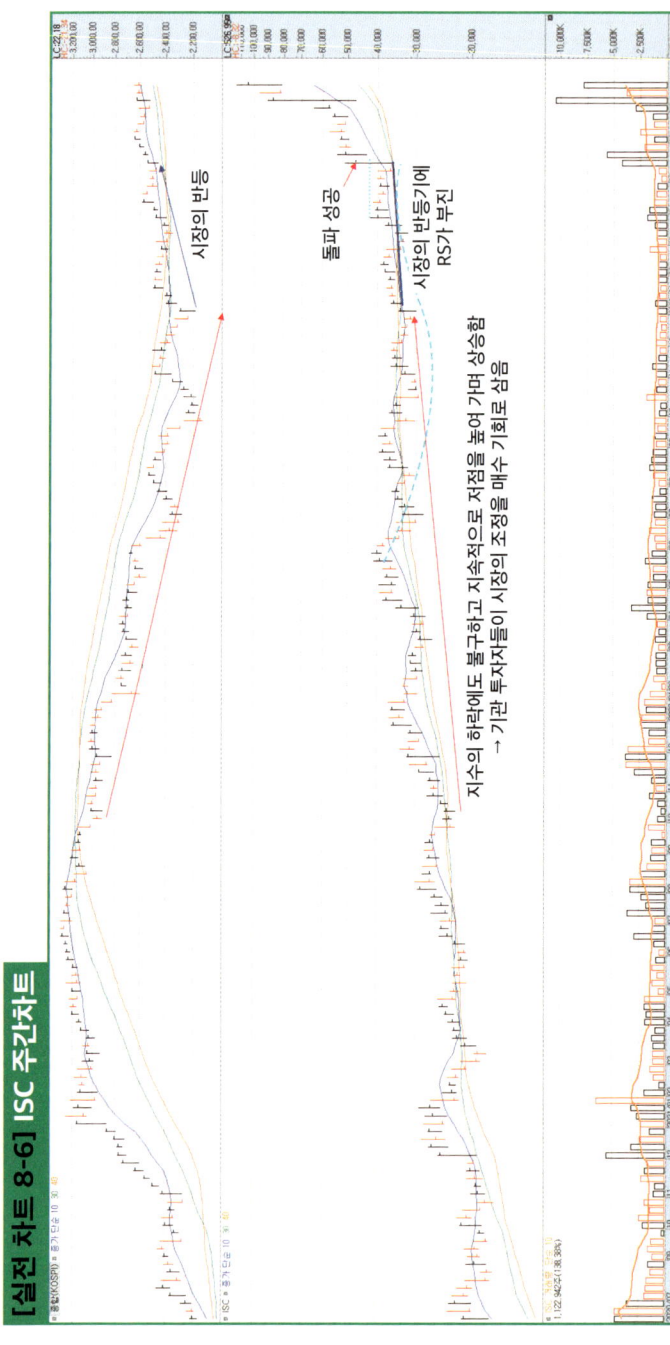

260 Chapter 8

[실전 차트 8-7] 삼천당제약 일간차트

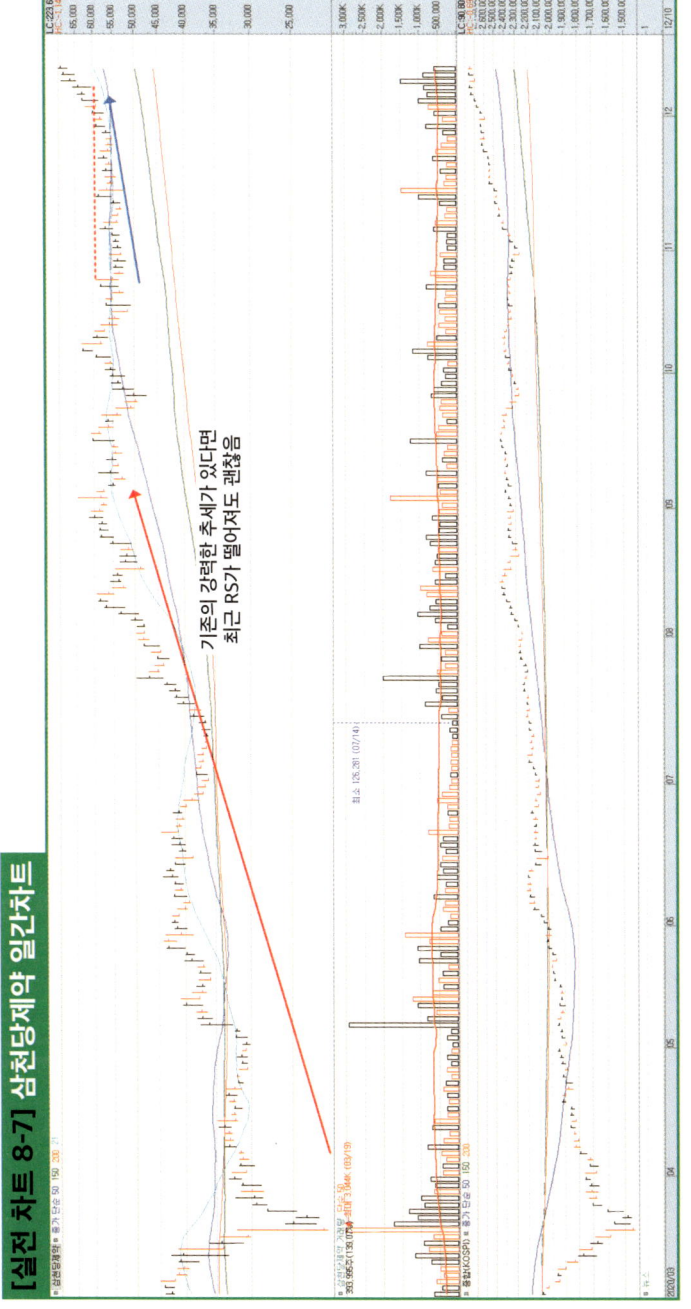

강력한 상승세 이후 손잡이가 형성되는 구간에서 오히려 지수가 상승하며 횡보하는 RS 부진이 나타났습니다.

기술적 분석 심화 **261**

4

점진적 베팅
(Progressive Exposure)

점진적 베팅이란 쉽게 말해서 매매가 잘될 때는 베팅을 늘리고, 매매가 잘 안 될 때는 베팅을 줄이는 것입니다. 투자자가 매매를 가장 잘할 때는 최대의 포지션을, 반대로 매매를 가장 못할 때는 최소의 포지션을 갖게 함으로써 수익은 극대화시키고 손실은 최소화시키는 것을 목표로 삼는 전략입니다.

만약 최근에 매매가 잘 되어서 수익금이 생겼다면 이 수익금을 쿠션으로 삼아 레버리지를 일으키는 것이죠. 예를 들어 100만 원의 수익금이 생겼다고 가정해 봅시다.

[표 8-1] 점진적 베팅 예시(1)		(단위 : 원)
수익금	손절 퍼센티지	베팅액(수익금/손절 퍼센티지)
1,000,000	6%	16,666,667

[표 8-1]에 따르면 약 1,600만 원의 무위험 베팅이 가능합니다. 100만 원을 전부 잃을 수도 있다고 가정하고, 다음 매매에서 6% 손실이 났을 때 그 손실이 정확히 100만 원이 되려면 베팅액은 약 16,666,667원이어야 합니다.

100만 원의 수익금은 그 자체로는 작아 보이지만 이를 손절 퍼센티지로 나눴을 경우 1,600만 원이라는 적지 않은 금액을 제로 리스크로 다음 매매 때 베팅할 수 있는 것입니다. 직장인들의 평균 투자 금액이 2,500~5,000만 원이라는 점을 고려한다면 1,600만 원의 베팅액이 결코 적은 돈이라고 할 수 없습니다. 그것도 무위험 베팅액으로 말이죠.

그렇다면 수익금을 이용한 베팅이 왜 무위험인지 예를 들어 설명해 보겠습니다. 직전의 매매로 100만 원의 수익금이 생겼다고 가정해 손절 퍼센티지로 나눈 금액 약 16,666,667원을 다음 베팅 때 투입하면 매매 성공 시 평균 성공 퍼센티지 50%를 적용해 수익금은 약 8,333,333원이 됩니다. 실패 시에는 손실액이 100만 원, 즉 직전 수익금에 한정할 수 있다는 것입니다.

많은 이들이 로우 리스크 하이 리턴은 없다고 하는데, 그렇지 않습니다. 제시 리버모어, 니콜라스 다바스, 마크 미너비니와 같은 투자의 대가들은 매우 낮은 리스크로 큰 수익을 내는 전략을 사용했습니다. 우리도 대가들처럼 투자해야 합니다.

[표 8-2] 점진적 베팅 예시(2) (단위 : 원)

수익금	손절 퍼센티지	베팅액	성공 시	실패 시
1,000,000	6%	16,666,667	8,333,333	1,000,000

이때 수익금은 미실현 수익금(Open Profit)과 실현 수익금(Closed Profit)을 합산하여 계산합니다. 미실현 수익금은 매일 변하므로 베팅액을 지속적으로 업데이트해 줘야 합니다.

5

정성적 베팅
(Quality Based Exposure)

점진적 베팅은 시장이 약세일 때 가장 적은 금액을, 시장이 강세일 때 가장 큰 금액을 베팅함으로써 수익은 극대화시키고 손실은 최소화시키는 것이 목표입니다. 이 방식은 호황장일 때 가장 빛이 납니다. 연속으로 발생하는 수익을 이용한 큰 베팅을 통해 수익을 극대화시키면서 조정장이 비교적 짧은 호황장에서 '수익은 크게 손실은 적게'를 구현할 수 있죠. 그런데 문제는 횡보장, 특히 조정장 때 발생합니다.

  시장 변동성이 큰 조정장의 경우 수익이 발생해서 베팅액을 늘렸더니 매매 실패로 수익금을 전부 반납하는 경우가 생깁니다. 실패 직후 베팅액을 줄여 다시 매매를 했더니 이번에는 베팅에 성공했지만 수익금은 미미합니다.

점진적 베팅만 고집하면 조정장이나 횡보장에서 수익금을 최대화할 수 있는 기회를 놓치는 경우가 발생합니다. 실제로 점진적 베팅이 '인생전략'이라고 말하는 사람들 중에 조정장에서 어려움을 겪을 때가 있다고 말하는 경우가 많습니다. 그러므로 조정장에서는 정성적 베팅도 고려해야 합니다.

6
돌파매매가 실패하는 이유

"모든 조건이 맞아떨어지는 상황에서는 돌파매매가 완벽하게 작동한다." - 윌리엄 오닐

전미투자대회 우승자들의 평균 승률이 50%가 되지 않는 것을 떠올려 보면 오닐이 이런 말을 했다는 것이 믿어지지 않기도 합니다. 하지만 오닐은 돌파매매가 40~50% 이상의 확률로 성공한다고 말하지 않았습니다. 대신 그는 '완벽하게'라는 단어를 사용했습니다. 전제 조건도 붙어 있습니다. '모든 조건이 맞아떨어지는' 때이어야 한다는 것이죠.

비슷한 예가 있습니다. 제시 리버모어는 완벽한 타이밍이 올 때까지 기다릴 인내심이 결여되었을 때 손실을 입는다고 했습니다. 하지만 잘 참고 기다리다 완벽한 타이밍에 매매를 했을 때는 '항상' 성공했다고 합니다. 오닐과 리버모어라는 두 대가의 '완벽한', '항상'이라는 표현은 승률이 50%도 안 되는 돌파매매의 현실과는 괴리가 있는 것처럼 들립니다.

그렇다면 이들은 왜 이런 말을 했을까요? 일반적으로 돌파가 실패하는 이유는

1. 나의 매수 지점이 잘못되었거나
2. 시장 타이밍이 안 맞을 때(시장이 조정을 앞두고 있을 때)

2가지인데, 숙련된 기술적 분석가가 매수 지점을 잘못 잡았을 확률은 별로 높지 않습니다. 대부분의 경우 시장의 악재로 돌파매매가 실패하기 마련이죠. 그렇다면 나의 매매 기술이 문제가 아니라 시장의 일시적인 조정이 문제였다는 뜻이 됩니다. 시장의 조정으로 인한 실패를 경험했을 때 기계적으로 베팅을 줄이기만 하는 것보다 시장의 상황에 맞는 베팅을 하자는 것이 정성적 베팅의 핵심입니다.

실제 예제를 통해 살펴보겠습니다. [실전 차트 8-8]을 보면 지수 하락을 앞두고 성광벤드는 손잡이가 달린 컵과 W 패턴이 연속으로 돌파에 실패했습니다. 대부분의 주도주가 그랬듯 돌파 실패 후 시장의 큰 조정이 발생합니다. 즉, 직전의 돌파 실패는 시장의 약세로 발생했다는 사실이 증명된 것이죠. 이런 경우에는

1. 의미 있는 수준의 시장 조정(최소 코스피, 코스닥 -4% 이상) 전 돌파 실패 시 점진적 베팅 전략에 따라 베팅액을 줄일 것.
2. 시장 조정이 끝난 후 반등하여 안정을 되찾은 시기에 새롭게 매수 지점(셋업)이 생기면 직전의 거래 실패를 고려해 베팅액을 줄이는 대신 수익 쿠션을 이용해 최대치로 베팅을 시행할 것.
3. 베팅 액수는 '감당할 수 있을 만큼' 수익 쿠션을 이용한 범위 내에서 정할 것.

위 3가지 조건을 지켜서 진행해야 합니다.

[실전 차트 8-8] 성광벤드 일간차트

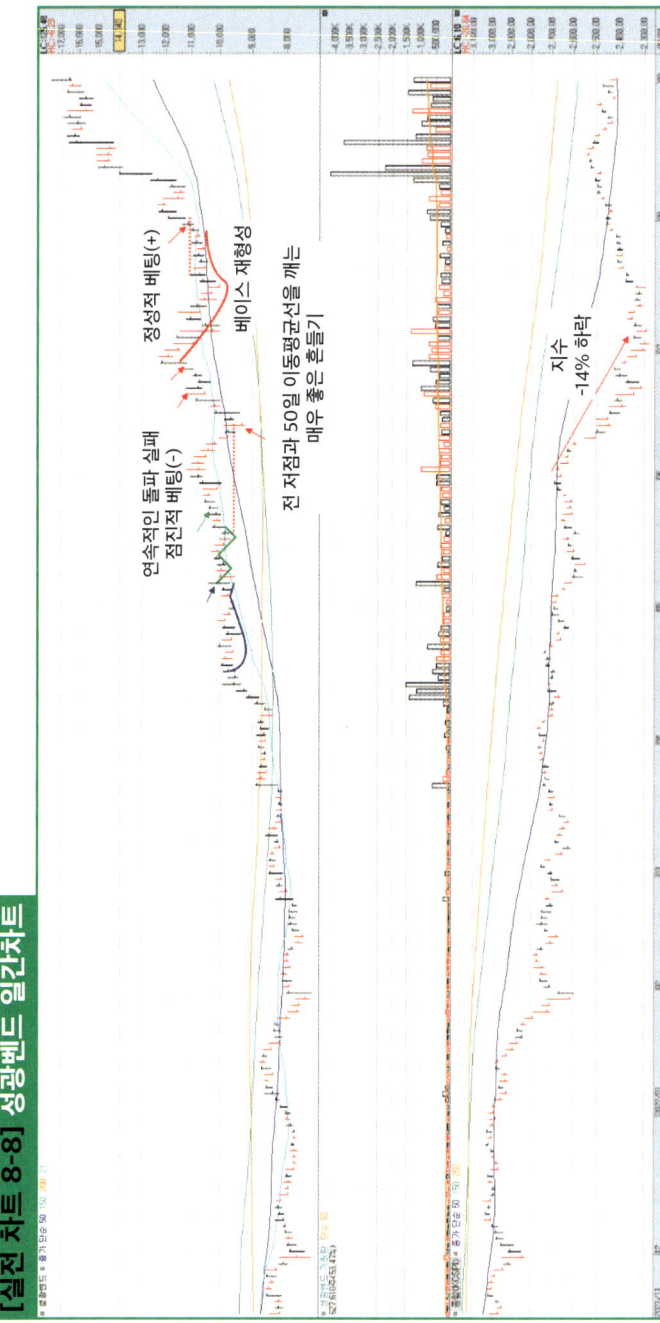

지수가 하락하기 전 점진적 베팅을 통해 베팅액을 줄이고 지수 조정 후 반등했었습니다. 안정화 시기에 정성적 베팅을 시현해 베팅액을 늘렸습니다.

[실전 차트 8-9] 태광 일간차트

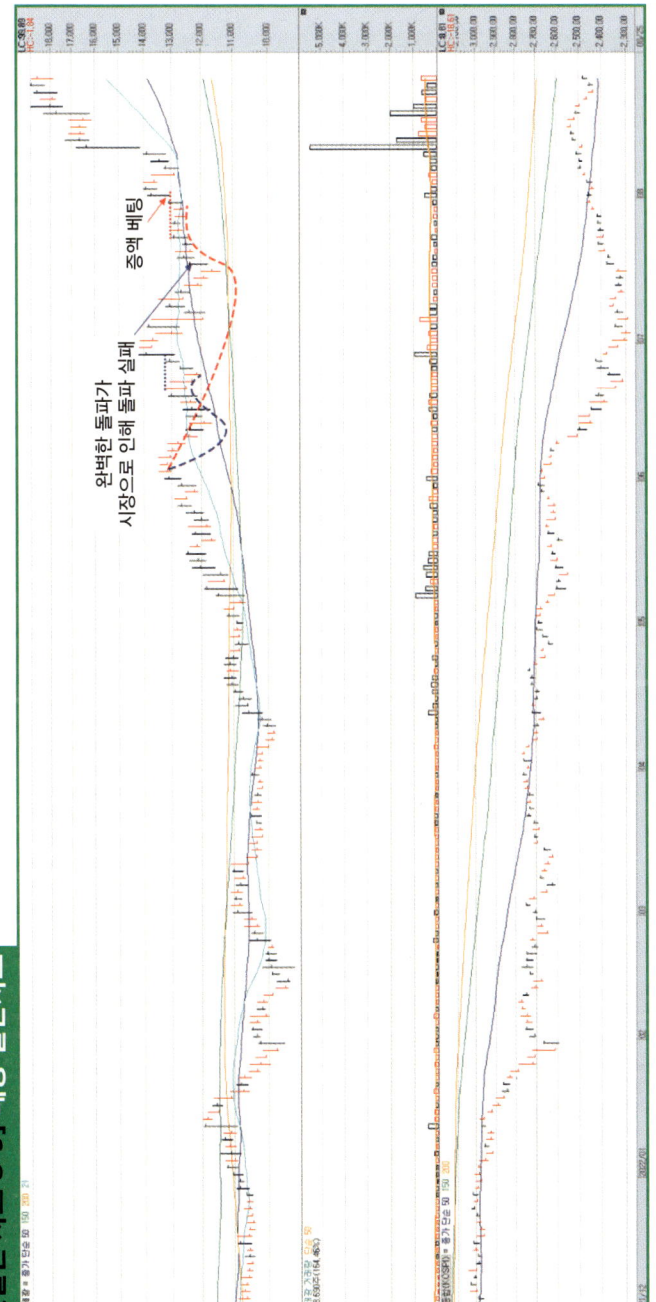

정성적 배팅 전략에 따라 배팅핵을 올렸습니다.

기술적 분석 심화

이 Chapter에서는 기관이 왜 강세장에서 매도하는지, 기관 투자자조차 절망할 수밖에 없었던 순간에 어떤 패턴이 나타났는지 실제 차트를 통해 분석합니다. 기술적 분석은 결국 인간의 본능과 심리를 시각화한 도구입니다. 그 흐름을 실전 속에서 어떻게 활용할 수 있는지 지금부터 확인해 보겠습니다.

Chapter 9

2023~2024 실전 분석

1

기관은 강세장에서 매도한다

개인 투자자들과 달리 기관 투자자들은 대량의 자금을 다루어야 해서 매수도 매도도 한 번에 처리할 수가 없습니다. 만약 기관 투자자들이 한번에 매도를 하게 되면 주가는 하한가로 직행하고 원하는 물량을 다 팔 수도 없게 됩니다. 이와 같이 기관은 유동성 문제로 신중하게 분할매수, 분할매도를 할 수밖에 없으며 보통 2가지 단계를 거쳐서 매도를 합니다.

▶ 강세에 파는 단계

기관 투자자들의 목표 매도 물량은 너무 많기 때문에 주가 하락을 최대한 낮게 유지하면서 매도해야 합니다. 그러기 위해서는 호재가 여전히 존재할 때, '인기'가 높아 매수자들이 많을 때, 여전히 뉴스의 중심에 있을 때를 파악해야 합니다. 이를 '강세에 매도하는' 전략이라고 합니다. 주가가 계속 상승할 때 기관 투자자들은 이미 매도를 시작하고 있다는 뜻입니다. 거래량은 크게 증가했는데, 주가 상승은 기대에 못 미치는 현상, 즉 스톨링(Stalling)현상이 나타날 때 가끔 포착되기도 합니다.

▶ 약세에 파는 단계

주가 상승과 함께 목표 매도 물량을 어느 정도 채웠다면 좀 더 노골적으로 매도하는 단계가 시작됩니다. 기관의 매도로 주가 하락이 본격적으로 시작되었음에도 불구하고 기관 투자자들이 매도를 지속하는 것이죠. 강세에 매도를 함으로써 수익을 어느 정도 확보해 둔 상태이어서 빠르게 매도를 마무리하고 정리하려는 단계입니다.

이러한 기관 투자자들의 특성, 즉 강세에 팔 수 있는 기간이 반드시 있어야 한다는 사실을 알고 있으면 기관 투자자들의 대량 자금이 물려 있는 주식인지 아닌지 구분이 가능합니다. 대량의 매수 자금이 들어오자마자 바로 주가가 하락하면 기관 투자자들은 손쓸 틈도 없이 자금이 묶이게 되는데, 저는 이런 현상을 '기관 투자자들의 절망'이라고 부르고 있습니다.

2
기관 투자자의
절망 패턴

여러 번의 설명보다 하나의 예제를 직접 보는 것이 이해하기 쉽죠. 기관 투자자들의 자금이 오랫동안 묶이게 되는 케이스를 차트로 확인해 보도록 하겠습니다.

[실전 차트 9-1]을 보면 2021년 중순쯤 대량의 거래량을 동반한 기관 자금의 유입이 확연히 눈에 띌 것입니다. 휴온스글로벌의 가격 상승을 예상했던 기관 투자자들이 대량으로 주식을 매수하면서 가격과 거래량을 급격하게 상승시킵니다. 그런데 마침 시장의 하락과 맞닥뜨리면서 주가가 하염없이 흘러내리기 시작합니다. 이런 경우 기관 투자자들의 자금 역시 '강세에 파는 전략'의 부재로 하락하는 주식과 함께 묶이게

되죠. 하지만 주가가 하락해도 큰 거래량은 나오지 않습니다. 이 점이 중요한데, 대량으로 투입된 기관 자금이 이탈하지 않았다는 뜻이기 때문입니다. 그리고 또 하나 주의 깊게 살펴봐야 하는 것은 주요 지지선을 대여섯 번씩 차례로 무너뜨리면서 단기 차익을 노리거나 손절 전략을 쓰는 트레이더들을 떨군다는 점입니다. 지지선이 무너지면 결국 10년, 20년 장기투자하겠다는 생각을 가진, 기업의 가치를 굳건히 믿는 장기 투자자만 남습니다. 그러면 주가가 어느 정도 상승해도 차익실현 물량이 나오지 않게 되죠. 최종적으로는 주가가 오르기 매우 좋은 여건이 만들어집니다.

> **1. 아직 이탈하지 않은 기관들의 거대 자금이 추후에 주가를 크게 상승시킬 원동력이 될 확률이 높음.**
> **2. 기업의 미래 성장 가능성을 높게 보는 장기 투자자들이 많아서 주가가 상승하더라도 차익실현 물량이 적을 확률이 높음.**

차트에서 더욱 인상적인 것은 주가가 하락할 때뿐만 아니라 2021년 이후 약 3년간의 기나긴 박스권, 바닥 구간에서 10주 이동평균선(주가 차트 기준)을 넘어서는 대량 거래량이 거의 나오지 않았다는 점입니다. 이는 장기적인 비전을 가지고 있는 기관 투자자들이 무려 3년 넘게 물타기[18]를 하고 있었다는 뜻이죠.

---

[18] 주가가 떨어질 때마다 계속해서 매수함으로써 평단가를 낮추는 것을 뜻함.

[실전 차트 9-1] 휴온스글로벌 주간차트

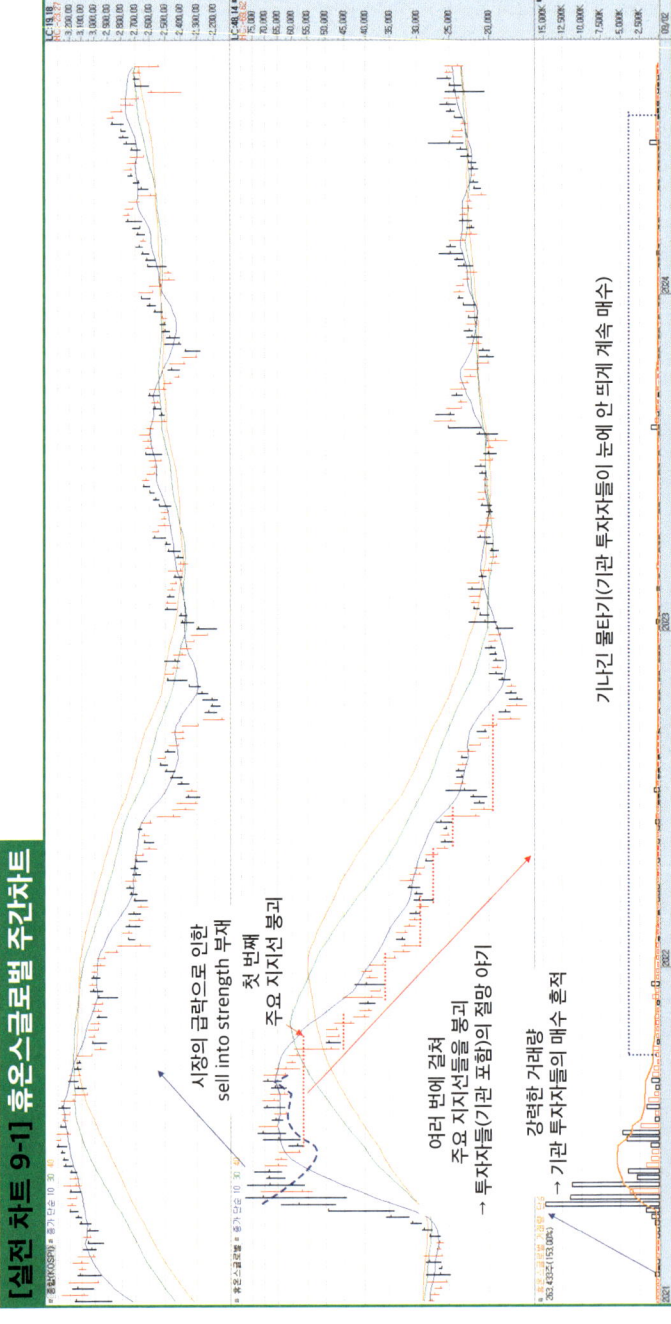

기관 자금의 강력한 유입 후 떨구기(Shakeout)가 충분히 진행된 종목이 거래량이 감소한 채 긴 기간 동안 베이스를 만들고 있다면, 최소 3~4년 이상 투자할 계획을 가진 기관 투자자들이 저가에 야금야금 매수(물타기)를 하고 있다는 증거로 볼 수 있습니다.

당연히 기관 투자자도 본인이 사자마자 오르는 종목을 선호하겠죠? 그러니 호재나 실적 개선이 유력한 종목에 투자를 했을 텐데, 기업의 호재나 실적은 알 수 있어도 시장 하락은 예측하지 못하니 매수 후 큰 폭으로 하락하는 주가를 보면 마음이 편할 리 없습니다. 그래도 규모가 큰 기관 투자자들은 매수한 종목이 최소 3~4년 정도 오르지 않아도 계속 가지고 있을 여유가 있을 것입니다. 하지만 매수한 종목의 주가가 이후에도 오르지 않으면 고객들이 펀드에서 자금을 인출할 것이고, 수익이 나지 않으니 회사에도 슬슬 눈치가 보이기 시작하죠.

제가 연구한 결과에 따르면 기관 투자자들의 인내심은 3~4년이 한계인 것으로 나타나며, 이쯤되어 업황이 개선되기 시작하면 그에 발맞춰 인위적으로 주가를 부양시키는 경향이 있었습니다. 여기서 언급하는 기관 투자자들은 일반 증권사의 펀드 매니저가 아닙니다. 헤지, 보험, 연금펀드와 같은 큰 규모의 자금을 운용하는 곳을 말합니다.

개인 투자자인 우리는 이러한 기관 자금의 물림, 즉 대량의 자금 유입 후 지속적으로 주가가 하락하면서 오랜 기간 기관들이 물타기를 해 빅 베이스를 형성한 그들의 절망이 절절히 느껴지는 종목들을 발굴해 내야 합니다.

[실전 차트 9-2]를 보면 주가의 바닥 부분에서 기관 투자자들이 꾸준히 매수를 한 덕분에 유통주식(Outstanding Share)이 확연하게 줄어든 것을 알 수 있습니다. 시장에 주식의 공급이 줄어드니 주가는 더 쉽게 상승할 수 있죠. 이렇게 바닥에서 매집이 일어나게 되면 거래량의 숫자가 아니라 전일, 전주 대비 거래량의 증가 퍼센티지를 살펴봐야 합니다.

차트의 우측으로 갈수록 한 번씩 크게 상승하는 거래량의 퍼센티지가 437% ▶ 923% ▶ 844% 순으로 지속 상승하는 모습을 발견할 수 있는데, 이는 주가가 폭발적으로 상승하기 매우 좋은 토양이 될 것입니다.

우측 끝부분에서는 기관 투자자들의 또 다른 매집 흔적, 주간 종가 변화가 1% 이내인 타이트 클로즈가 연속으로 발생한 현상(빨간색 선)을 발견할 수 있습니다. 이는 기관 투자자들이 가격 부양 전 목표 가격 근처에 도달할 때마다 지속적으로 매수를 했다는 뜻입니다. 폭발적인 가격 상승을 예측해 볼 수 있는 신호라고 보면 됩니다.

이와 같이 주가 상승의 여건이 모두 완벽하게 갖추어졌을 때 해당 종목은 손잡이가 달린 컵 패턴을 돌파한 후 주가가 크게 상승하게 됩니다.

[실전 차트 9-2] 휴온스글로벌 일간차트

[실전 차트 9-3] 휴온스글로벌 일간차트

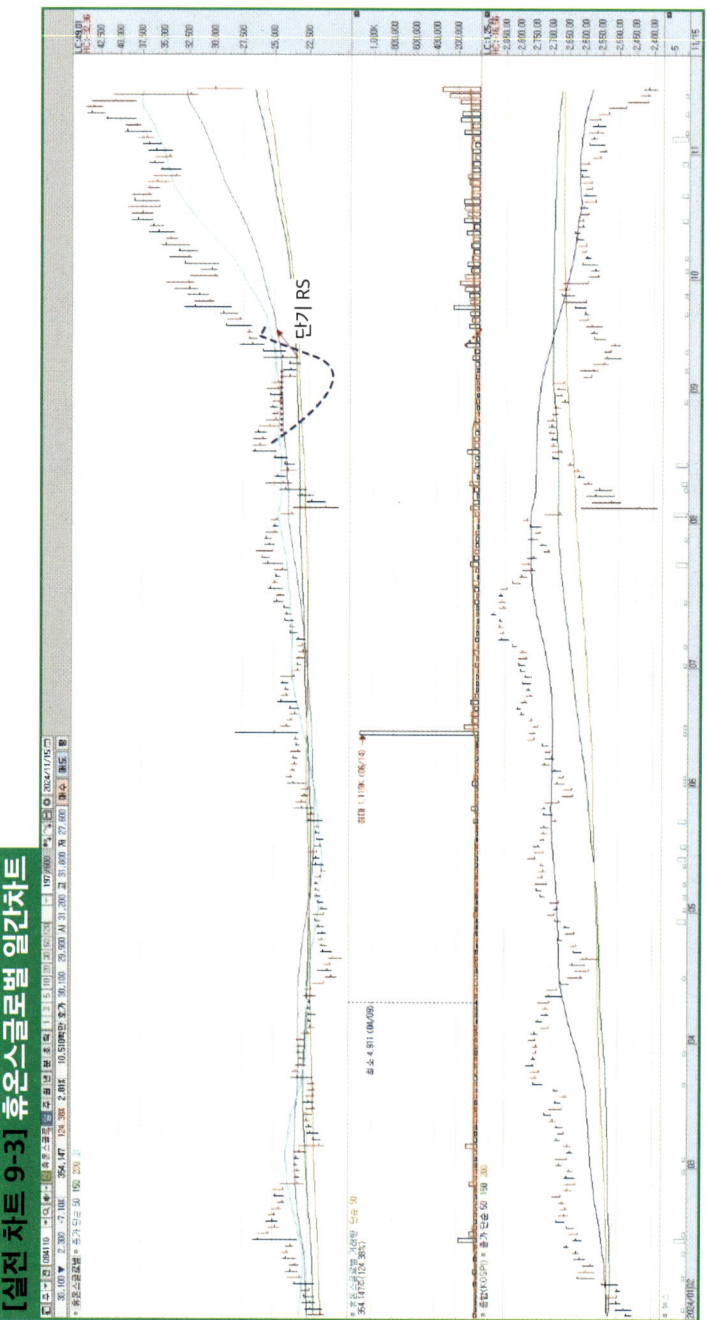

Chapter 9

우리는 다음 3가지 질문에 답하게 될 것입니다. '무조건 강한 종목에 올라타야 하는 이유는 무엇인가?' '어떤 차트는 남들보다 먼저 움직이는데, 그 징후는 어디서 포착되는가?' '실전 매매에서 반드시 갖추어야 할 차트 환경은 어떤 모습이어야 하는가?' 그리고 '강한 종목에 집중하라.'라는 말은 단순한 조언이 아닙니다. 진입 타이밍과 승률, 심리적 안정성까지 좌우하는 가장 중요한 전략적 기준입니다. 마지막으로 이 모든 분석이 가능하려면 당신만의 차트 환경이 명확히 정돈되어 있어야 합니다. 따라서 이번 Chapter에서는 바차트 설정 방법도 함께 소개합니다.

Chapter 10

실전 차트 예제와 설정

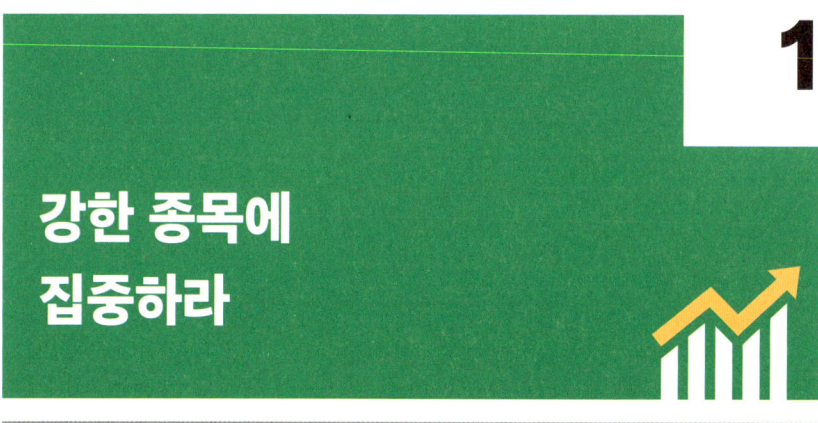

강한 종목에 집중하라

코스피 지수가 하락하든 박스권에 갇히든 상승하는 종목은 늘 있습니다. 이 종목들은 이유 없이 그냥 오르지 않습니다. 단순히 차트를 예쁘게 보는 법이 아니라 세력의 심리를 해석하는 기술을 갖추어야 합니다. 강한 거래량, 지수 대비 초과 상승 등은 결코 우연이 아닙니다. 테니스공처럼 튀어 오르는 종목을 미리 발견하는 공식과도 같습니다.

이 Chapter에서는 실전 트레이더들이 반복적으로 확인한 '성공하는 패턴'을 정리했습니다. 베이스는 길수록 강하고 거래량은 말라야 의미가 있습니다. 이러한 시그널을 어떻게 조합해야 할지 배워 봅시다.

[실전 차트 10-1] 큐얼티 주간차트

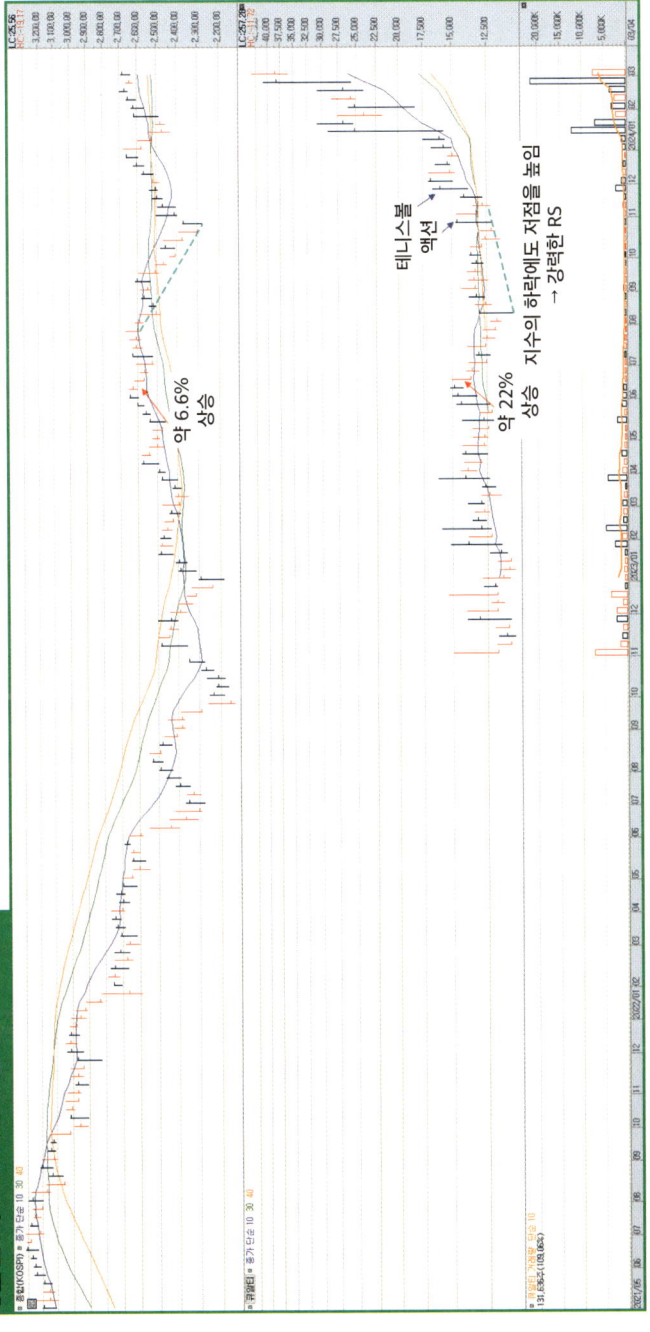

매수의 첫 번째 조건인 거래량을 동반한 지수 대비 강력한 상승이 보입니다. 코스피 지수가 6.6% 상승하는 동안 큐얼티는 22% 이상 상승했습니다. 차트 내 빨간색 화살표는 코스피 지수가 하락함에도 불구하고 마지 테니스공이 튀어 오르듯 강력한 RS가 발생한 지점을 의미합니다. 특히 지수의 하락으로 주가가 조정받을 때도 거래량이 10주 이동평균선을 넘지 않는다는 점에 주목해야 합니다. 기관들이 여전히 해당 종목을 팔지 않고 있다는 뜻입니다.

실전 차트 예제와 설정 **287**

[실전 차트 10-2] 퀄러티 일간차트

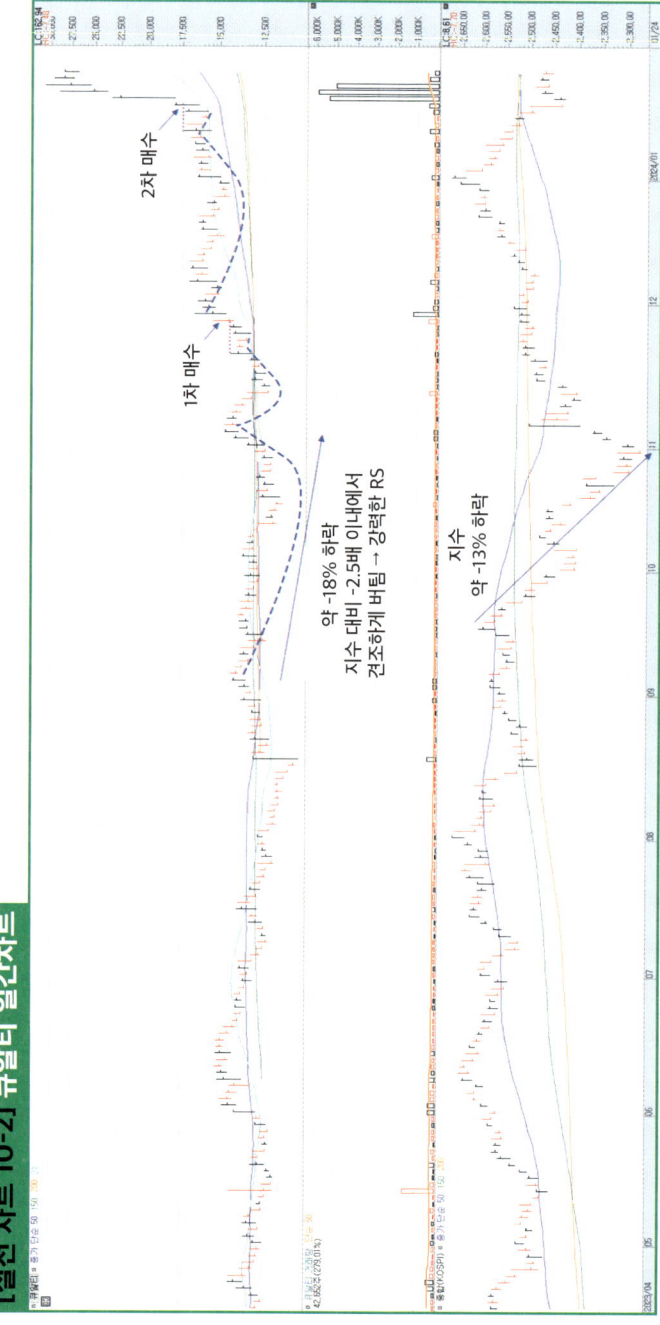

코스피 지수가 급락했음에도 불구하고 한동안 저점을 깨지 않으며 건조하게 버팁니다. 강력한 RS가 발생했다는 뜻입니다. 거래량이 마른 채로 긴 베이스를 형성한 뒤 손잡이가 달린 컵 패턴이 1차로 돌파됩니다. 돌파 후 코스피 지수가 하락해 상승세가 감소했지만 기존의 베이스를 깨지 않고 그 위에 베이스를 형성하는 베이스 온 베이스 현상이 나타납니다. 이는 강력한 상승 신호로, 이후 제2의 손잡이가 달린 컵 패턴이 형성되면 2차 추가 매수가 이루어집니다.

[실전 차트 10-3] 티에프이 주간차트

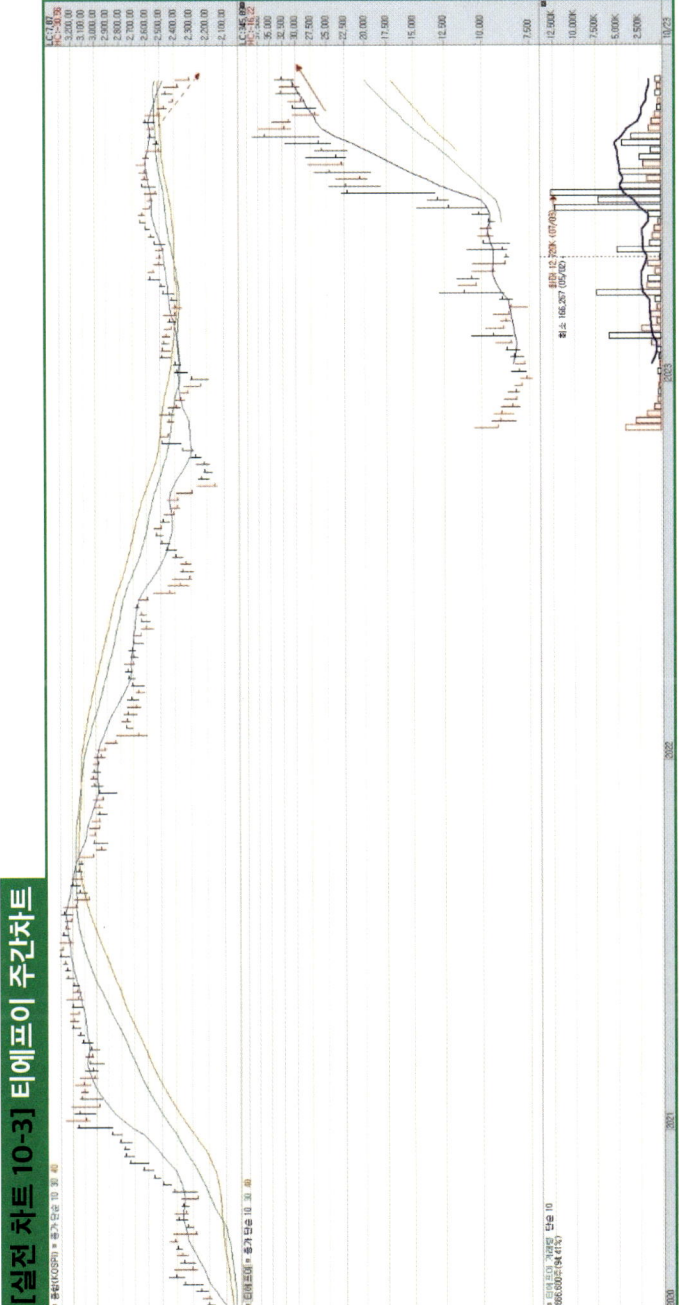

코스피 지수에도 불구하고 티에프이는 오히려 저점을 높이면서 상승해 강력한 RS를 형성합니다.

실전 차트 예제와 설정 **289**

[실전 차트 10-4] 티에프이 일간차트

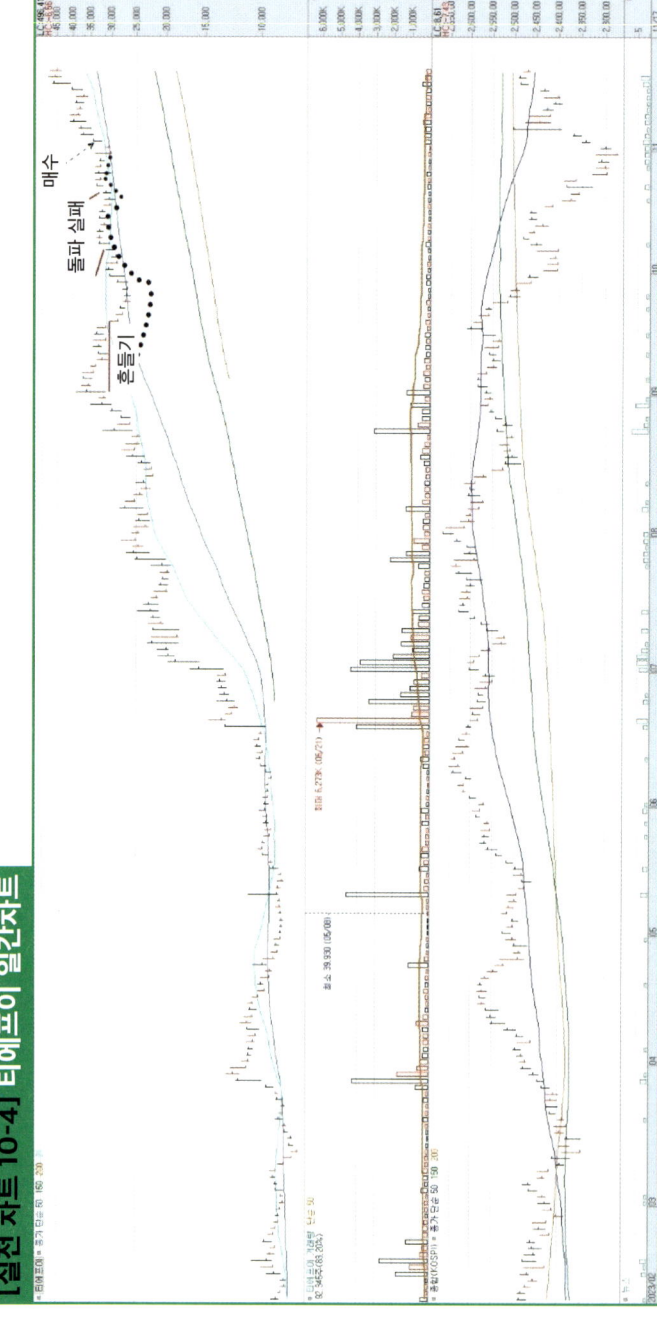

명확한 지지선을 깨는 현상(Shakeout)이 발생했으므로 거래량이 적어지고 반등이 빠르게 발생합니다. 테니스볼 액션이라고 볼 수 있습니다. 이에 더해 두 번의 돌파 실패(Squats)가 발생합니다. 흔들기와 돌파 실패가 여러 번 발생하면 손절 전략을 쓰는 심약한 트레이더들이 떨어져 나가면서 돌파 확률이 높아집니다.

[실전 차트 10-5] 테크윙 주간차트

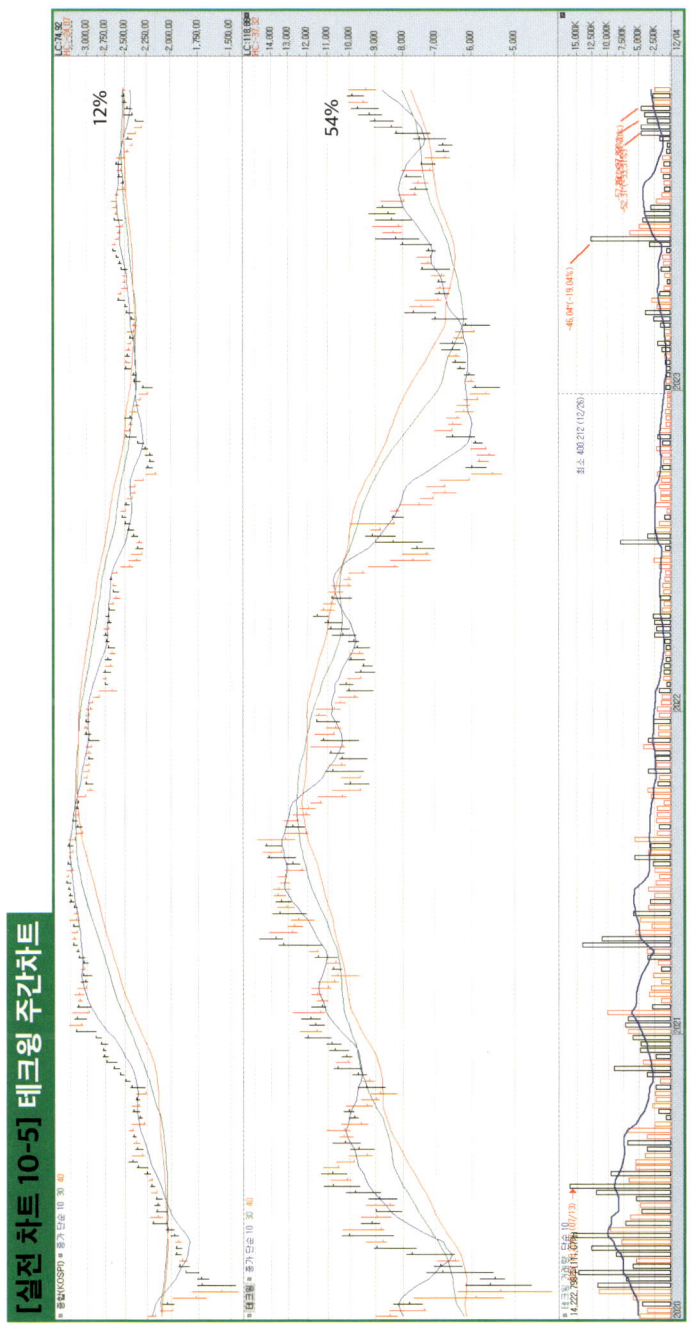

코스피 지수가 12% 상승하는 동안 테크윙은 54% 상승하며 강력한 RS가 나타납니다. 6주 연속 10주 이동평균선을 상회하는 거래량이 터지는데, 이는 기관 투자자들의 강력한 매수 신호입니다.

[실전 차트 10-6] 테크윙 일간차트

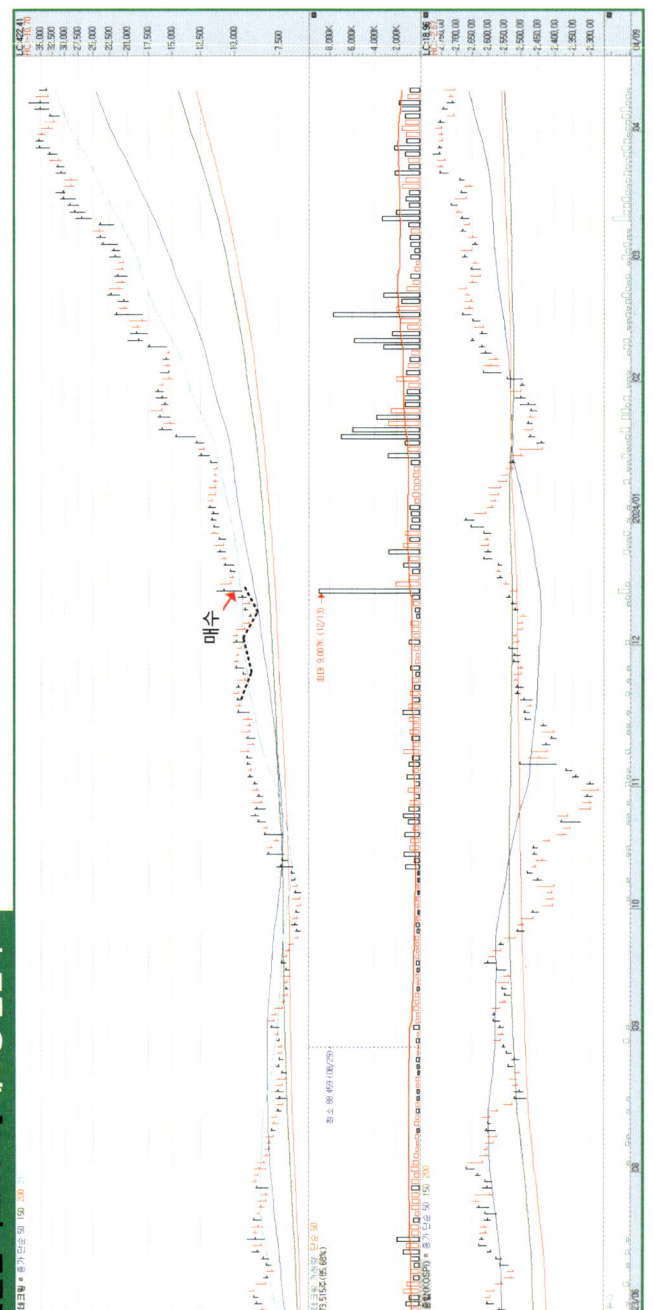

W 패턴을 돌파하였습니다.

[실전 차트 10-7] 케이씨텍 주간차트

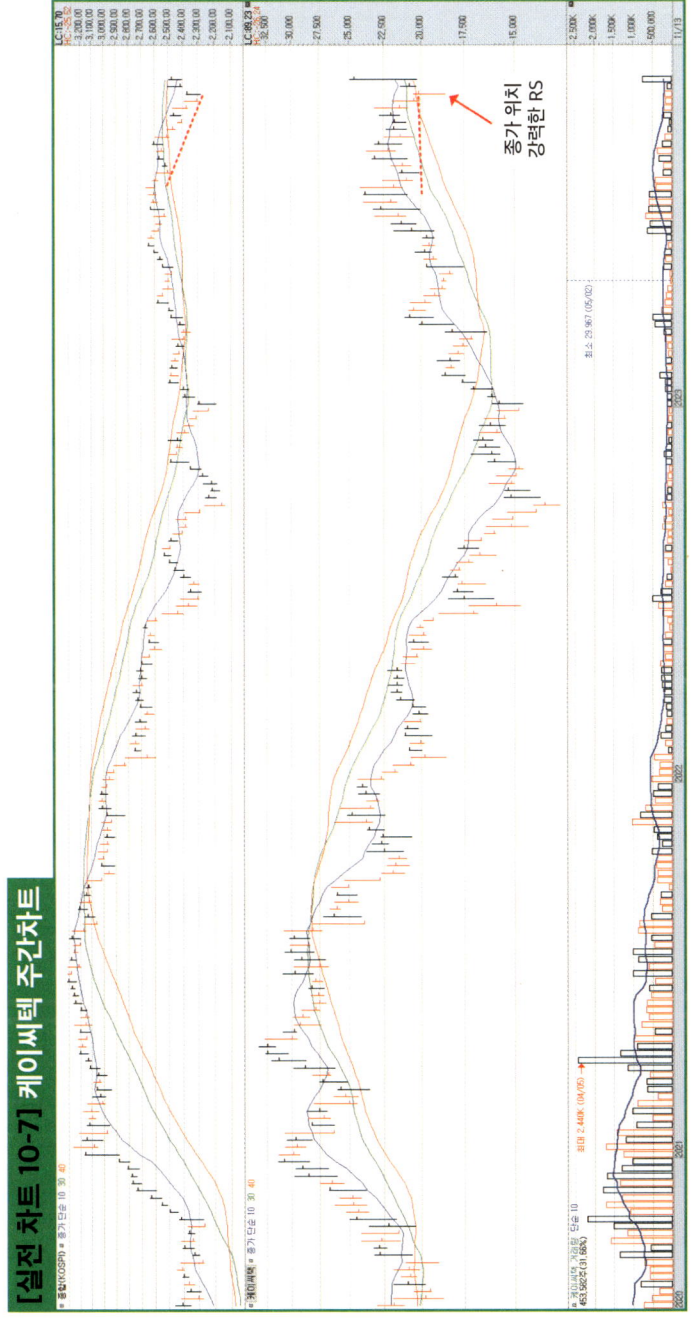

코스피 지수가 하락하는 동안에도 저점을 깨지 않는 견조함을 보이면서 강력한 RS를 형성합니다. 화살표로 표시된 종가의 위치가 회사 단에 자리하고 있는데, 이는 기관이 시장 하락을 매수의 기회로 삼은 흔적입니다.

실전 차트 예제와 설정 293

[실전 차트 10-8] 케이씨텍 일간차트

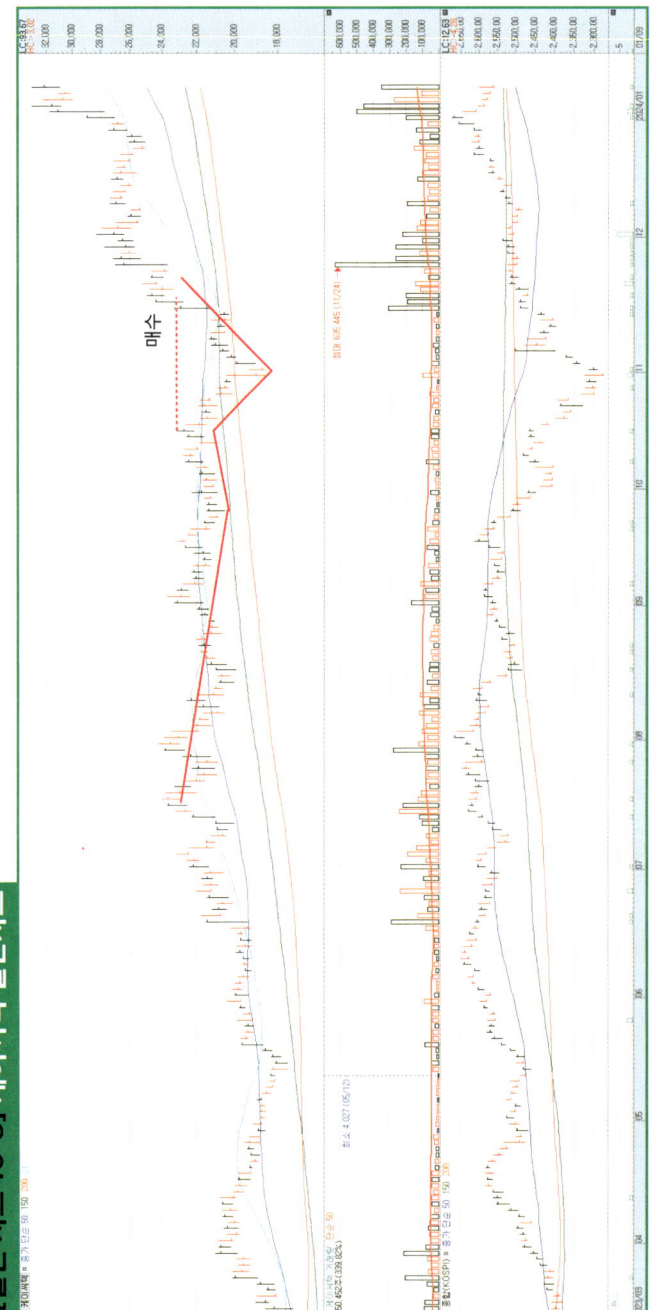

W 패턴으로 돌파하였습니다.

294 Chapter 10

[실전 차트 10-9] 한미반도체 주간차트

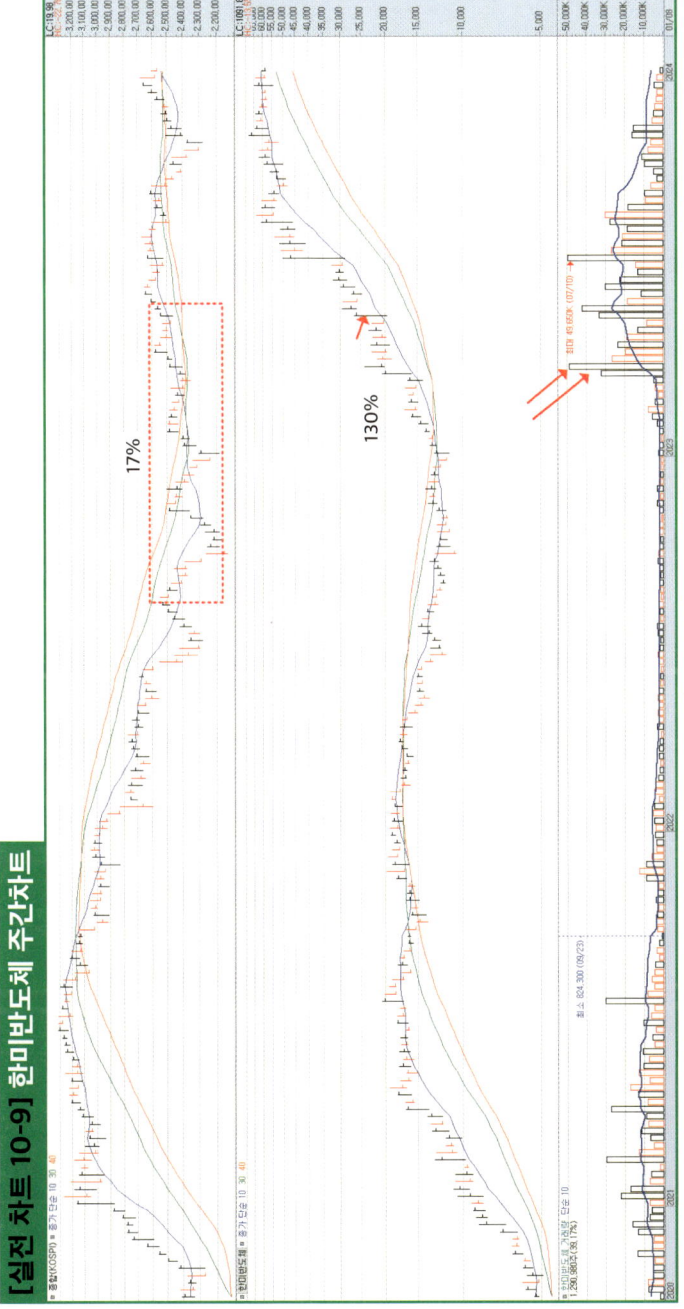

코스피 지수가 17% 상승한 뒤 박스권에 갇혀 있는 동안 한미반도체는 130% 이상 상승해 7주짜리 베이스를 만든 후 돌파하였습니다.

[실전 차트 10-10] 한미반도체 일간차트

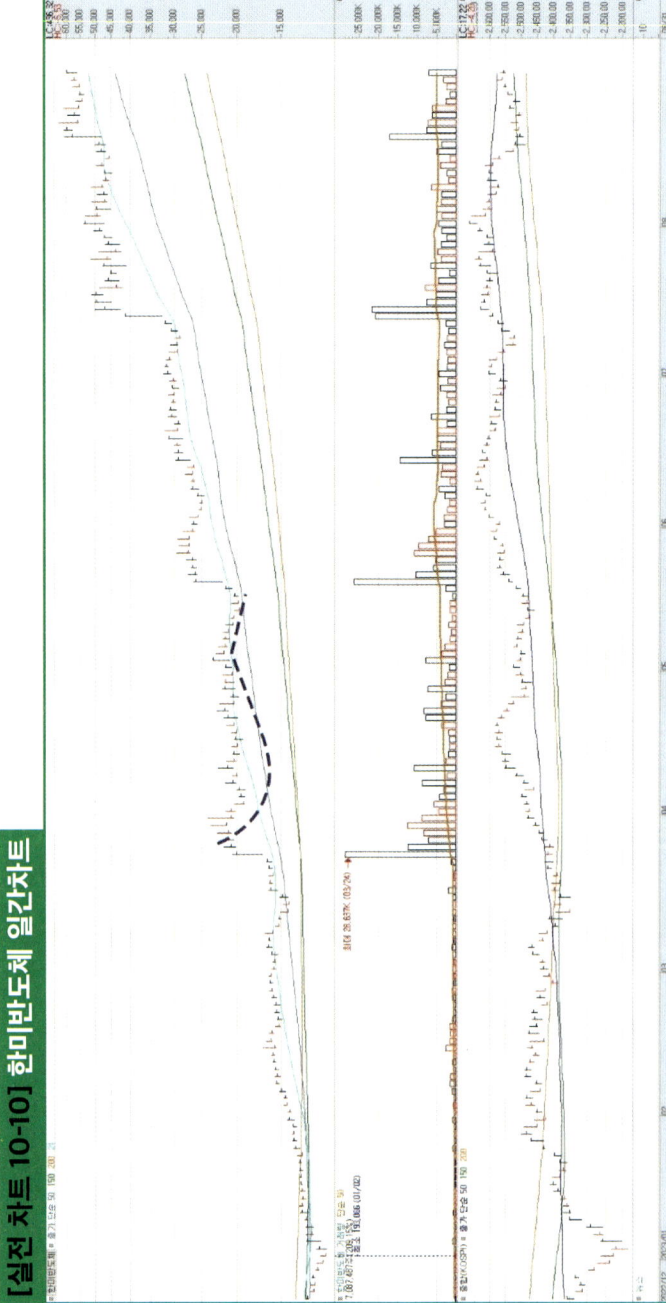

손잡이가 달린 컵 패턴을 돌파합니다. 손잡이를 형성하는 시기에 거래량이 줄어드는 것에 주목해야 합니다.

[실전 차트 10-11] 한미반도체 주간차트

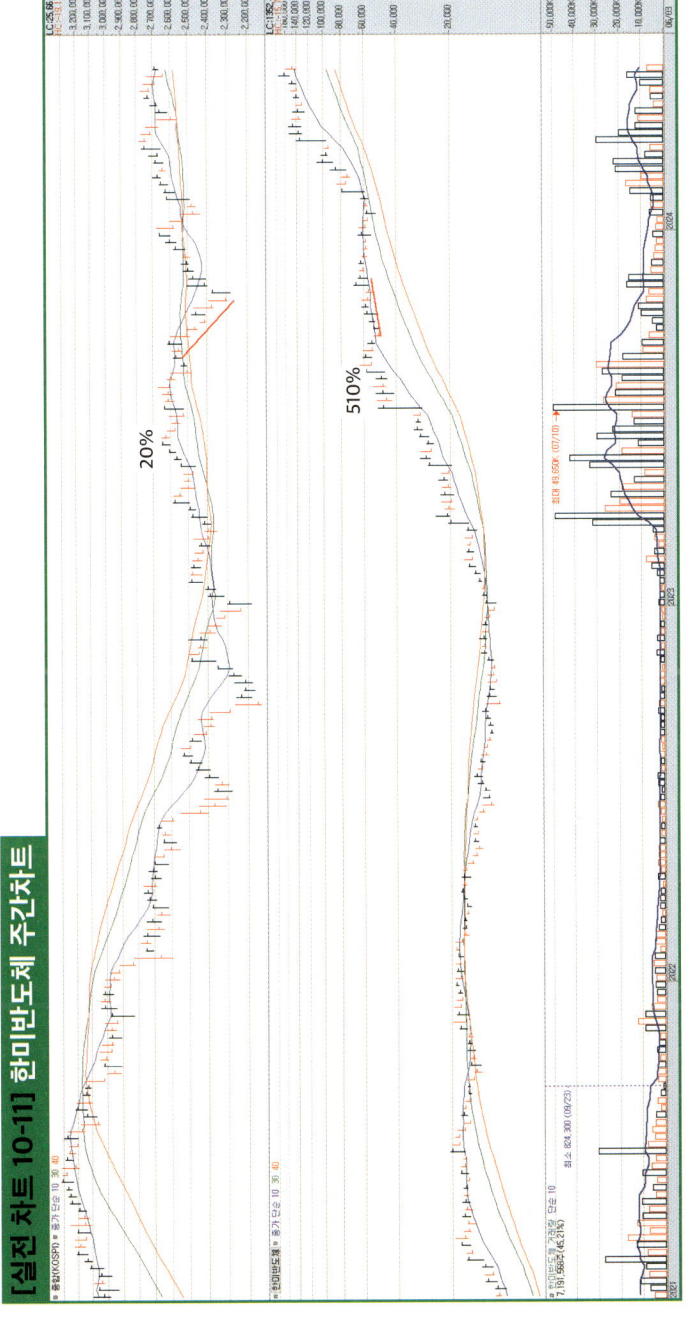

코스피 지수가 20% 상승하는 동안 한미반도체는 무려 510% 이상 상승합니다. 차트 내 빨간색 선이 그어진 지점을 보면 코스피 지수가 하락하는 동안 한미반도체는 저점을 높이면서 상승하고 있는데, 이는 강력한 RS를 의미합니다.

[실전 차트 10-12] 한미반도체 일간차트

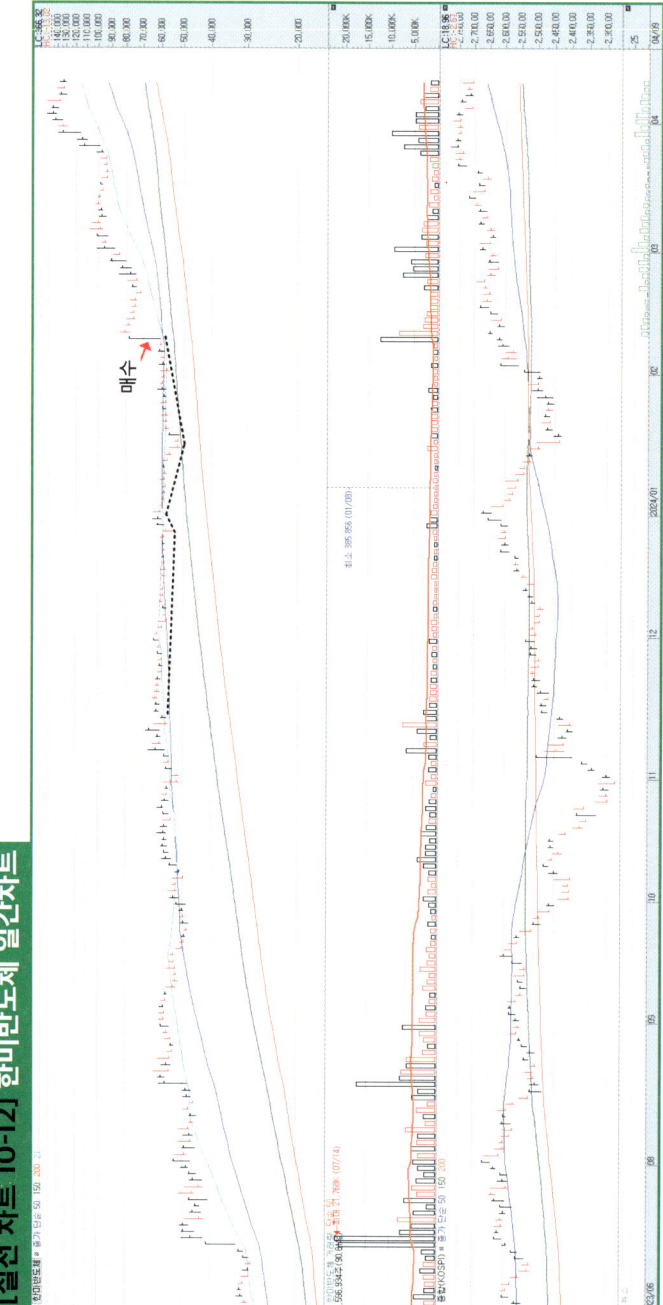

W 패턴을 돌파하였습니다.

[실전 차트 10-13] 와이씨켐 주간차트

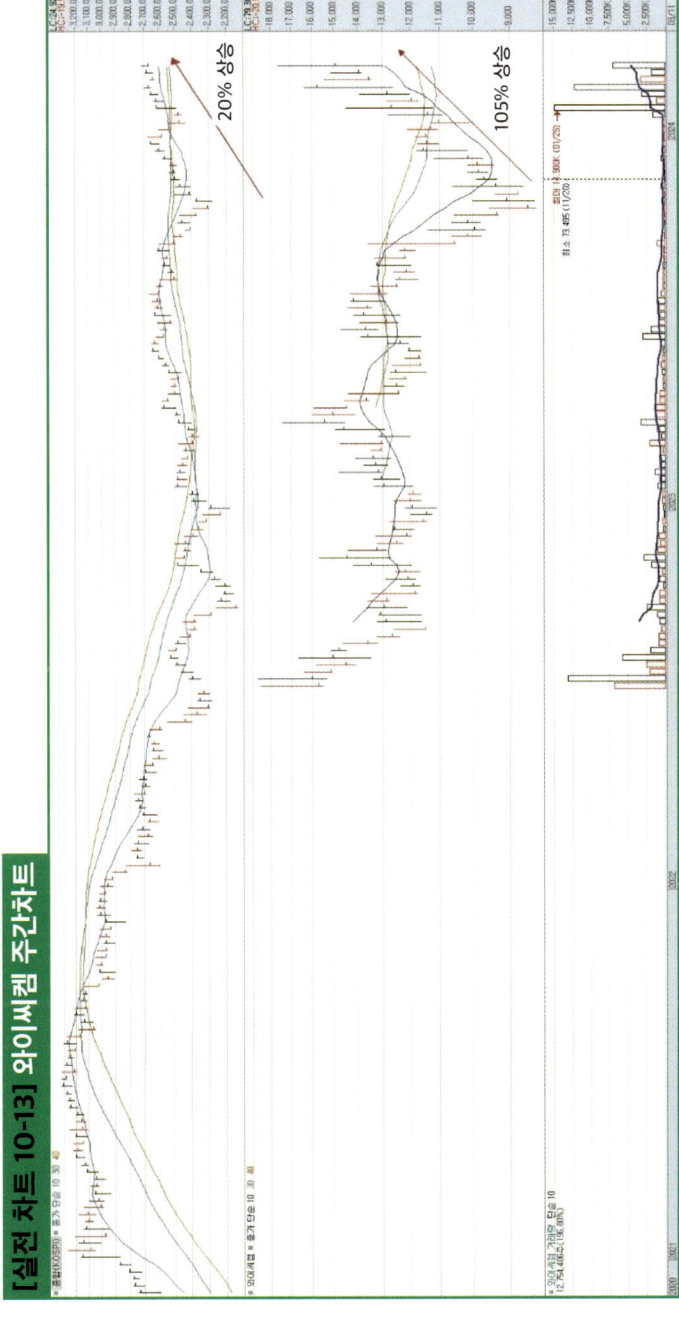

강력한 거래량을 동반하면서 105% 상승합니다. 이는 지수 대비 5배에 달하는 수치입니다. 강력한 거래량과 RS를 가진 종목들이 거래량을 줄이면서 변동성 감소패턴을 보일 때일 때가 매매 타이밍으로 잡아야 할 때입니다.

실전 차트 예제와 설정 **299**

[실전 차트 10-14] 와이씨켐 일간차트

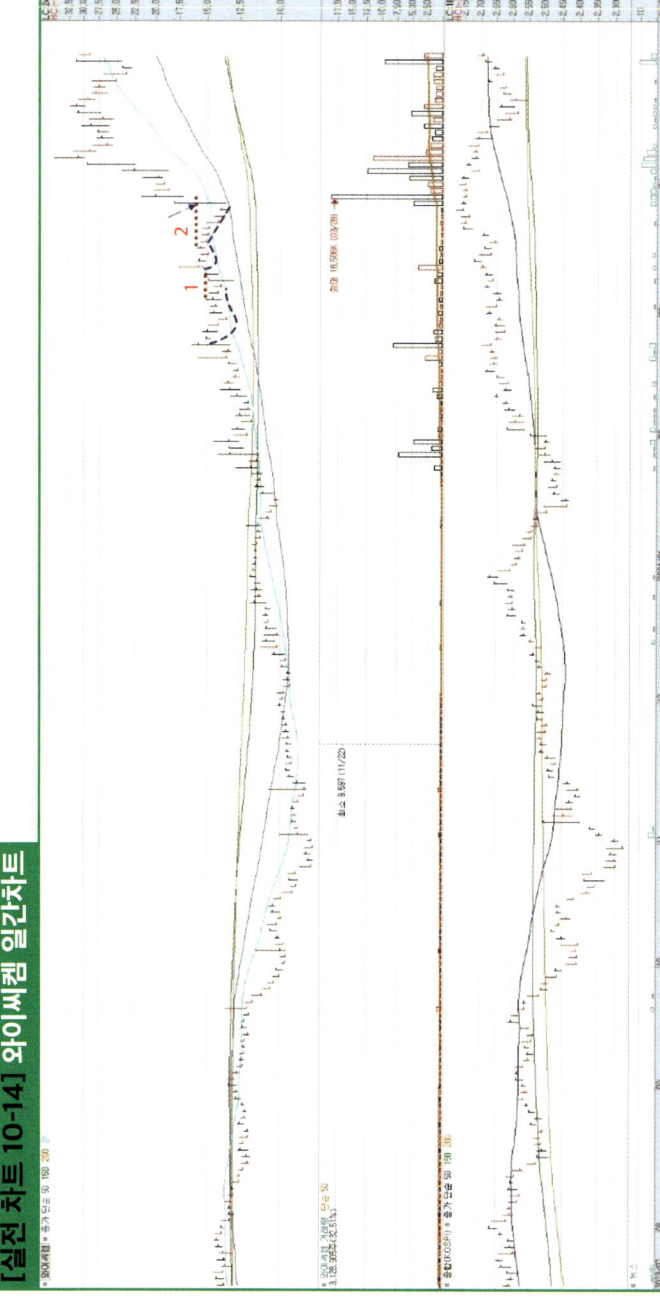

첫 번째 순장이가 달린 컵 패턴 돌파를 실패한 후 W 패턴을 형성합니다. 베이스 재형성이 나타난 것이며 이를 통해 섣부른 트레이더들이 떨궈지면 돌파 성공률은 더 높아집니다.

300 Chapter 10

[실전 차트 10-15] 주성엔지니어링 주간차트

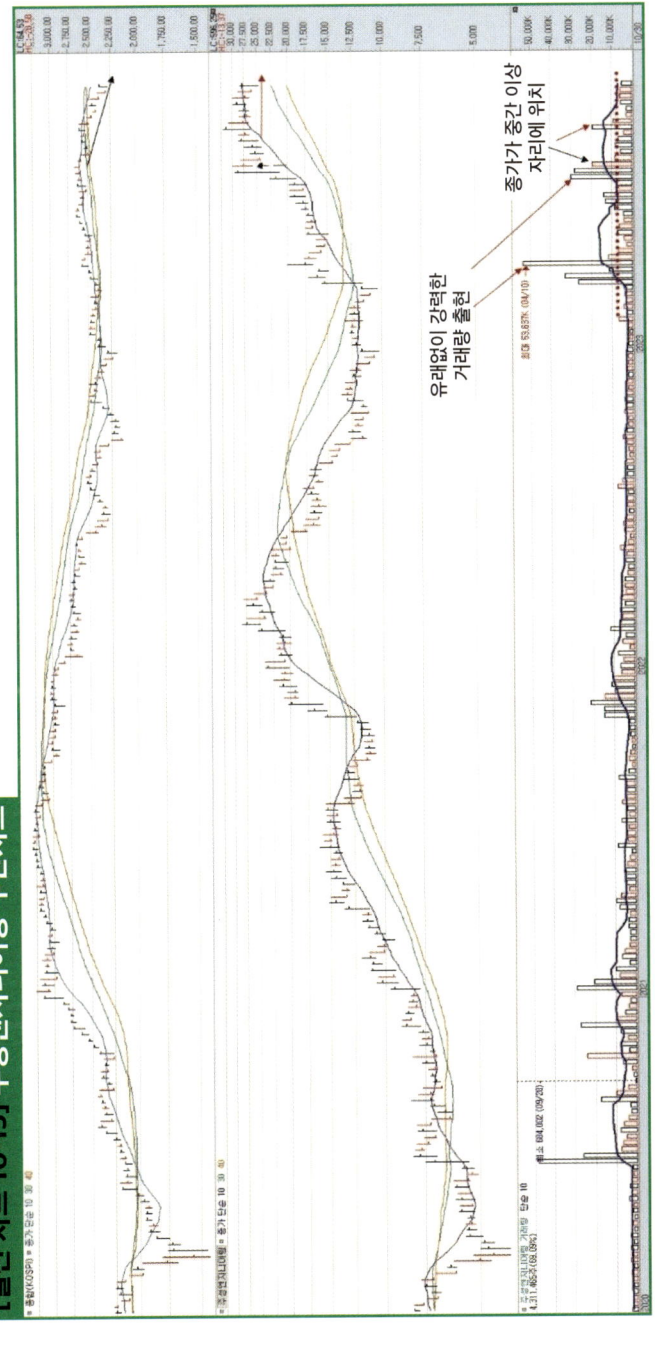

강력한 거래량을 동반한 유례 없는 가격 상승은 해당 종목을 좋게 본 기관 투자자들이 매수를 했다는 증거입니다. 특히 10월 말로 갈수록 지수가 하락해도 주가가 매우 견조하게 버티고 있는데, 이는 기관 투자자들이 시장 하락을 매수의 기회로 여겼다는 뜻입니다. 10주 이동평균선을 상회하는 큰 거래량이 나타나면 종가의 위치를 잘 살펴봐야 하는데, 중간 이상(Upper Half) 자리에 위치해 있다면 기관 투자자들이 주가의 하락을 매수의 기회로 삼았다는 증거로 볼 수 있습니다.

[실전 차트 10-16] 주성엔지니어링 일간차트

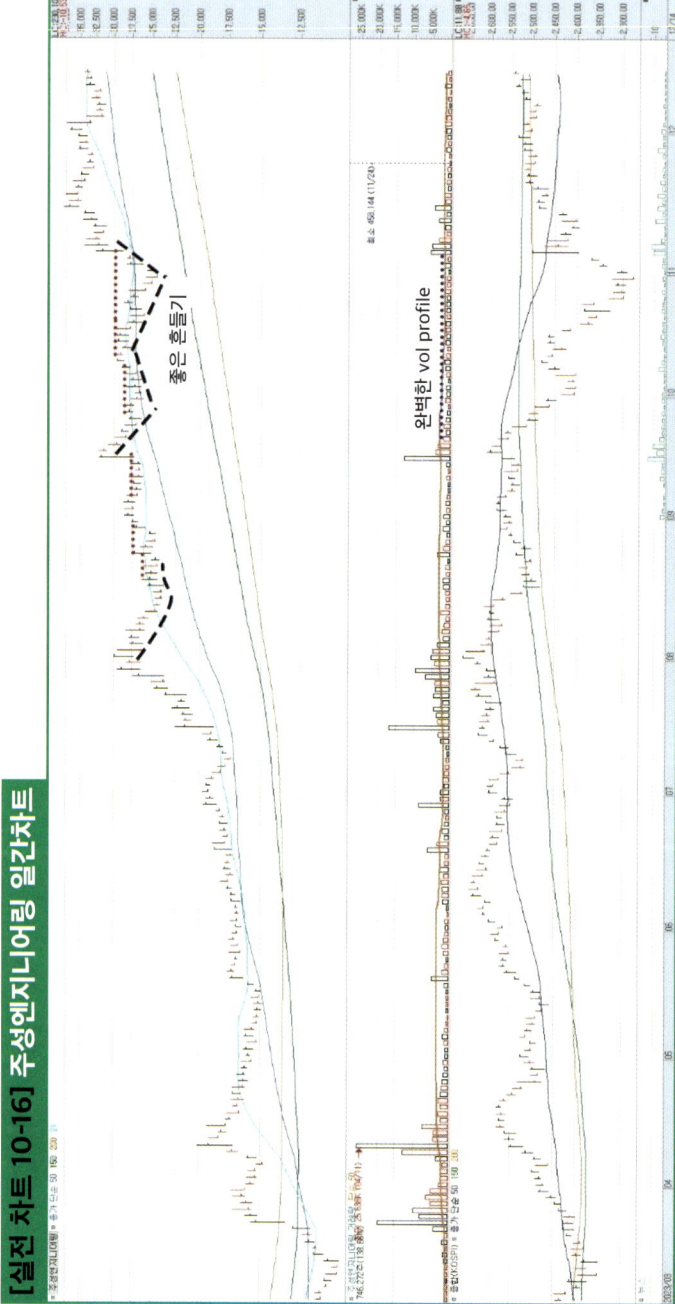

첫 번째 로우첫 패턴을 돌파한 후 코스피 지수가 하락하면서 돌파에 실패합니다. 이후 베이스 재형성을 통해 새로운 베이스를 만들고 W 패턴으로 돌파합니다.

[실전 차트 10-17] 티에스이 주간차트

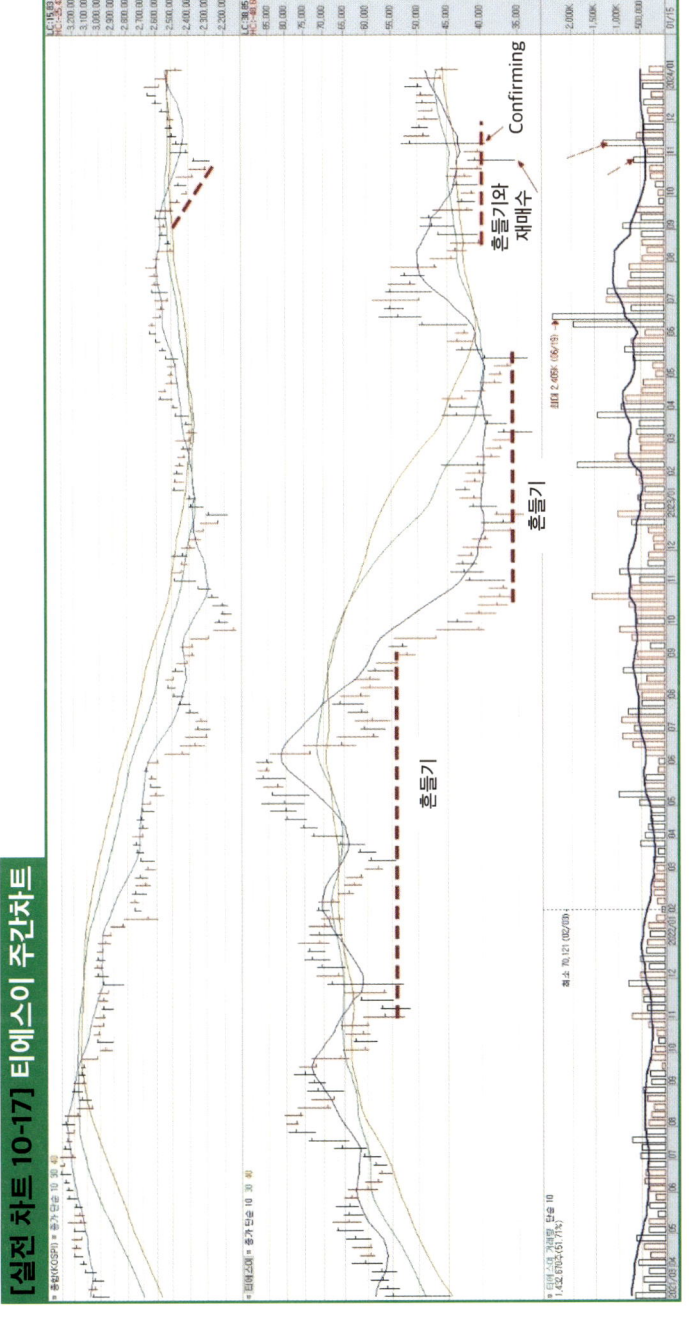

주간차트의 교과서와도 같은 좋은 예제입니다. 여러 번의 흔들기가 진행되면서 섬약한 트레이더들을 모두 떨구어 낸 후 베이스를 길게 형성합니다. 베이스를 형성하면서도 흔들기가 진행되다가 재매수(Buyback)하는 과정이 여러 번 나타납니다. 투자자들에게 절망을 안겨주는 현상이 많이 나타날수록 독파에 크게 성공할 확률이 높아집니다.

[실전 차트 10-18] 티에스이 일간차트

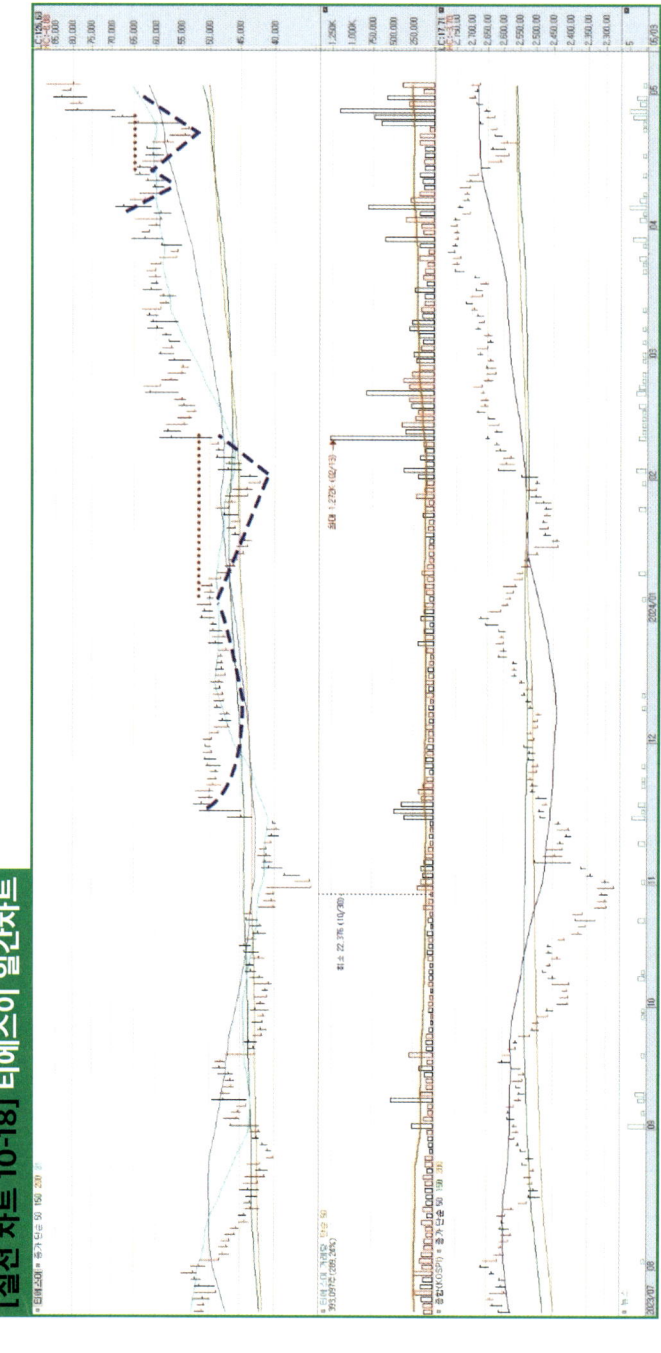

손잡이가 달린 컵 패턴이 W 패턴으로 바뀌는 이유는 코스피나 코스닥 지수가 하락했기 때문입니다. 해당 차트는 두 번의 지수 하락을 겪으며 손잡이가 달린 컵 패턴이 W 패턴으로 바꿨습니다. 특히 두 번째 W 패턴의 경우 두 번째 다리(2nd Leg)가 전 저점을 하회하는데, 이때 거래량이 50일 이동평균선 아래로 떨어지며 말라 버립니다. 매우 좋은 신호라고 할 수 있습니다.

[실전 차트 10-19] 피에스케이홀딩스 주간차트

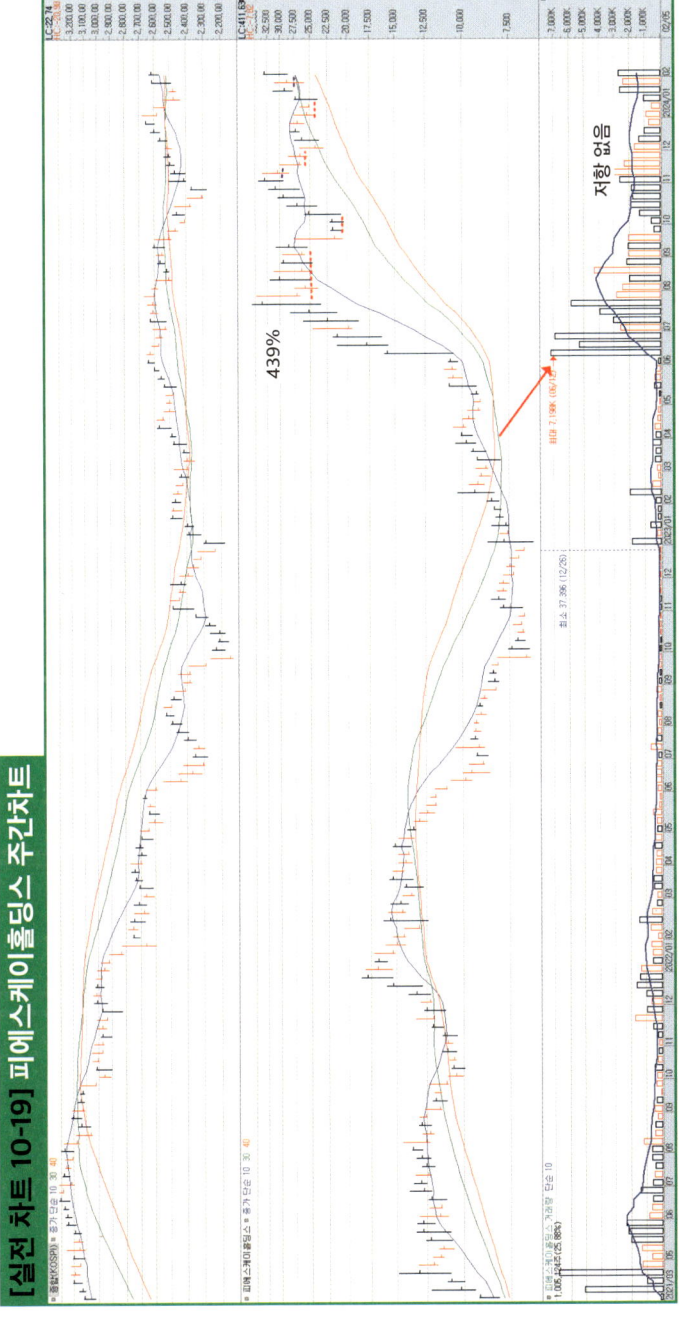

강력한 거래량과 439%의 급격한 상승세를 보이며 다섯 번의 타이트 플로즈가 발생합니다. 종가의 차이가 1% 이내로 나타나며 기관 투자자들이 매수를 한 흔적이라고 볼 수 있습니다. 10주 이동평균선 위로 튀어 나온 거래량들이 가격 종가가 전부 가격 상단(Upper Half)에 위치해 있는데, 가격이 상승하면 거래량도 상승하고 하락하면 거래량도 하락하는 교과서적인 현상입니다. 저항이 없다는 것(No Violation)은 가격과 거래량 규칙이 잘 지켜진다는 뜻입니다.

[실전 차트 10-20] 피에스케이홀딩스 일간차트

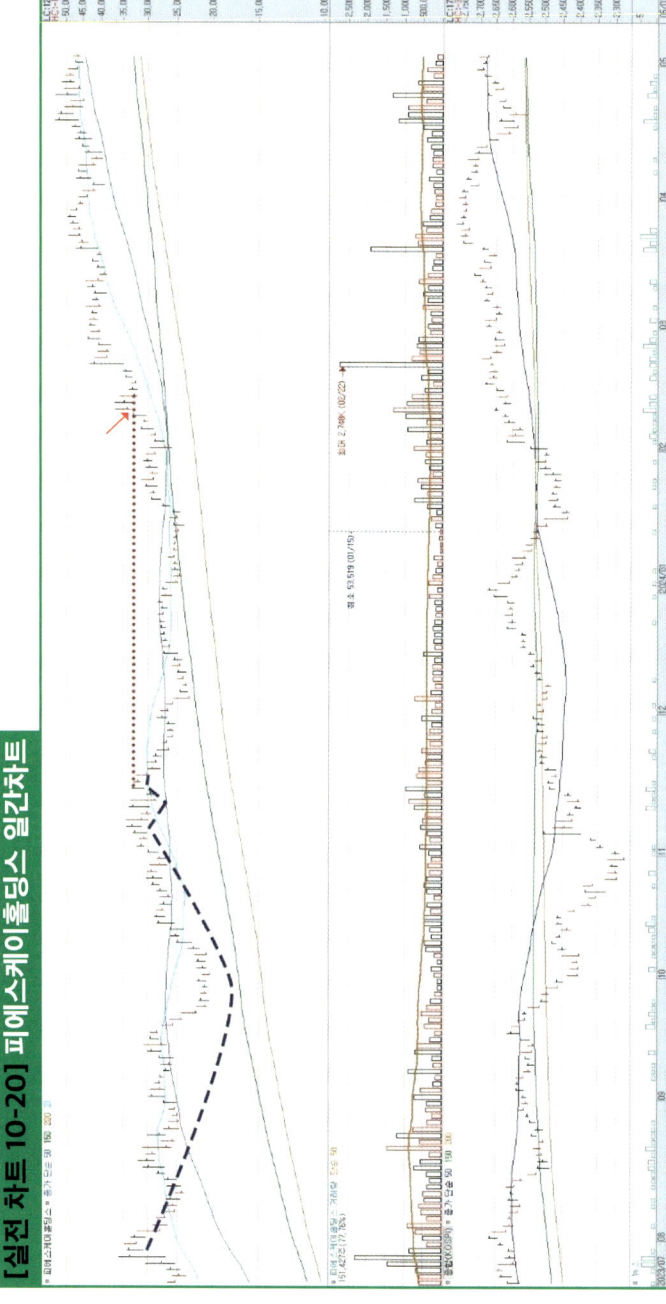

Long W 패턴, 손잡이가 달린 컵 패턴을 형성하고 약 4개월 뒤 W 패턴으로 돌파합니다. 차트 내 화살표로 표시된 부분이 매수 타점입니다.

306 Chapter 10

[실전 차트 10-21] 유진테크 주간차트

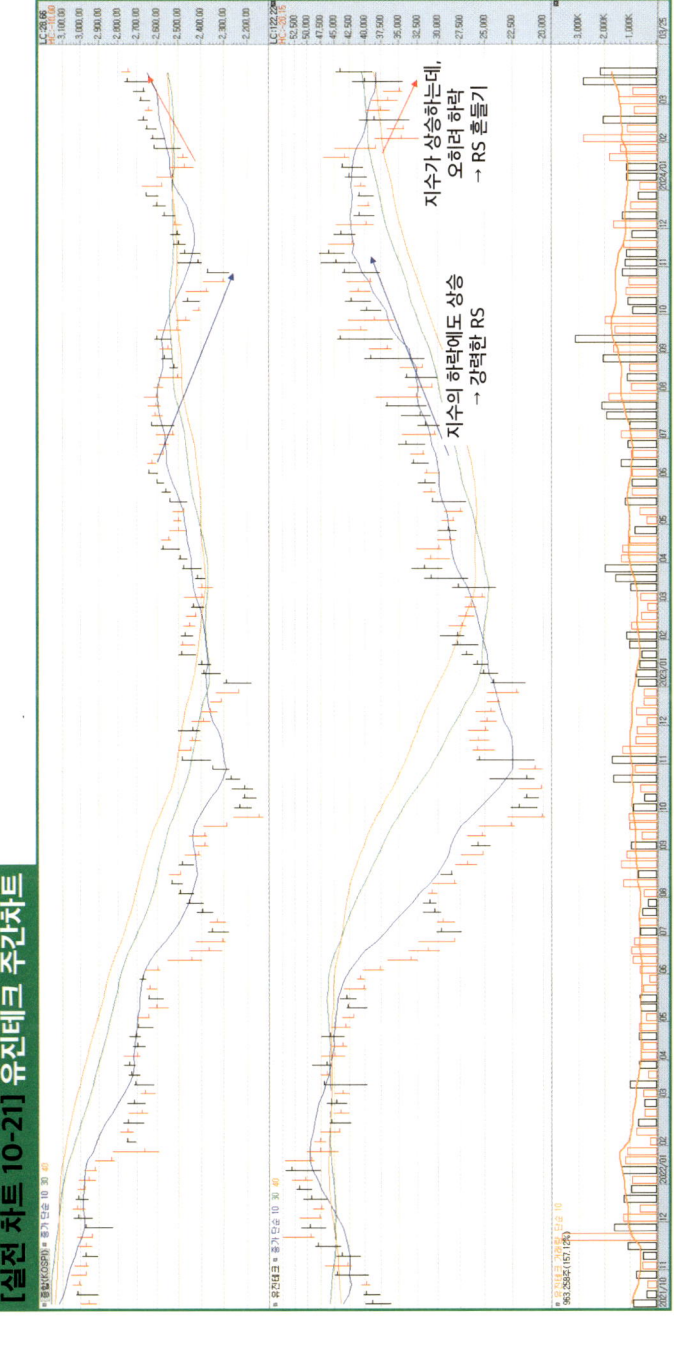

코스피 지수가 하락함에도 불구하고 오히려 상승세를 보이며 강력한 매수량이 나타납니다. 이후 지수가 반등하자 이번에는 하락세를 띠는데, 이를 RS 흔들기라고 합니다. 이때 해당 종목에 기대들 걸었던 트레이더들이 관심종목에서 제외하기 시작하는데, 트레이더들의 관심이 사라지면 다시 빠르게 반등합니다. 지수가 하락해도 강력한 상승세를 보였던 종목이 RS가 약해졌다고 해서 관심종목에서 제하면 안 됩니다.

실전 차트 예제와 설정 **307**

[실전 차트 10-22] 유진테크 일간차트

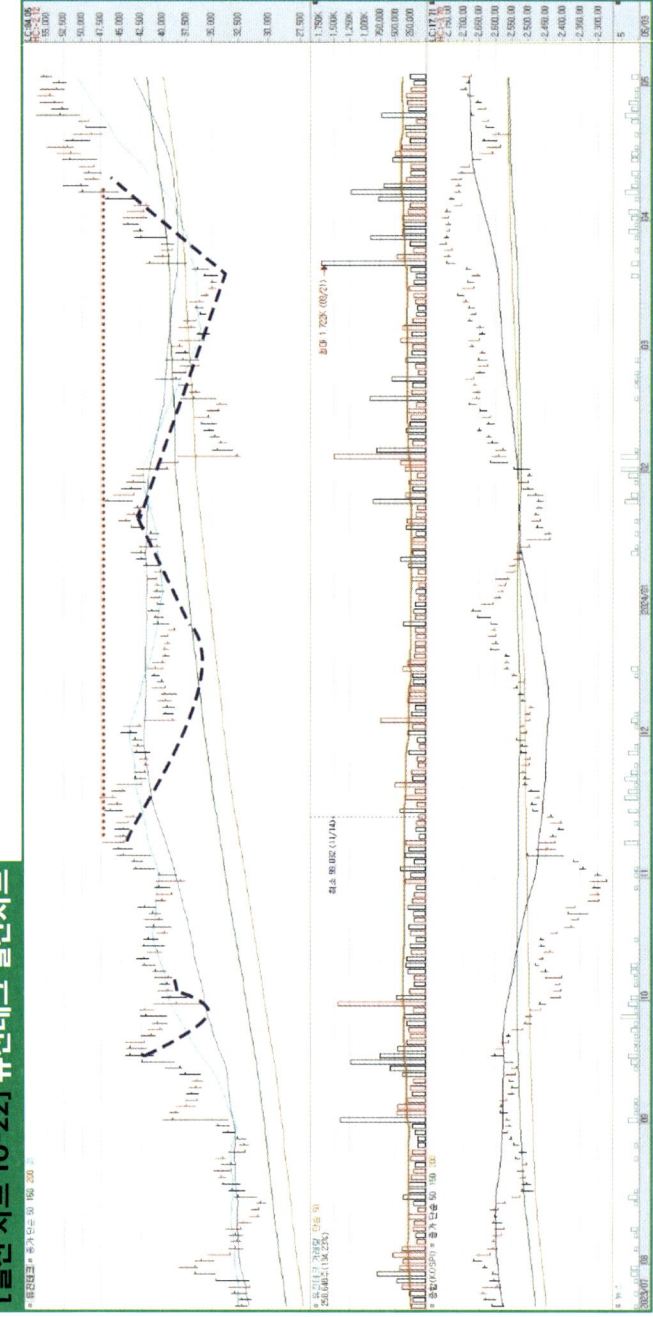

2023년 11월에 형성된 손잡이를 2024년 4월에 돌파합니다. 이처럼 한 번 형성된 피봇은 오랜 기간 재매수의 기회를 제공합니다.

[실전 차트 10-23] 제우스 주간차트

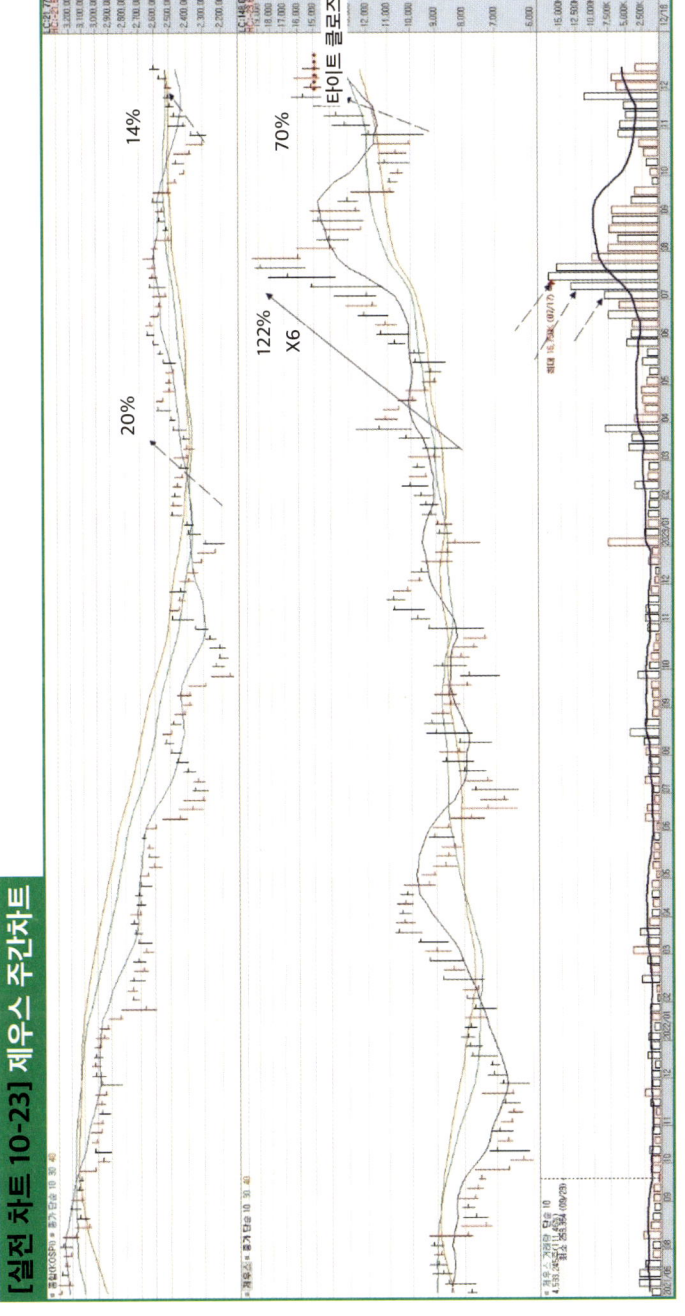

코스피 지수가 20% 상승하는 동안 제우스는 122%, 약 6배 이상 상승합니다. 두 번째 상승기에서도 코스피 지수가 14% 상승하는 동안 제우스는 70% 상승합니다. 강력한 RS를 일관적으로 유지한 예라고 볼 수 있습니다.

[실전 차트 10-24] 제우스 일간차트

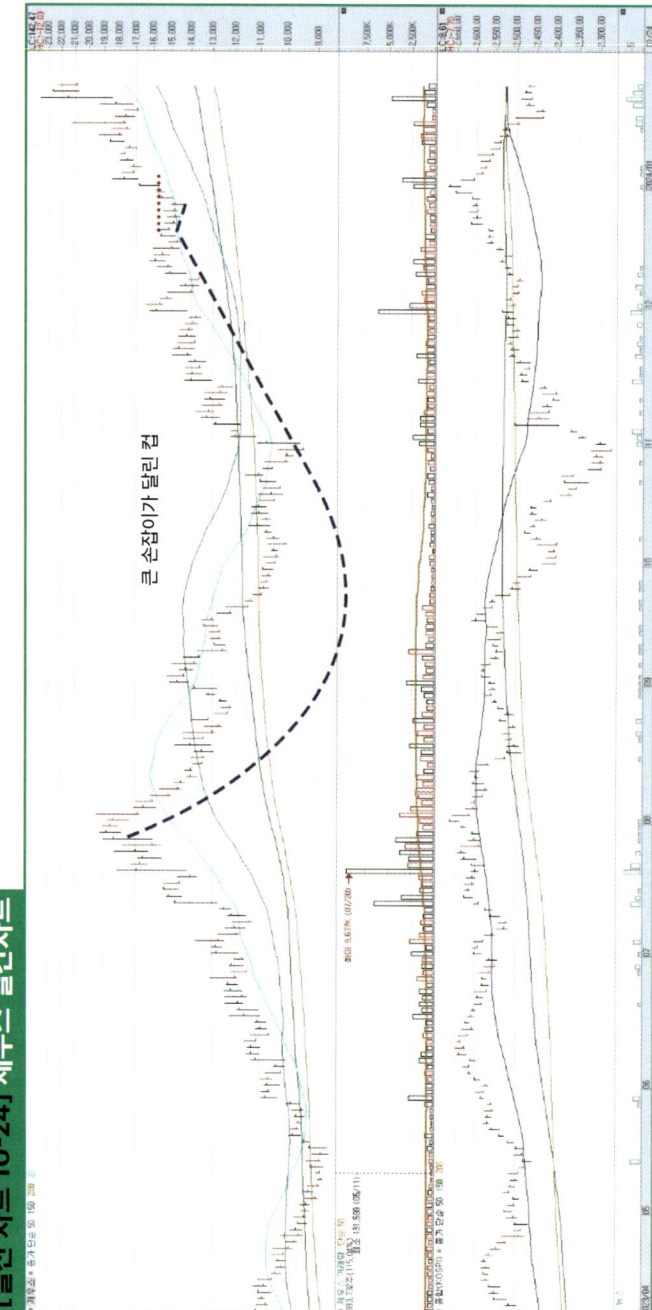

베이스구 급수록 돌파 성공률과 상승률이 높아집니다.

Chapter 10

[실전 차트 10-25] 휴온스글로벌 주간차트

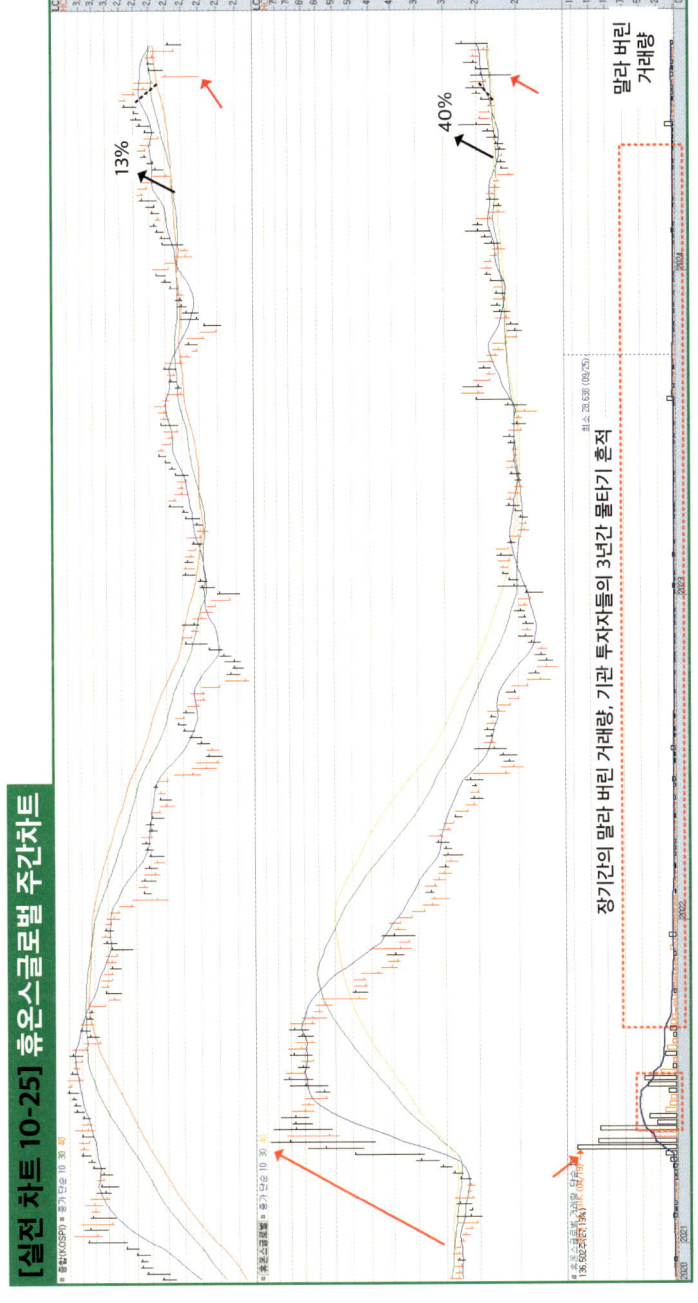

기관 투자자들의 집앙이 느껴지는 차트입니다. 특히 장기간 거래량이 말라 버린 채 긴 베이스를 형성한 종목은 더욱 강력한 상승세를 보이는 경우가 대부분입니다. 2024년부터 시장 대비 약 3배가량인 40%의 상승세를 보인 것도 좋은 신호라고 할 수 있습니다. 차트 우측 끝이 빨간색 화살표를 보면 시장이 하락함에도 불구하고 종가가 상단에 위치해 있으므로, 기관 투자자들이 시장의 매수의 기회로 삼았다는 증거가 됩니다.

[실전 차트 10-26] 휴온스글로벌 일간차트

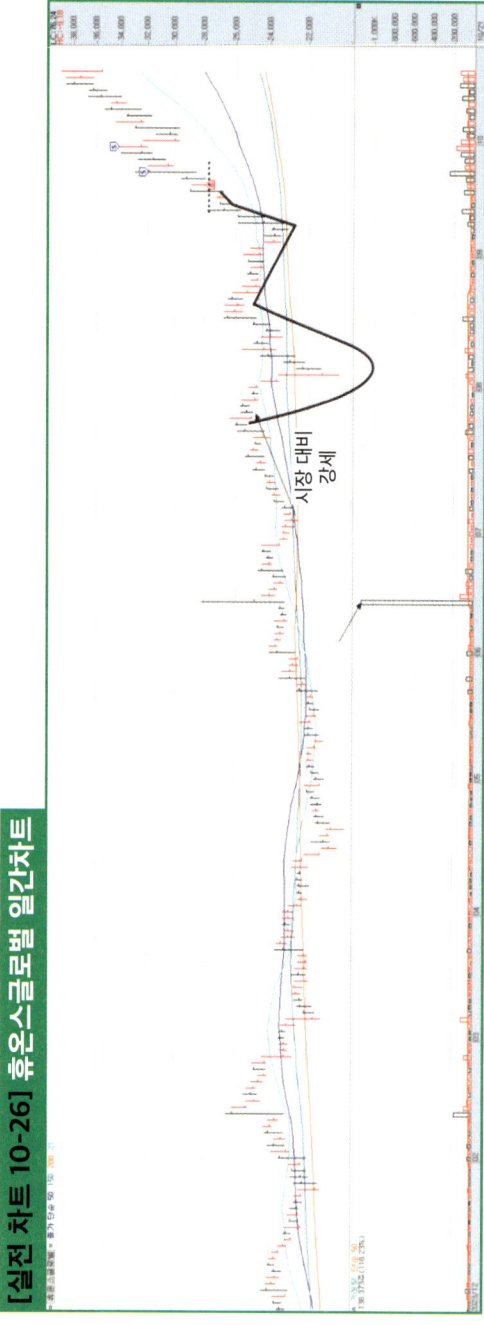

매수 지점으로부터 15% 이상 주가가 상승하는 경우 거래량의 1/3을 매도하는데, 손절 라인을 보전(매수가)까지 끌어올리거나 -4%로 잡을 경우 절대 손실이 나지 않습니다. 이를 무위험 보유 전략(Free Roll)이라고 부릅니다.

[실전 차트 10-27] 보로노이 주간차트

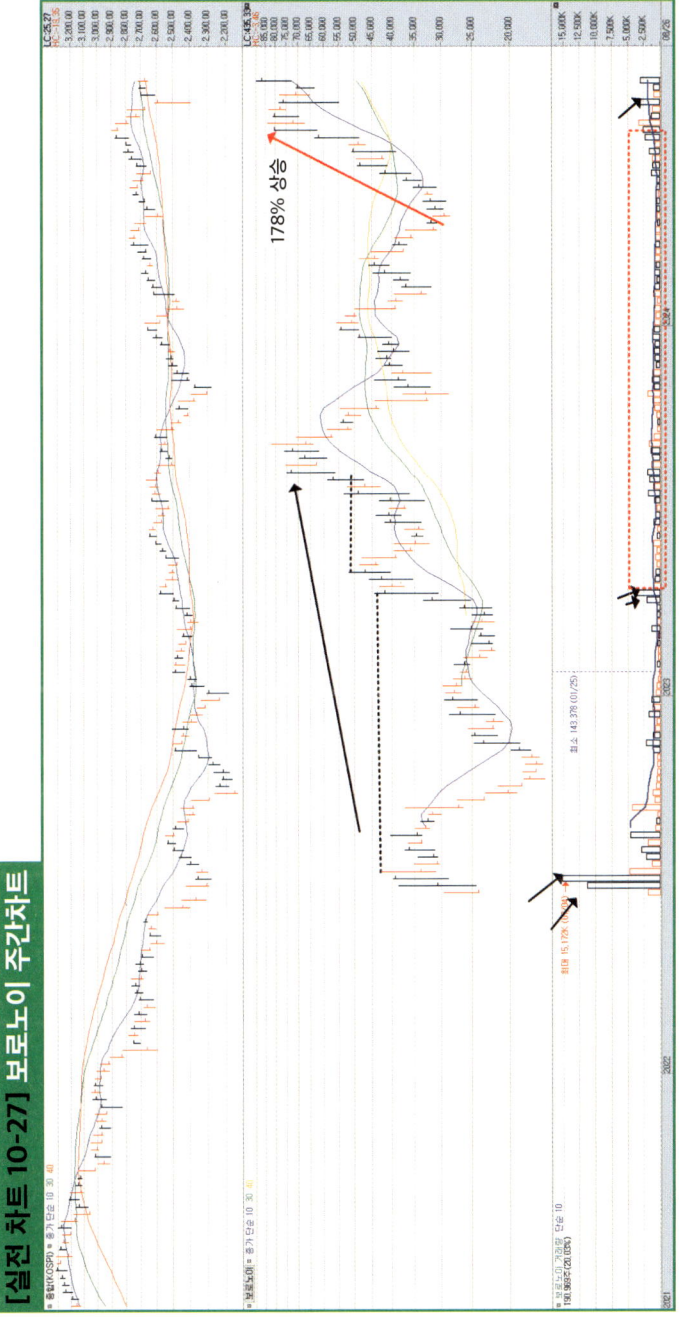

초기에 강력한 거래량을 동반하며 상승한 후 거래량이 마른 채로 큰 베이스를 형성합니다. 이후 하반기에 178%의 강력한 상승세를 보입니다.

[실전 차트 10-28] 보로노이 일간차트

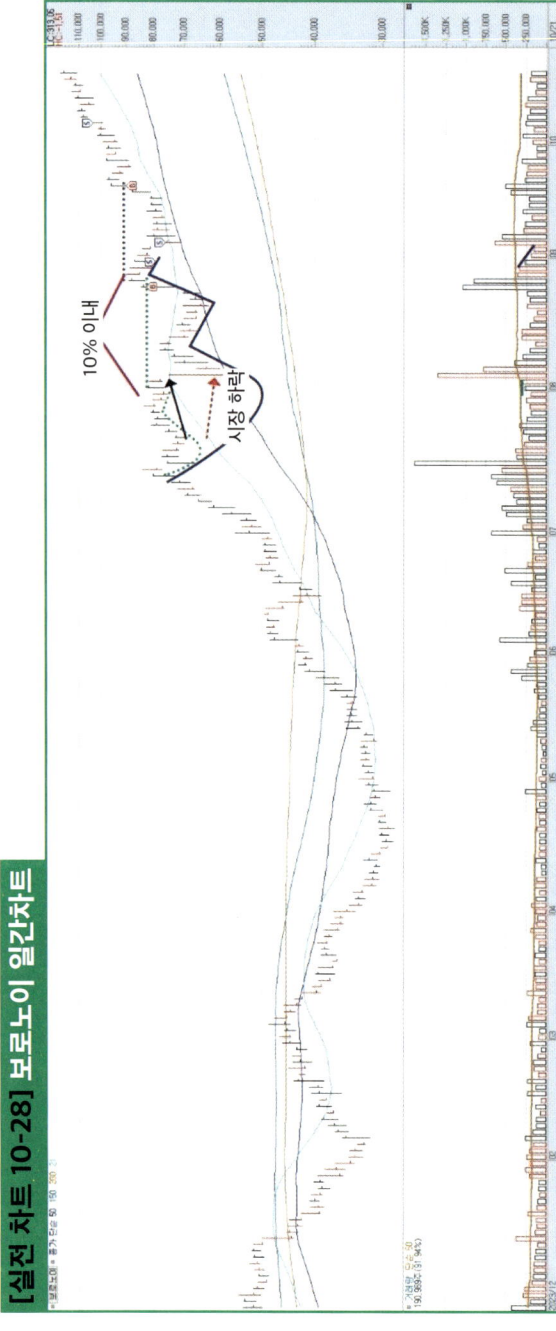

시장이 하락하면서 1차 돌파가 주춤한 상태입니다. 새롭게 형성된 베이스는 기존 베이스에 비해 10% 이상 상승하지 않았는데(베이스은 베이스 조건인 20% 이내에 부합), 이 경우 기존 베이스의 주 수를 그대로 가져와 매수에 반영시킨 것입니다.

[실전 차트 10-29] 한올바이오파마 주간차트

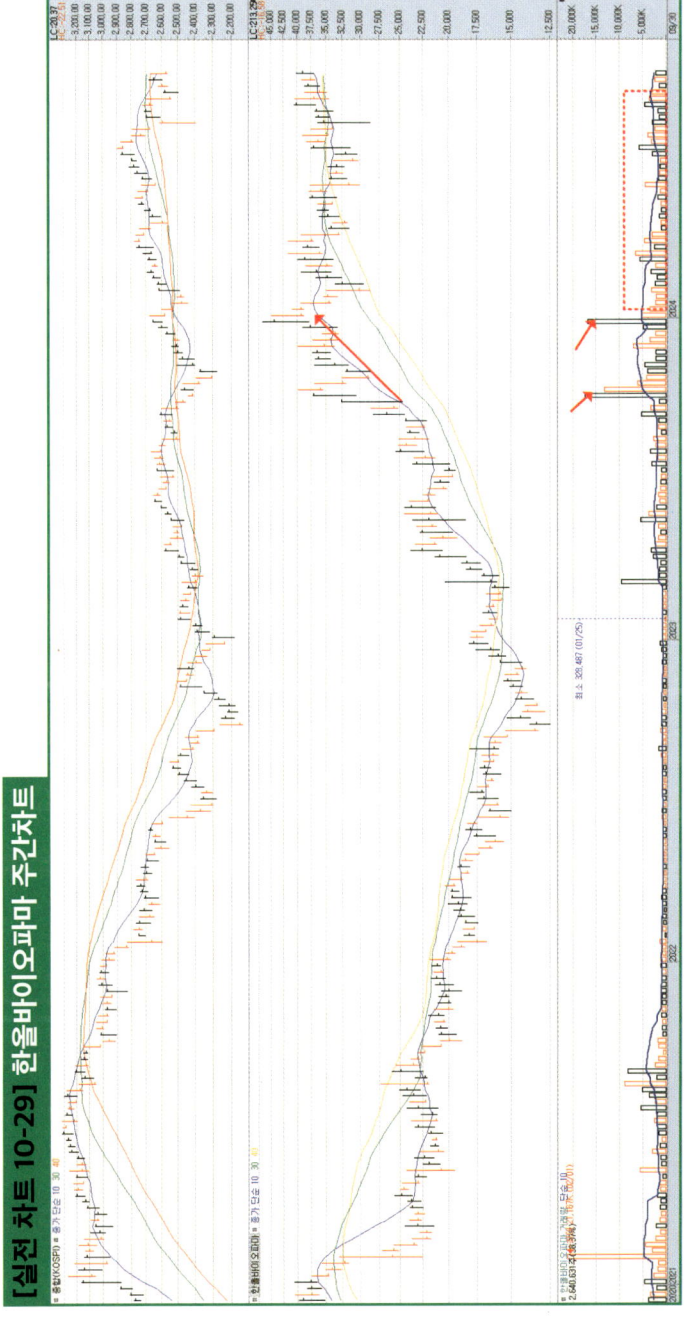

강력한 RS가 나타난 후 베이스를 형성합니다. 베이스 형성기의 거래량을 살펴보면 베이스 우측으로 갈수록 상승 거래량은 증가하고 하락 거래량은 감소하는 긍정적인 신호를 찾을 수 있습니다.

[실전 차트 10-30] 한올바이오파마 일간차트

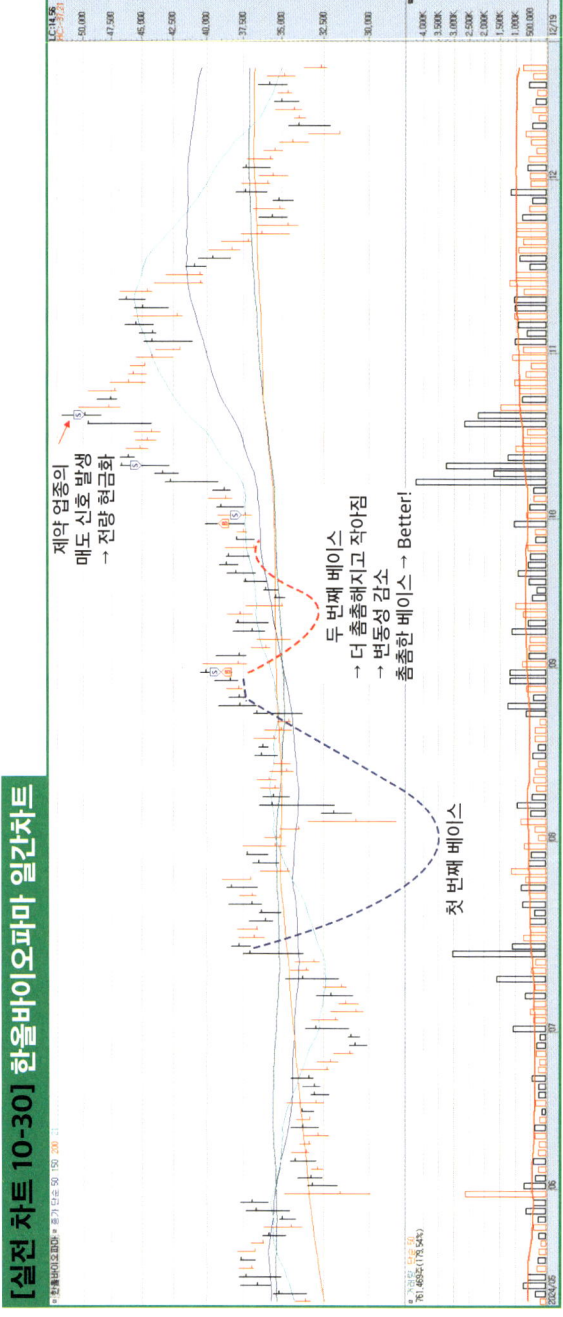

첫 번째 매수가 실패한 후 손잡이가 재형성되었으며 이를 돌파해 매수에 성공하였습니다. 두 번째 손잡이에서는 이동평균선이 정배열 되었습니다.

[실전 차트 10-31] 샤페론 일간차트

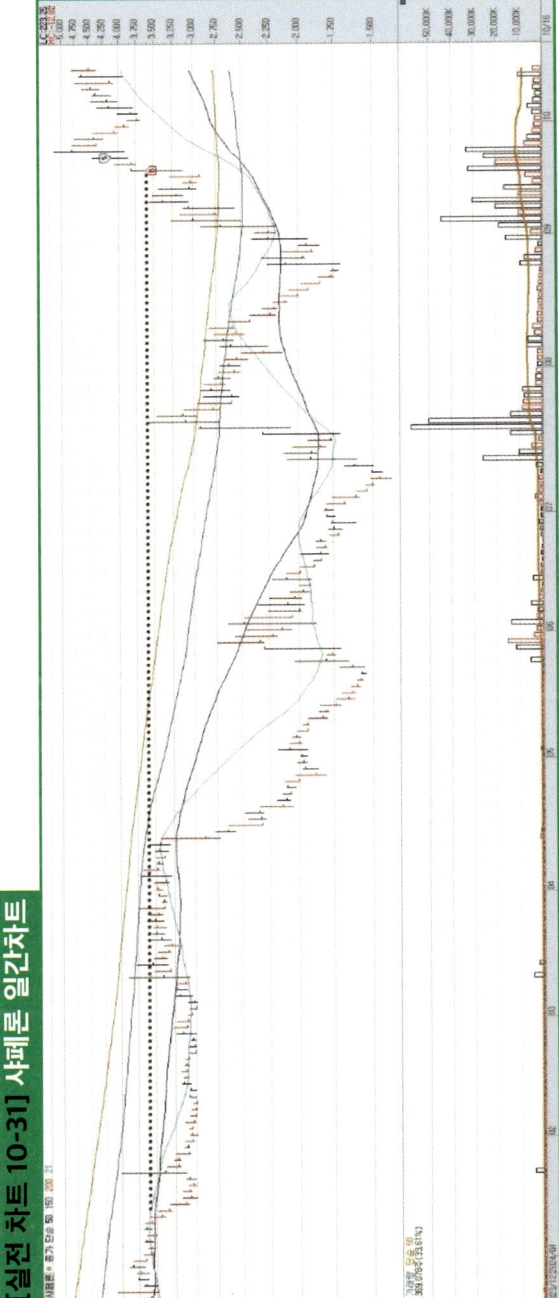

그냥 선을 그어 전략이 적용되었습니다. 거래량이 터진 가격대를 이어 보면 확인이 가능합니다.

실전 차트 예제와 설정

[실전 차트 10-32] 하이록코리아 주간차트

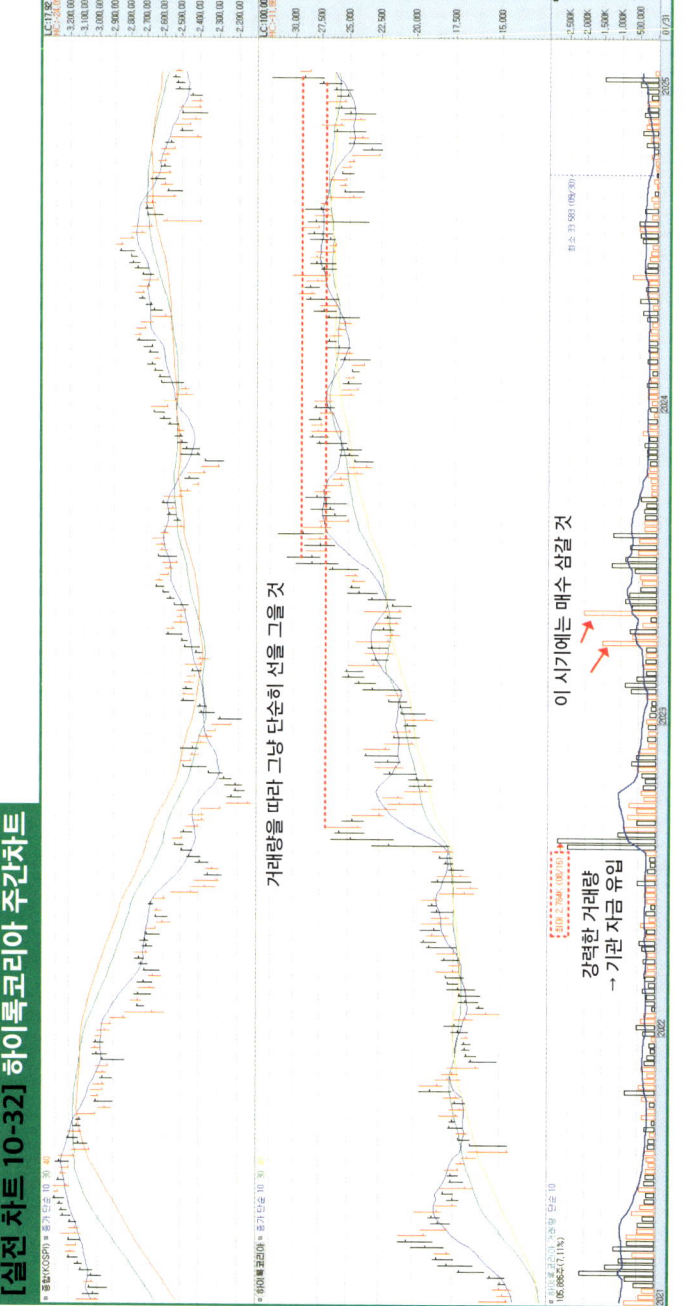

그냥 선을 그어 패턴이 나타납니다. 거래량이 크게 떨어진 시기에는 일정 기간 매수를 삼가해야 합니다.

[실전 차트 10-33] 하이록코리아 일간차트

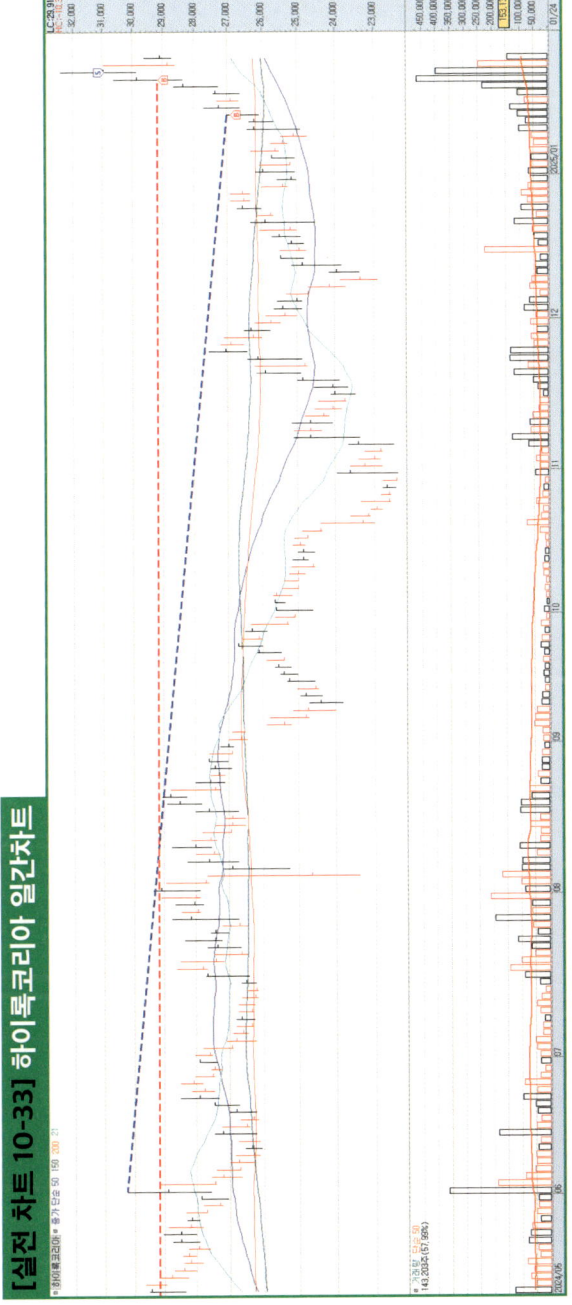

그냥 선을 그어 패턴이 경우 이동평균선의 정배열, 50일선 위의 가격 형성과 같은 제한 조건을 고려할 필요가 없습니다. 그냥 선만 그으면 됩니다.

[실전 차트 10-34] 성광벤드 주간차트

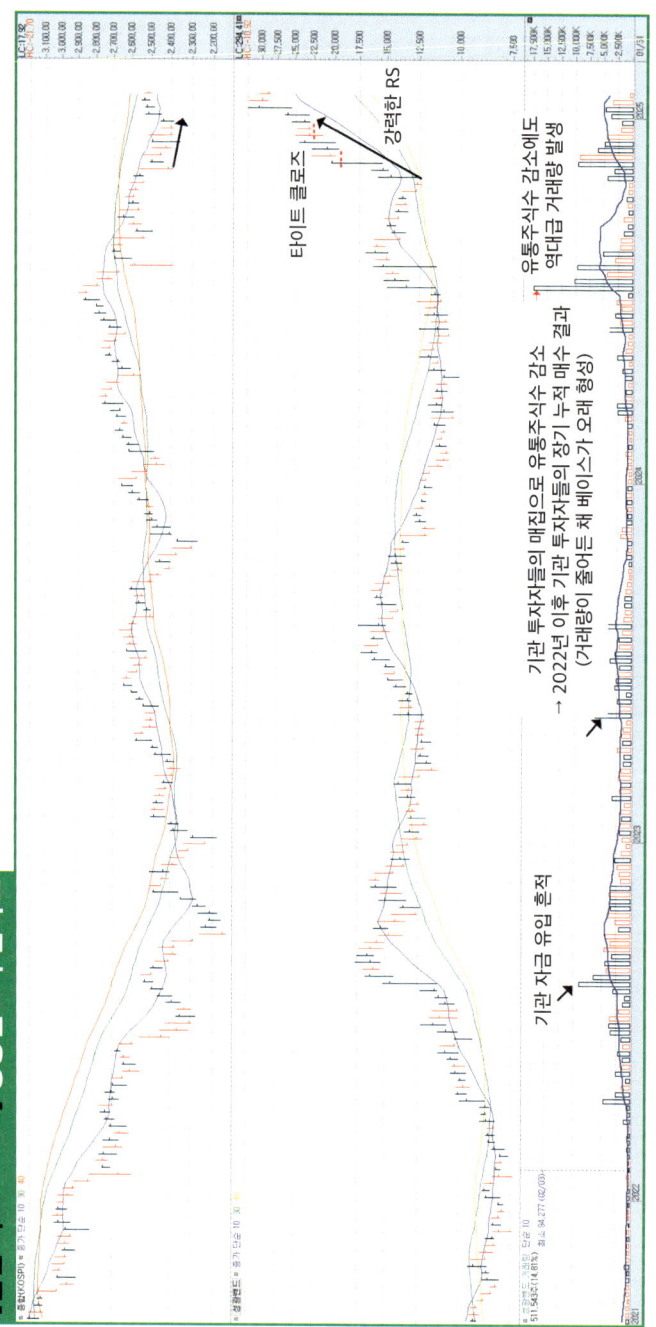

Chapter 10

[실전 차트 10-35] 성공밴드 일간차트

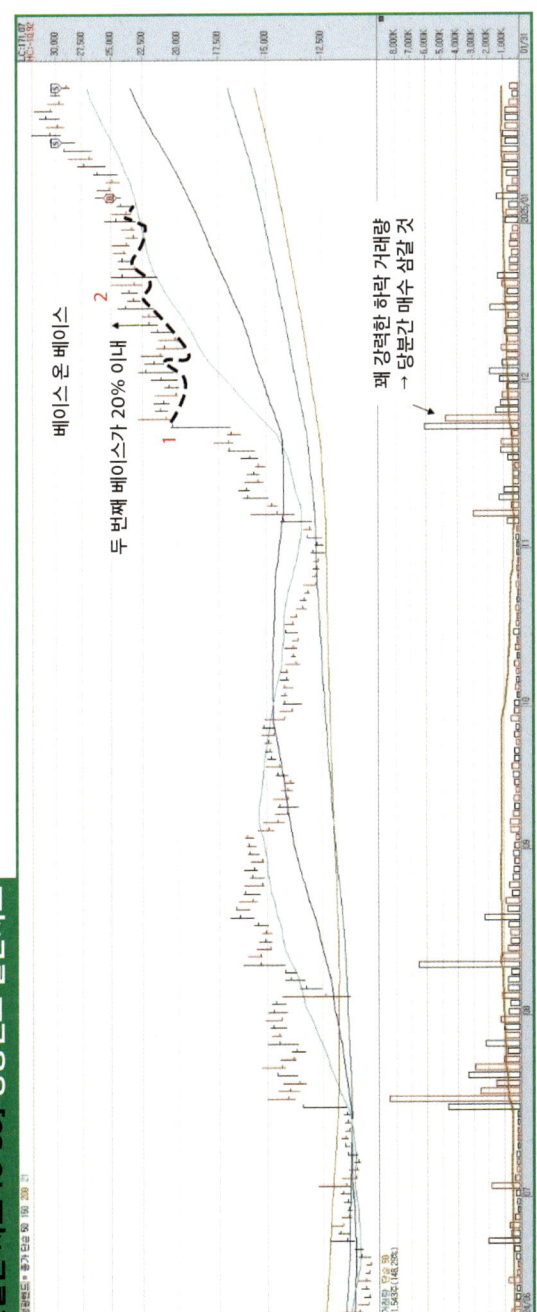

실전 차트 예제와 설정 **321**

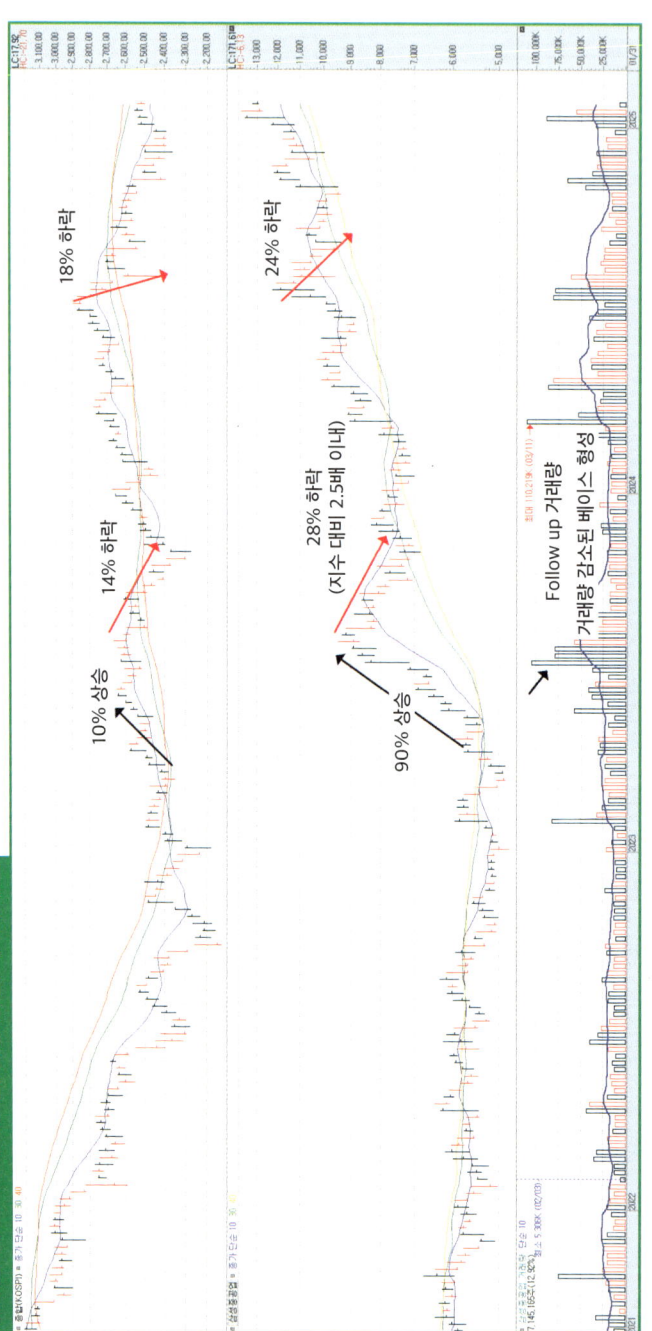

[실전 차트 10-36] 삼성중공업 주간차트

[실전 차트 10-37] 삼성중공업 일간차트

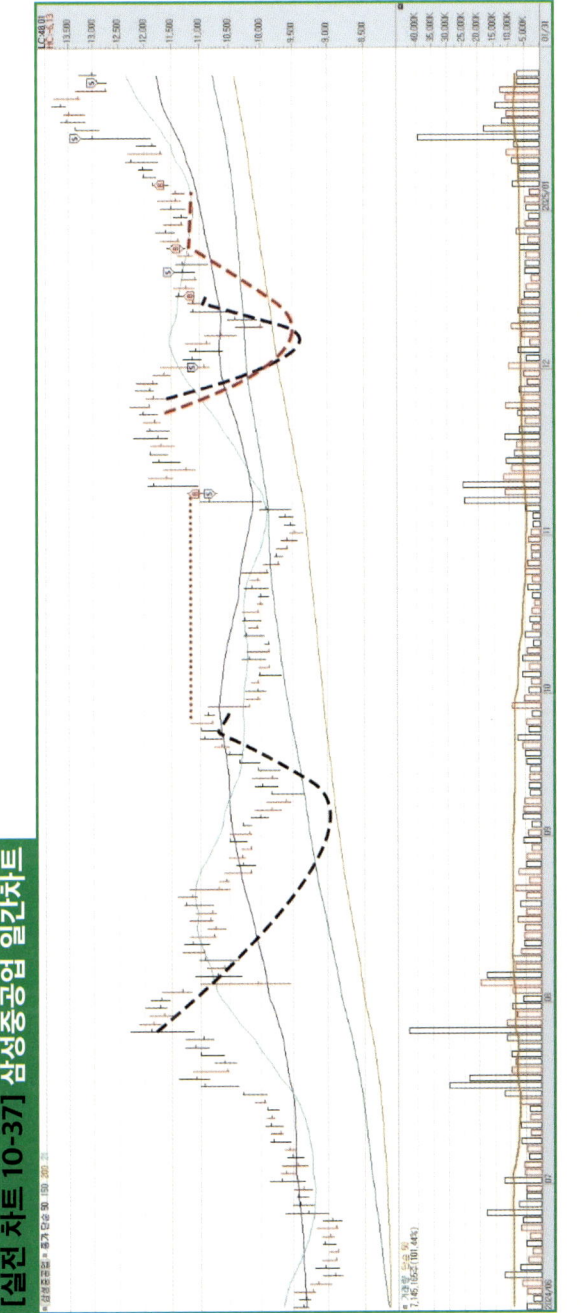

총 세 번의 베이스 재형성이 이루어진 후 최종 피봇(빨간색 점선이 손잡이가 달린 컵 패턴)이 형성되었습니다.

실전 차트 예제와 설정

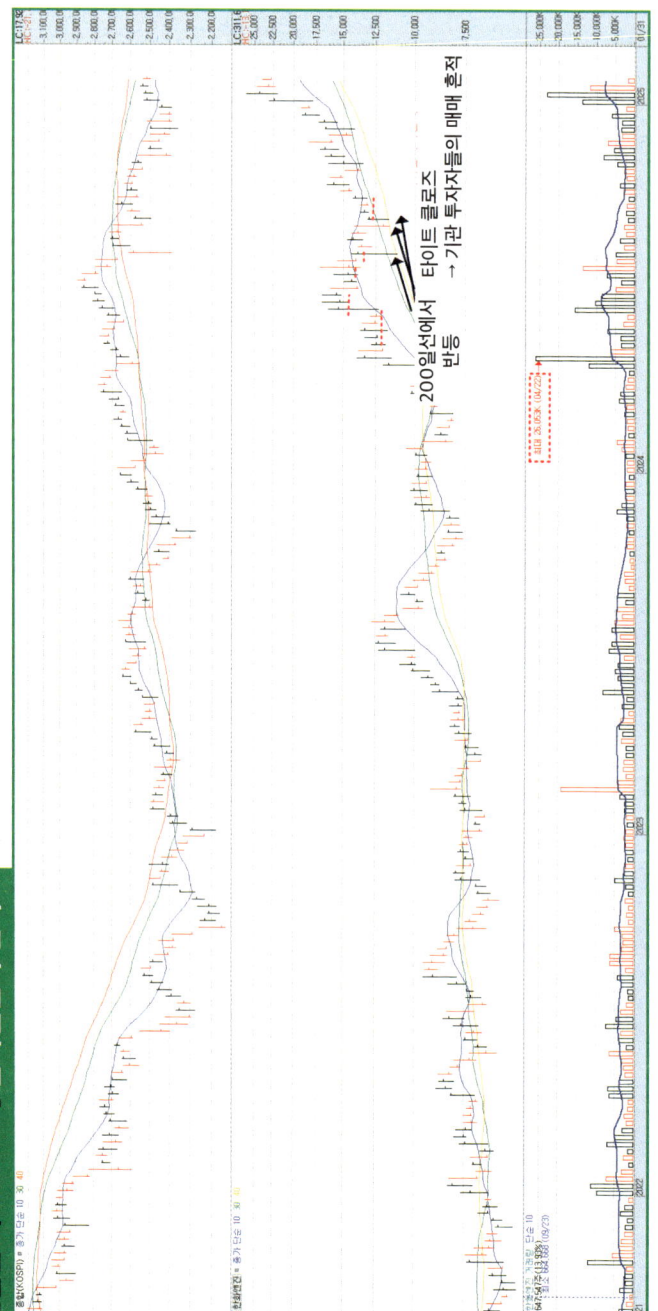

[실전 차트 10-38] 한화엔진 주간차트

324 Chapter 10

[실전 차트 10-39] 한화엔진 일간차트

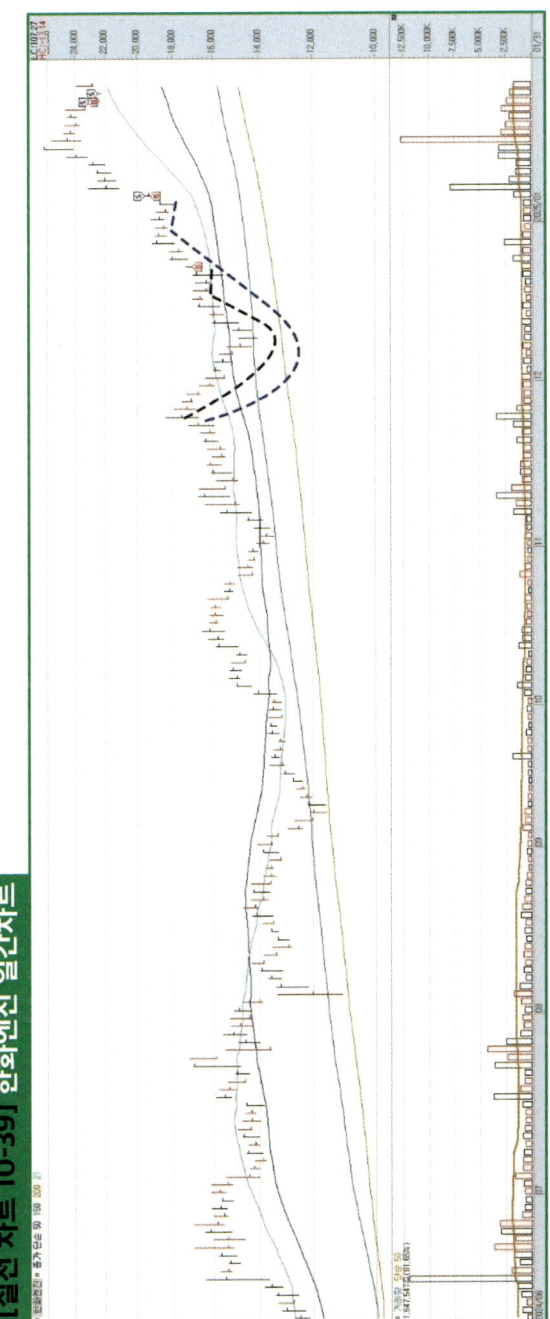

실전 차트 예제와 설정 **325**

[실전 차트 10-40] HD현대미포린솔루션 주간차트

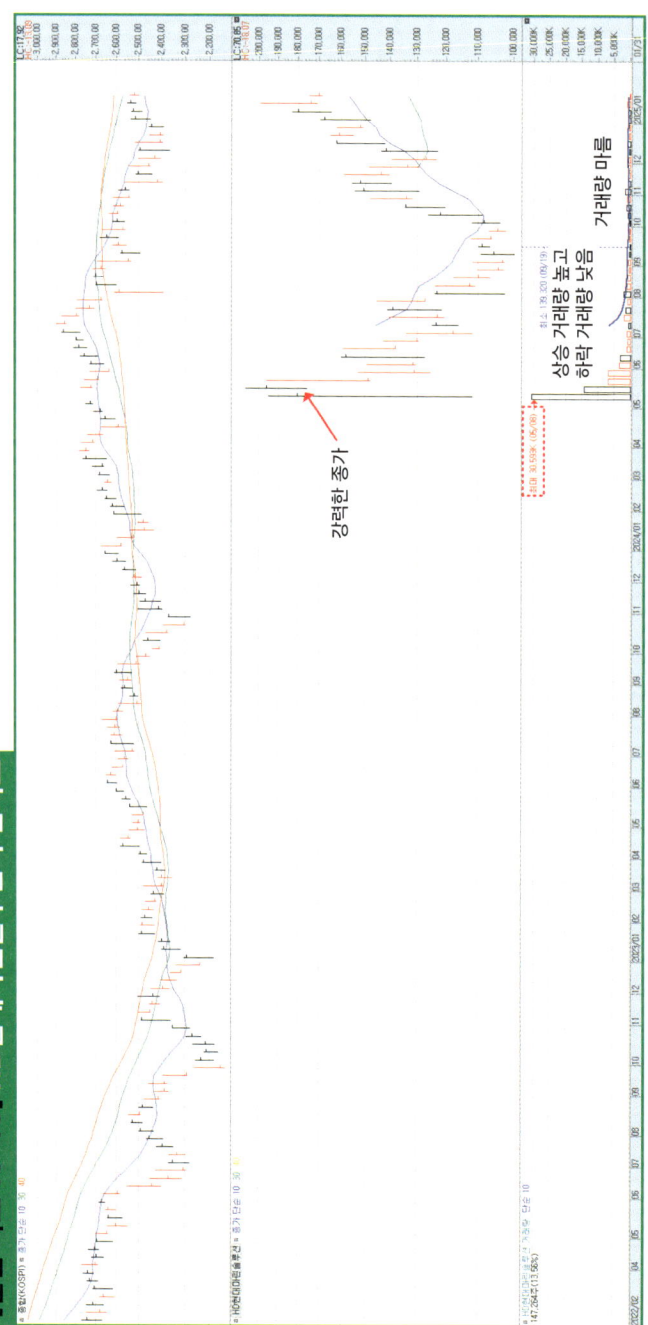

326 Chapter 10

[실전 차트 10-41] HD현대마린솔루션 일간차트

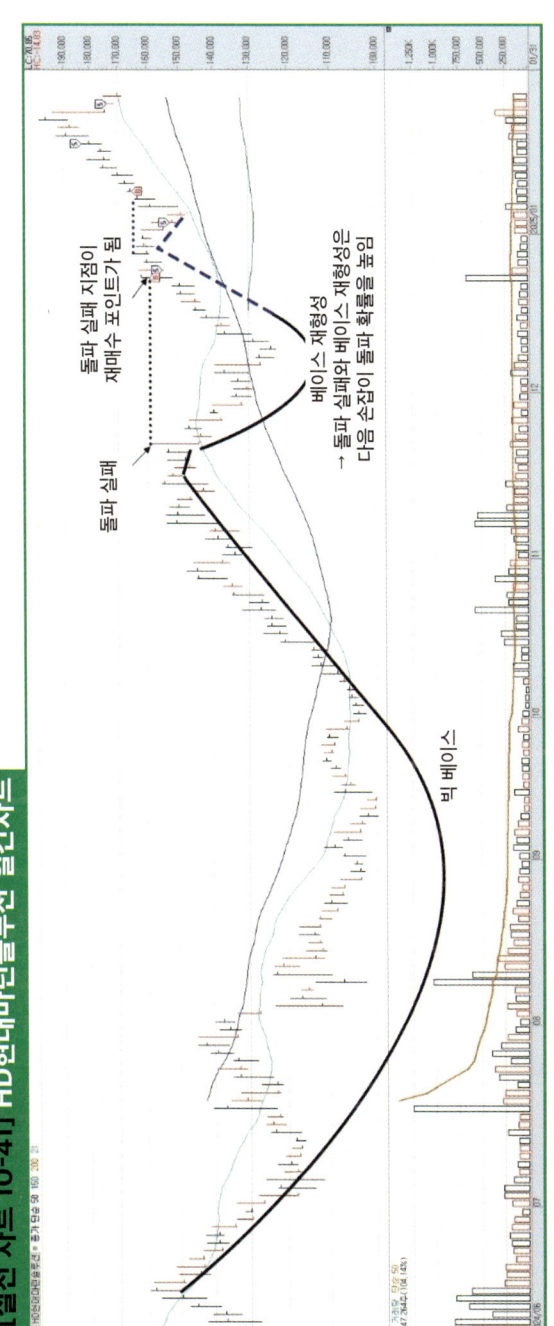

실전 차트 예제와 설정

[실전 차트 10-42] HD한국조선해양 주간차트

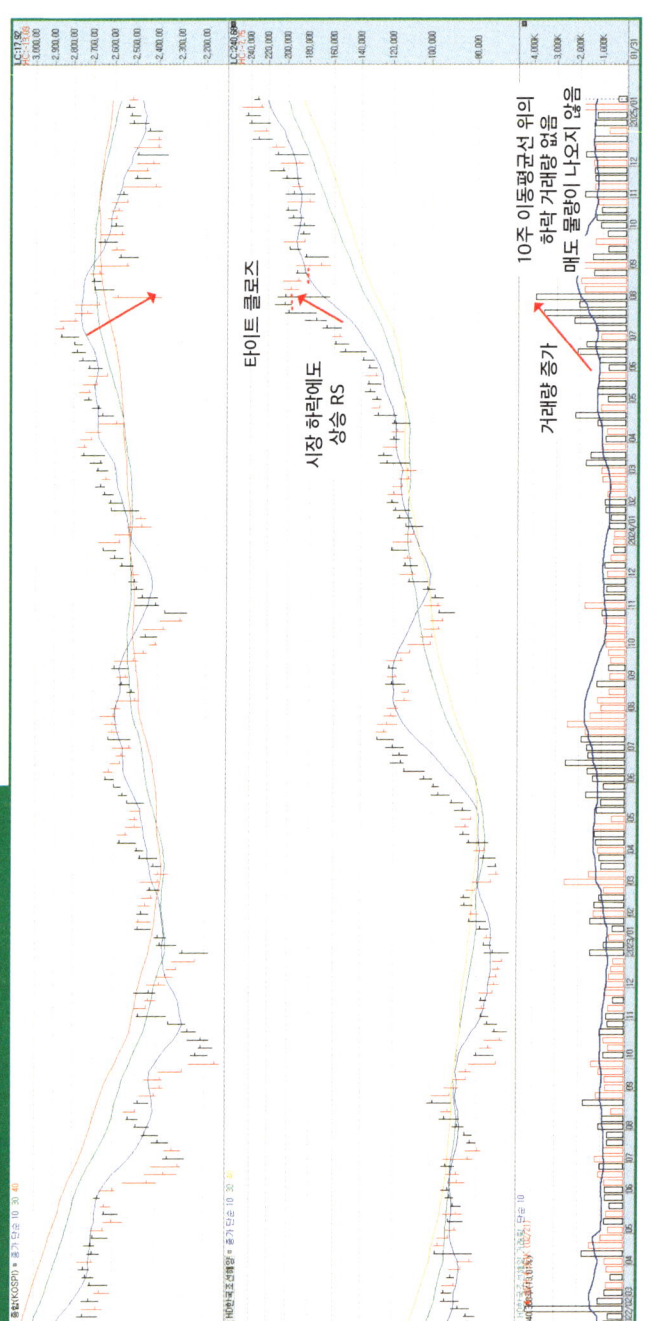

Chapter 10

[실전 차트 10-43] HD한국조선해양 일간차트

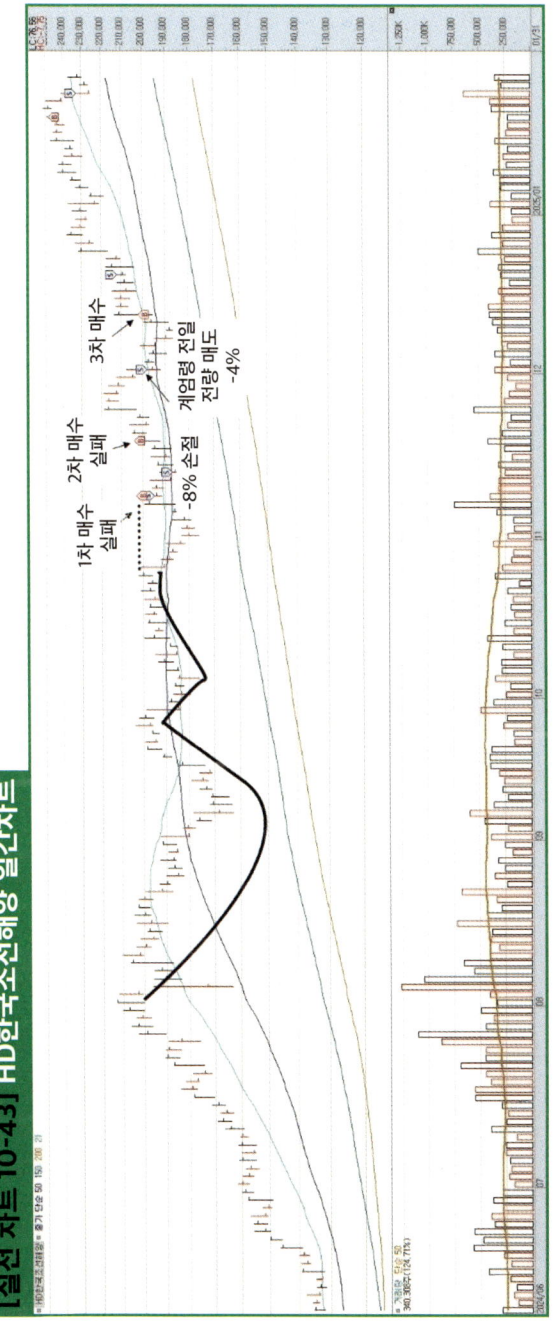

차트를 보면 톱 트레이더들이 돌파 성공률이 40%대입니다. 이 말은 우리가 매수하는 종목의 절반 이상은 손절을 겪게 된다는 뜻입니다. 그래서 손실은 짧게, 기대수익은 길게 가져가며 승률 40%로 돈을 버는 전략을 써야 합니다. 계엄령을 앞두고 시장은 돌파를 되돌리는 경향을 보였으며, 특히 2024년 12월 3일 계엄령 선포 전날인 2일에 동반선기가 돌파를 되돌리면서 매수 신호를 형성했습니다. 이때 전량을 매도한 후 다시 진입을 해야 했습니다.

실전 차트 예제와 설정 329

[실전 차트 10-44] 비에이치아이의 주간차트

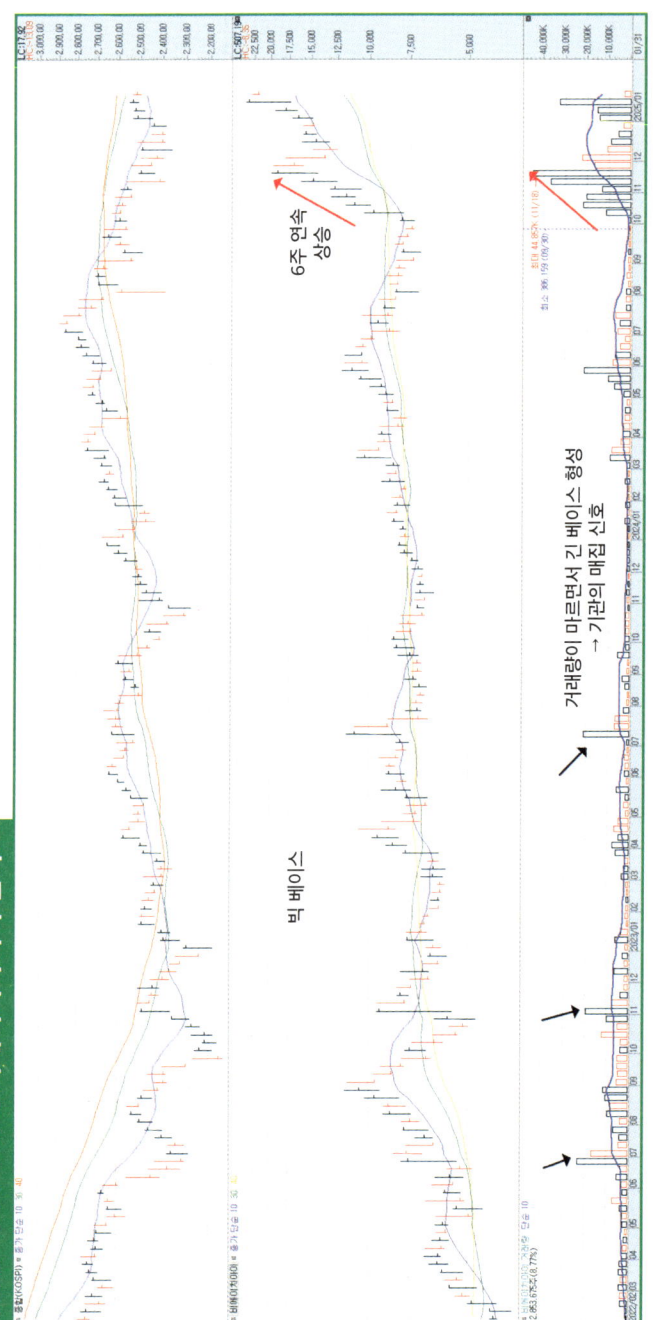

330 Chapter 10

[실전 차트 10-45] 비에이치아이 일간차트

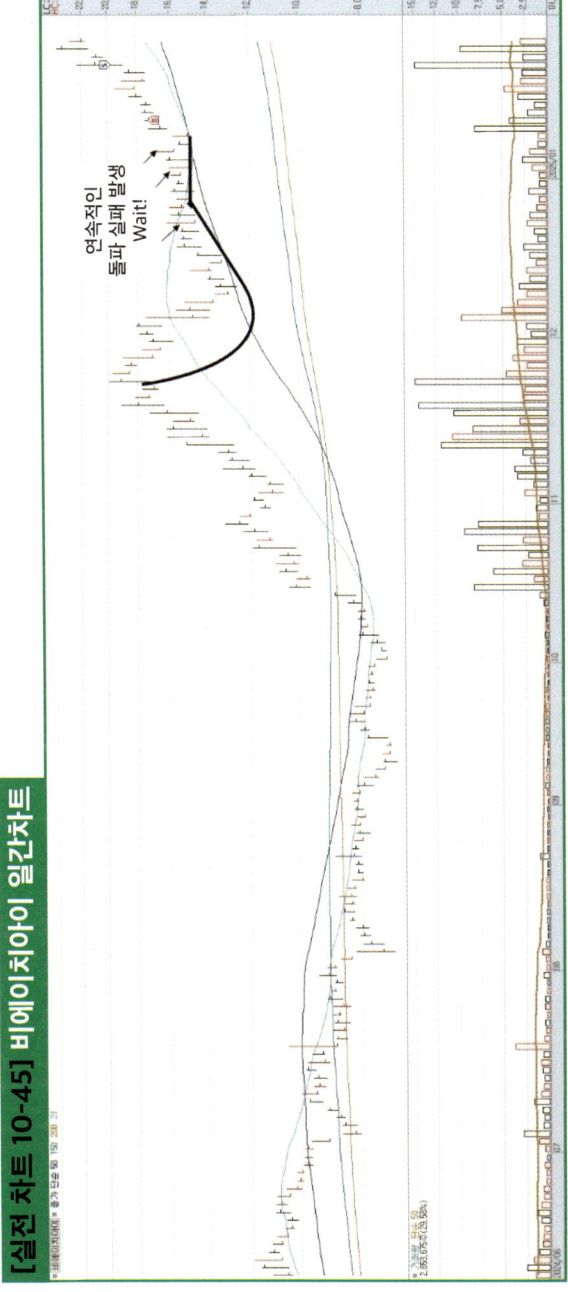

기존의 매물대(Overhead Supplies)가 강력한 경우 돌파 실패(Squats)를 기다리면서 매물대가 약화되었는지 충분히 확인한 후 매수를 진행해야 합니다.

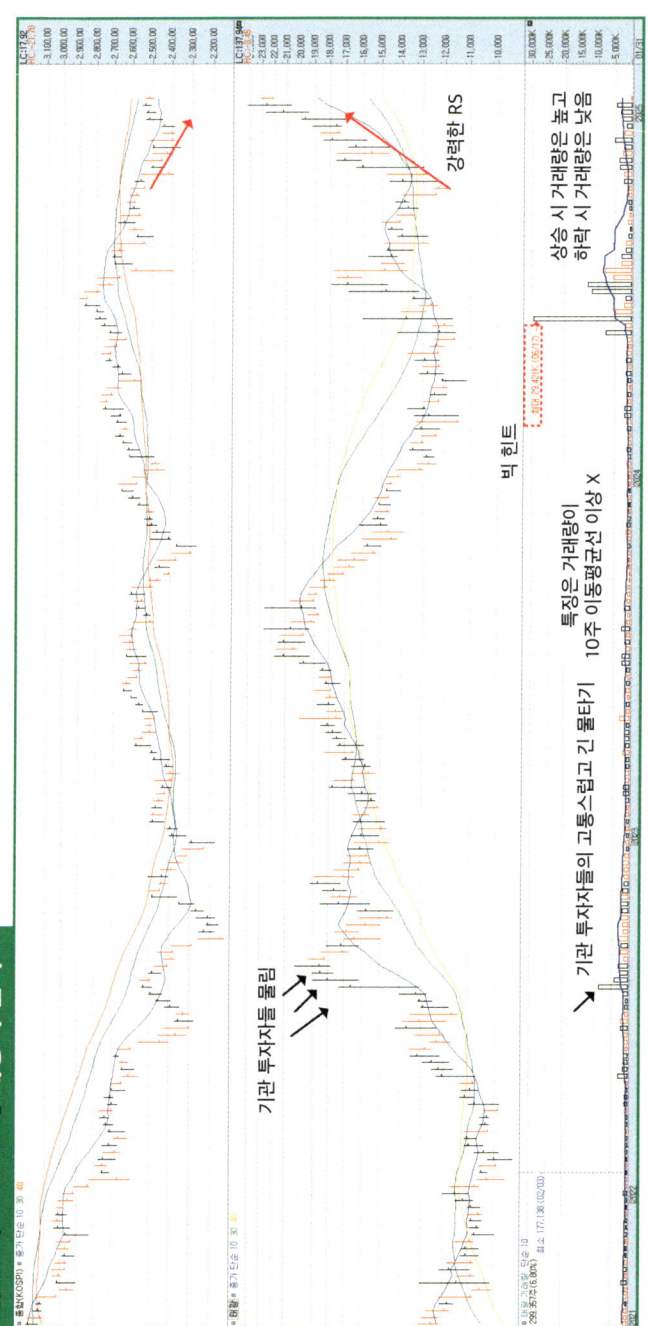

[실전 차트 10-46] 태광 주간차트

Chapter 10

[실전 차트 10-47] 태광 일간차트

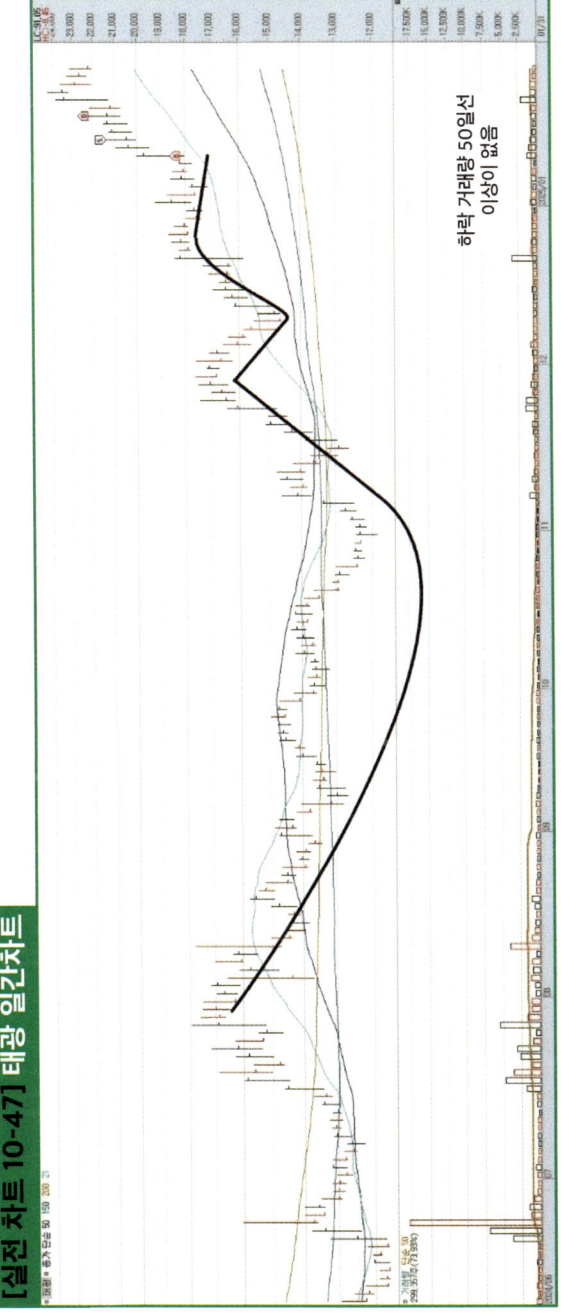

주가가 상승할 때는 거래량이 증가하고 하락할 때는 거래량이 감소해야 합니다. 돌파 후 가격이 상승하면 어느 정도 조정이 발생하기 마련인데, 하락 시 거래량이 50일선을 넘지 않고 있습니다. 리버모어는 이를 정상적인 조정(Normal Reaction)[19]이라고 칭하며 우려하지 않아도 된다고 하였습니다.

---

19 독자의 이해를 돕고자 Reaction을 '반응'이 아닌 '조정'으로 해석함(지은이 주).

실전 차트 예제와 설정 **333**

[실전 차트 10-48] 한화오션 주간차트

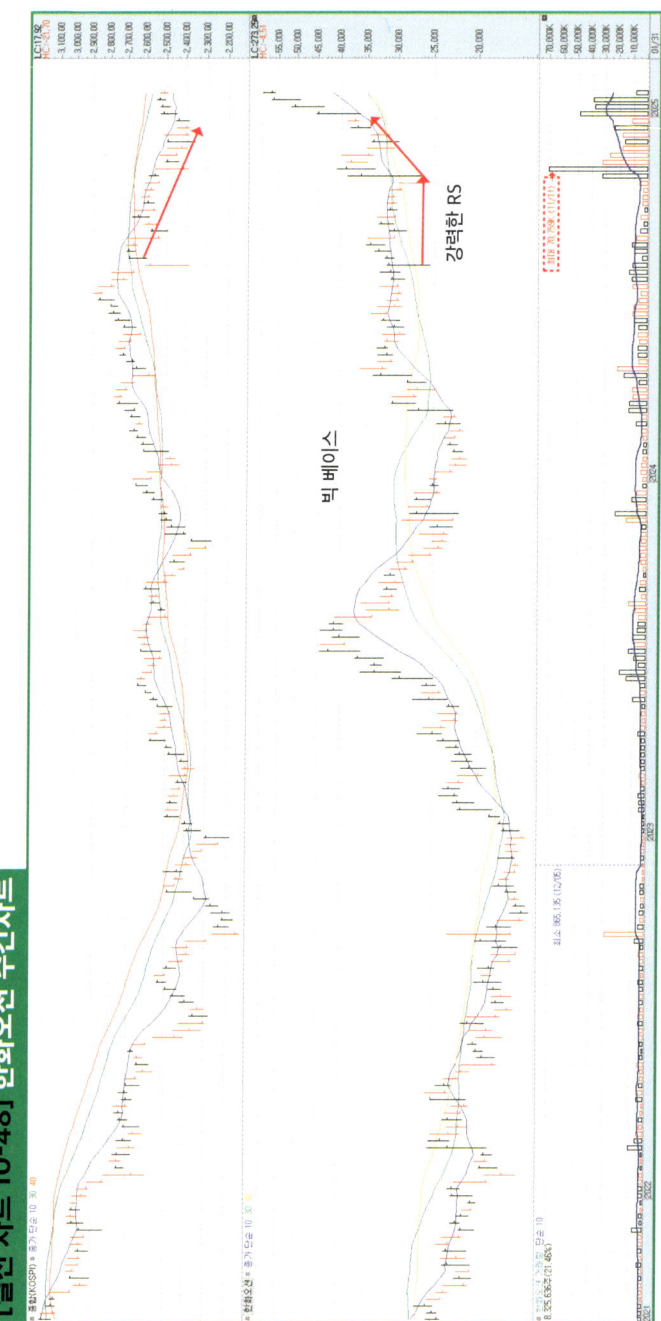

2023년 6월부터 장기간에 걸쳐 빅 베이스가 하락하면 거래량이 마르고, 상승하면 거래량이 폭발적으로 증가하고 있습니다. 특히 차트 우측을 살펴보면 시장이 하락에도 불구하고 주가가 견조하게 버티다가 오히려 상승하는 강력한 RS를 보이고 있습니다.

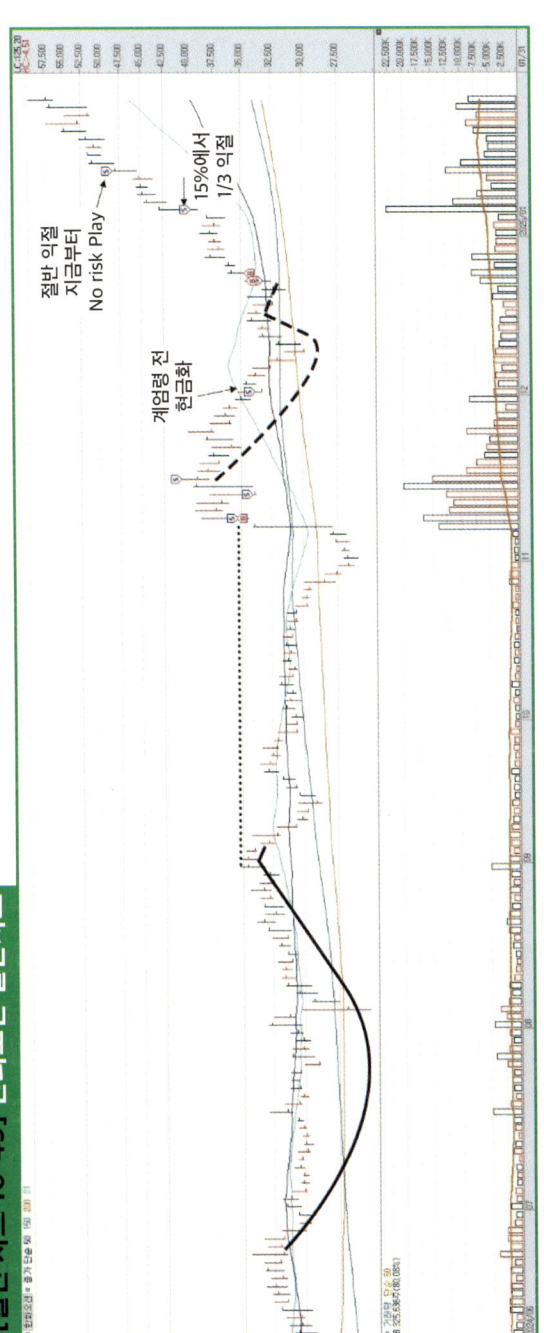

[실전 차트 10-49] 한화오션 일간차트

실전 차트 예제와 설정

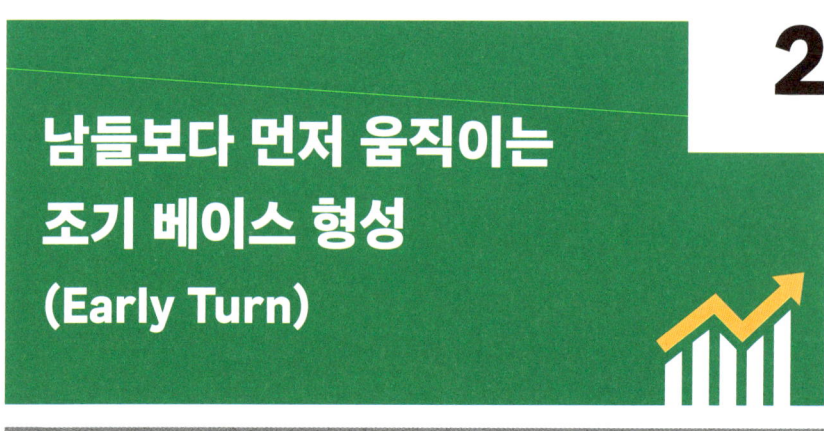

2. 남들보다 먼저 움직이는 조기 베이스 형성 (Early Turn)

마크 미너비니의 체크리스트에서는

1. **피봇(손잡이)이 형성되었을 때 반드시 50일 > 150일 > 200일 이동평균선이 정배열되어야 함.**
2. **200일 이동평균선이 최소 한 달 이상 상향 추세를 보여야 함.**

이라고 명시하고 있지만 모든 법칙에는 예외가 있습니다. 그중 하나가 조기 베이스 형성이죠.

조기 베이스가 형성되려면 몇 가지 특수한 상황이 발생해야 합니다. 이동평균선이 정배열되지 않은 상태에서도 기존 매물대를 뚫을 수 있는 단단한 베이스가 형성되어야 한다는 점입니다. 그러기 위해서는 강력한 베이스가 만들어지기 위한 조건이 필요합니다.

1. **형성 기간이 매우 긴(최소 2~3년) 빅 베이스의 형성**
2. **베이스 형성 기간 중 매물 출회가 없는, 기관 투자자들이 오랫동안 매입하는(물타기) 종목**
3. **여러 번의 주요 지지선들을 붕괴시키는 좋은 흔들기 현상이 몇 차례 발생한 종목**

이 조건들을 모두 갖추면 체크리스트의 예외가 성립됩니다. 실제 예제를 살펴보겠습니다.

[실전 차트 10-50] 쎄트렉아이 주간차트

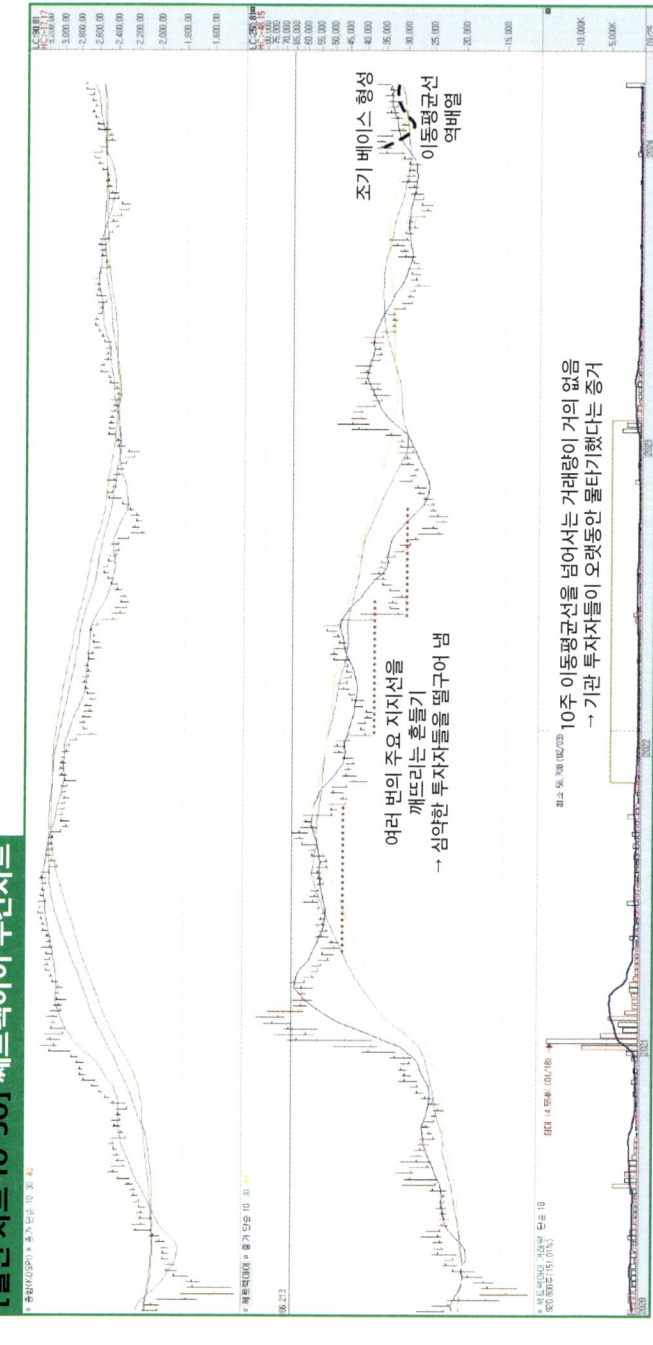

거래량을 동반한 강력한 상승세가 나타난 후 조정이 생기면서 큰 베이스를 형성하였습니다. 가격이 하락하는 동안 거래량은 크지 않은 데, 기관 투자자들이 매도 물량을 내놓지 않고 있다는 뜻입니다. 주요 지지선을 여러 번 깨도 버린 거래량으로 장기간 베이스를 만드는 경우 이동평균선이 정배열(50일 > 150일 > 200일)되지 않아도 손잡이가 만들어지면 돌파 시 매수가 가능합니다.

[실전 차트 10-51] 피스텍 일간차트

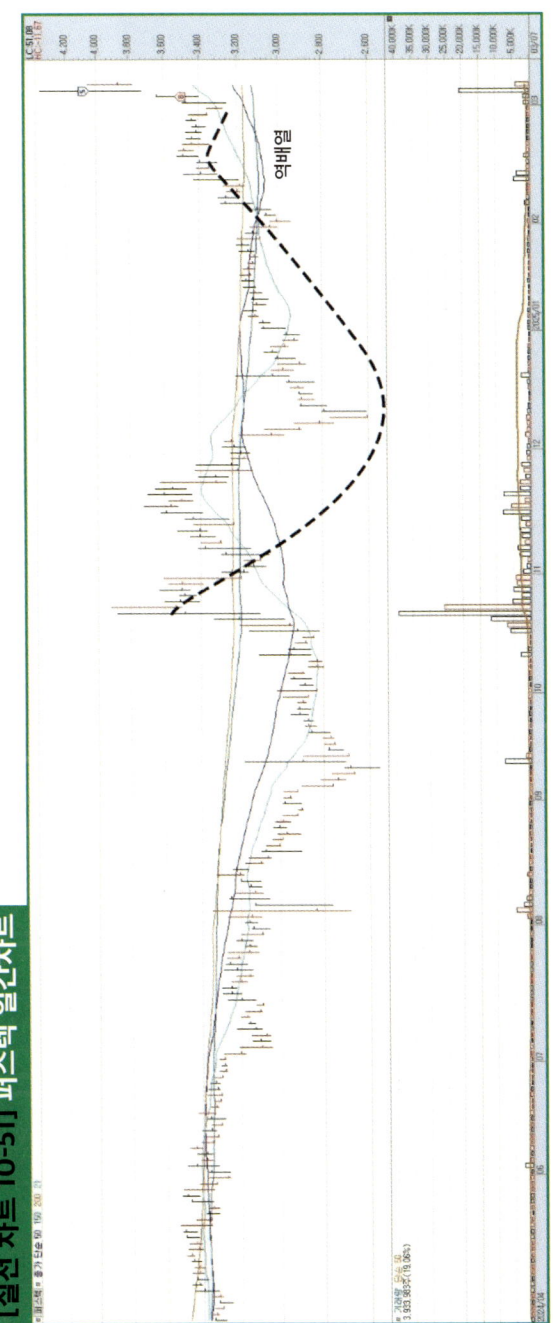

실전 차트 예제와 설정 **339**

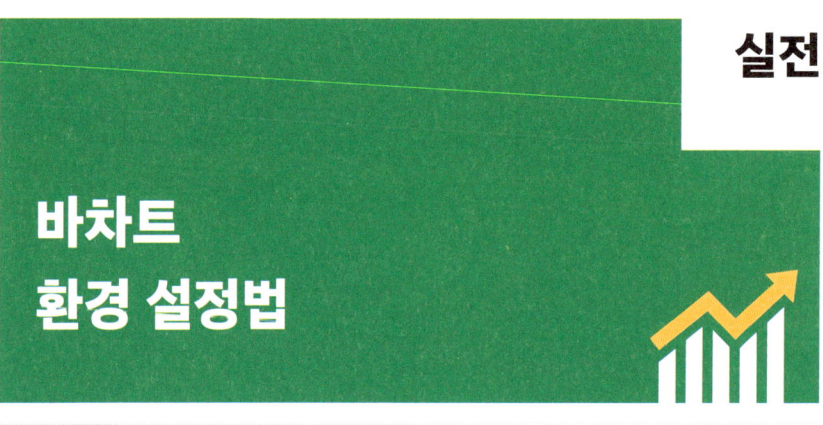

바차트 환경 설정법

이 책은 윌리엄 오닐식 기술적 분석에 기반을 두고 있습니다. 그리고 오닐과 그의 제자들은 대부분 캔들(Candle)차트가 아니라 바(Bar)차트를 사용합니다. 그래서 해당 책에도 우리가 흔히 쓰는 캔들차트가 아니라 바차트를 적용하였습니다.

바차트는 오닐식 기술적 분석에 최적화되어 있는데, 그 이유는 다음과 같습니다.

1. **평평한 베이스(주간차트의 종가 차이가 1% 이내) 파악에 용이함.**

[그림 10-1] 바차트

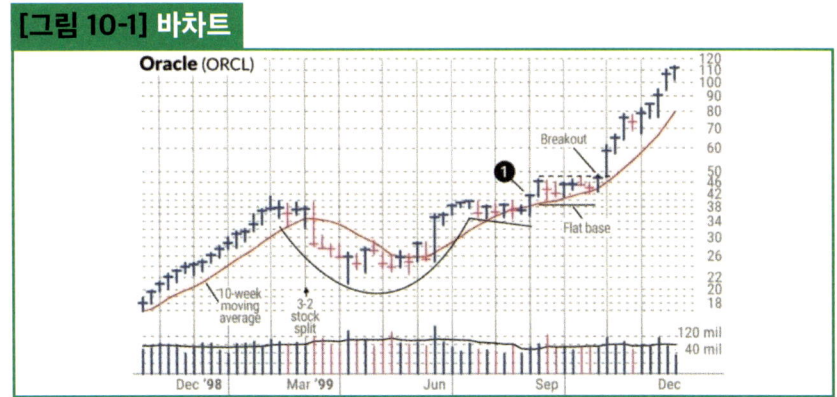

2. 기관 투자자들의 매수 흔적인 타이트 클로즈(주간차트의 종가 차이가 1% 이내)를 포착하기 쉬움.

[그림 10-2] 씨앤씨인터내셔널 주간차트

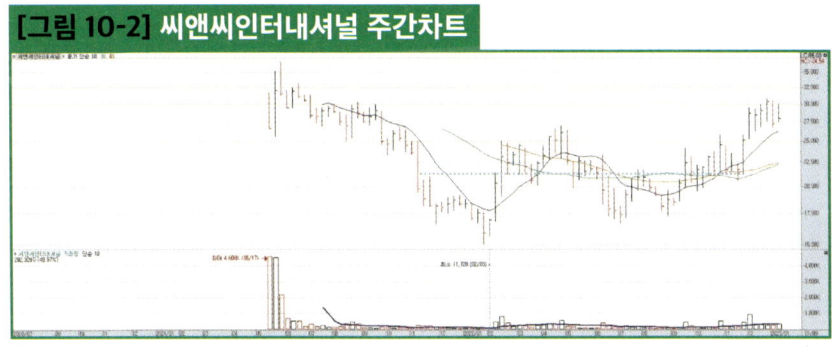

3. 시가는 아마추어, 종가는 프로의 가격이므로 프로들의 결정인 종가의 움직임을 보기 가장 좋은 형태임.

[그림 10-3] 애버크롬비 앤드 피치 주간차트

그렇다면 바차트를 이용해 환경 설정을 해보겠습니다. 프로그램은 키움증권의 영웅문 HTS를 활용하겠습니다.

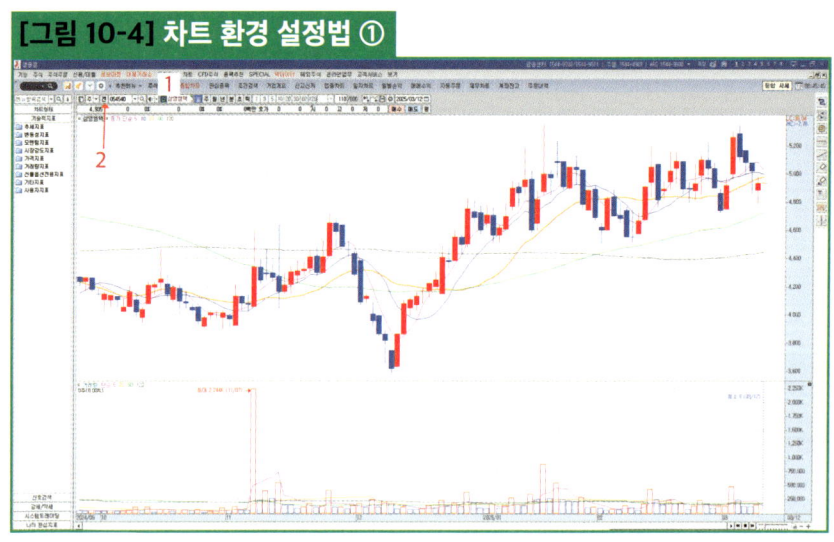

[그림 10-4] 차트 환경 설정법 ①

1 [종합차트] 클릭   2 [전(환)] → [추(가)] 변경

[그림 10-5] 차트 환경 설정법 ②

3 [주(식)] → [업(종)] 변경

[그림 10-6] 차트 환경 설정법 ③

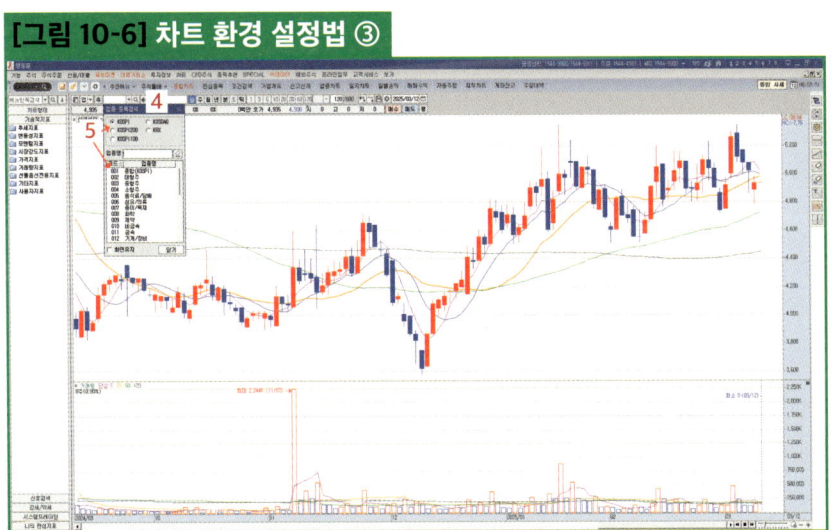

4 돋보기 모양 클릭   5 업종으로 [KOSPI] 선택

[그림 10-7] 차트 환경 설정법 ④

6 이동평균선 숫자를 우클릭 후 [기술적 지표 설정] 선택

[그림 10-8] 차트 환경 설정법 ⑤

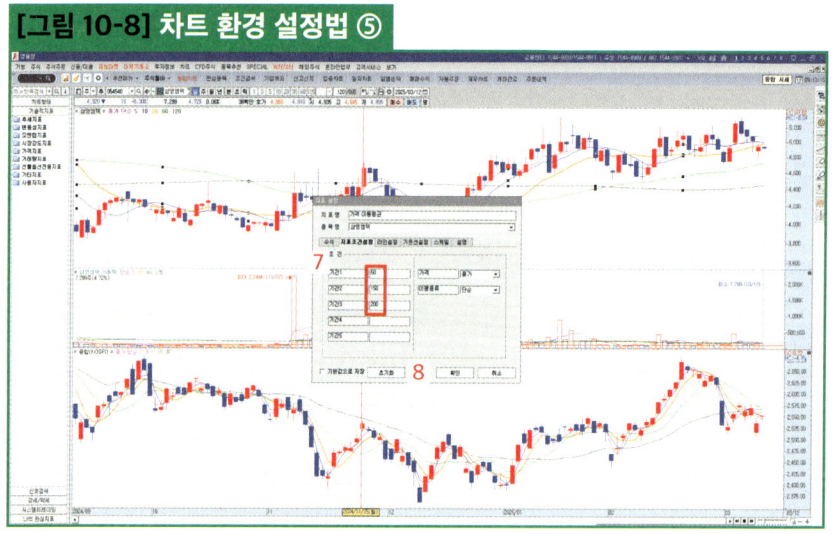

7 [지표 설정]의 [지표조건설정] 탭에서 [조건]을 [기간 1-50], [기간 2-150], [기간3-200] 입력

8 [확인] 클릭

[그림 10-9] 차트 환경 설정법 ⑥

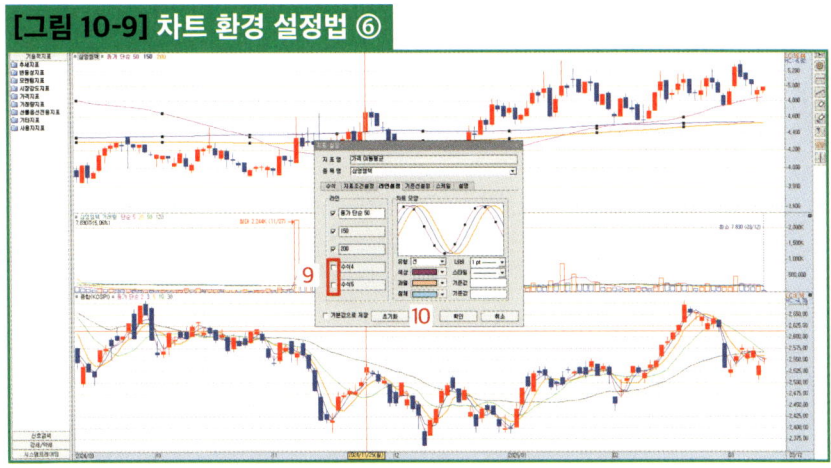

9 [지표 설정]의 [라인설정] 탭에서 [라인]의 [수식 4], [수식 5] 체크 해제

10 [확인] 클릭 → 50일, 150일, 200일 이동평균선만 남음

[그림 10-10] 차트 환경 설정법 ⑦

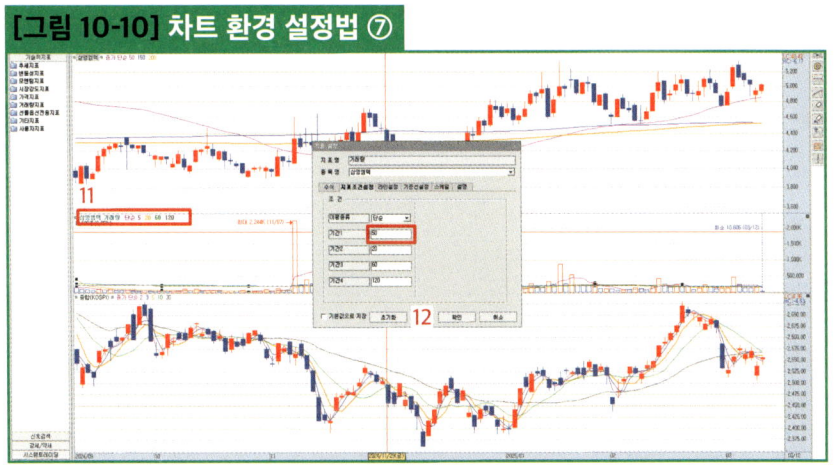

11 거래량 지표를 우클릭 후 [지표 설정]의 [지표조건설정] 탭에서 [기간 1-50] 입력

12 [확인] 클릭

[그림 10-11] 차트 환경 설정법 ⑧

13 [지표 설정]의 [라인설정] 탭에서 [라인]의 세 번째, 네 번째, 다섯 번째 항목 체크 해제
14 [차트 모양]의 [비교기준]에서 [가격차트] 변경   15 [확인] 클릭

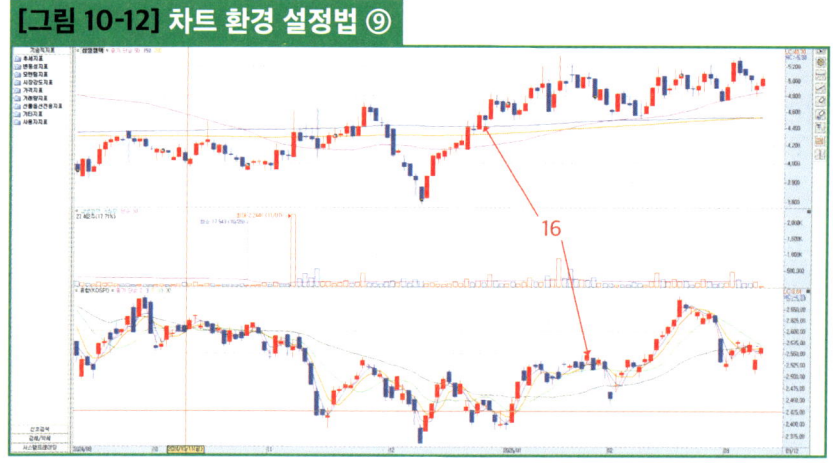

[그림 10-12] 차트 환경 설정법 ⑨

16 차트에서 봉을 선택해 우클릭 후 [로그] 선택 → 로그를 적용시켜야 차트의 왜곡 방지 가능

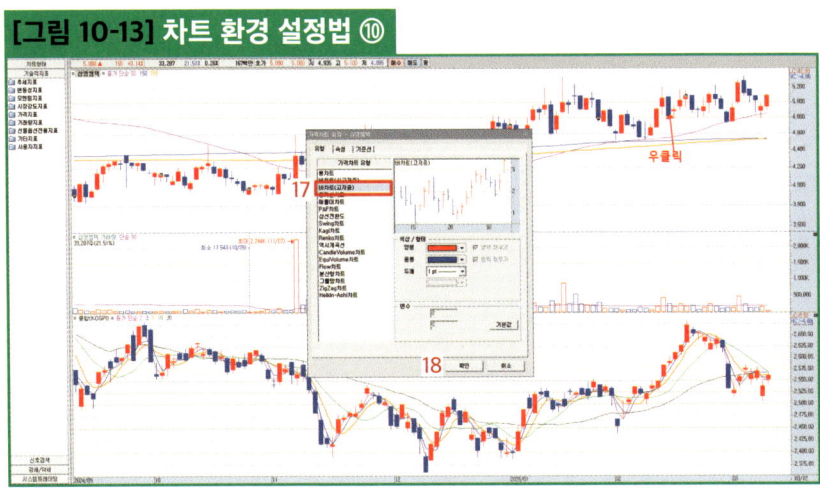

[그림 10-13] 차트 환경 설정법 ⑩

17 차트에서 봉을 선택해 우클릭 후 [가격차트 설정]의 [유형] 탭에서 [바차트(고저종)] 선택

18 [확인] 클릭

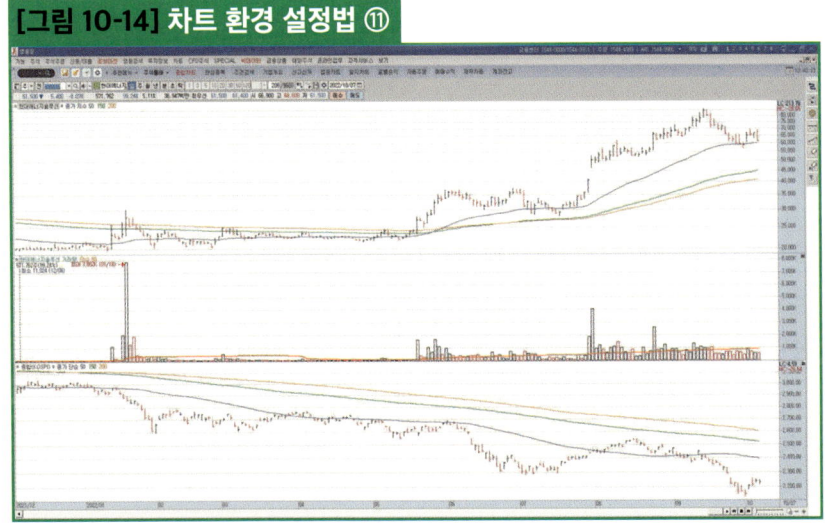

[그림 10-14] 차트 환경 설정법 ⑪

환경 설정을 마친 일간차트의 최종 화면입니다.

[그림 10-15] 차트 환경 설정법 ⑫

환경 설정을 마친 주간차트의 최종 화면입니다. 일간차트를 설정했던 방식대로 재설정하면 됩니다. 이동평균선은 50일, 150일, 200일 선을 주로 환산한 10주, 30주, 40주로 변경합니다.

이레미디어 베스트셀러

마인드셋은 어떻게 투자의 무기가 되는가
마크 미너비니 지음 | 장진영 옮김 | 368쪽 | 21,000원

마크 미너비니가 '31살에 주식 거래로 백만장자가 되고, 1997년에 세계 최고의 주식 트레이더로 발돋움할 수 있었던 비결'이 담겨 있다. 마인드를 바꾸고 싶지만 바꾸지 못해 전전긍긍하는 투자자들에게 저자는 이 책을 통해 '어떻게' 해야 하는지에 대한 명확한 방향을 제시한다.

챔피언처럼 생각하고 거래하라
마크 미너비니 지음 | 송미리 옮김 | 김대현 감수 | 348쪽 | 25,000원

철저하게 규칙에 대한 책이라고 할 수 있다. 저자는 '그가 산 주식이 그가 원하는 대로 움직이지 않으면' 어떻게 대응해야 할지 시나리오별 대응법을 마련해 놓고 있다. 이것이 저자가 꾸준히 수익을 올리는 비결이며, 우리가 책에서 배워야 할 규칙이자 기술이다.

초수익 성장주 투자
마크 미너비니 지음 | 김태훈 옮김 | 김대현 감수 | 400쪽 | 25,000원

'투자의 신'이라 불리는 마크 미너비니의 국내 첫 번역본이다. 마크 미너비니가 말하는 성장주는 재무제표 면에서 확실하게 성장하는 종목이다. 초수익은 운으로 만들어지지 않는다. 마크 미너비니가 공유한 투자법을 통해 모두 차세대 애플, 구글, 스타벅스를 찾길 바란다.

심리투자 법칙
알렉산더 엘더 지음 | 신가을 옮김 | 588쪽 | 27,000원

아마존에서 20여 년 넘게 장기 베스트셀러의 자리를 지킨 책으로, 21년 만에 개정판으로 출간됐다. 이번 전면 개정판은 주가 분석, 트레이딩 계획 수립, 자신의 트레이딩 역량 평가에 대한 새로운 해법을 제시한다. 또한 최신 차트로 모두 변경했고, 규칙과 기법에 관한 명쾌한 해설 역시 첨부했다.

시장의 마법사들

잭 슈웨거 지음 | 임기홍 옮김 | 600쪽 | 26,000원

세계 최고의 트레이더 17인의 인터뷰집이다. 성공한 트레이더는 시장에서 어떤 방법을 사용하였는지, 어떻게 항상 시장에서 높은 수익을 올릴 수 있었는지, 어떤 매매원칙을 고수하였는지, 초기 매매경험은 어떠했는지, 다른 트레이더들에게 어떤 조언을 해 주고 싶었는지를 밝힌다.

새로운 시장의 마법사들

잭 슈웨거 지음 | 오인석 옮김 | 572쪽 | 27,000원

'어떻게 투자에 성공할 것인가?'보다 '어떻게 진정한 투자자가 될 것인가?'에 대한 답을 재미있게 제시한다. 한 치 앞을 내다볼 수 없는 지금의 주식시장 상황이야말로 기본과 원칙으로 돌아가기 위한 최적의 타이밍이다. 그 기본과 원칙으로 돌아가는 해답이 바로 이 책에 있다.

주식에 장기투자하라

제러미 시겔 지음 | 이건 옮김 | 신진오 감수 | 520쪽 | 27,000원

저자는 금융시장이 2008년 금융위기를 겪으면서 어떻게 바뀌었는지, 앞으로 주식투자로 얼마나 수익을 올릴 수 있을지, 장기적으로 경제를 성장시키는 원천은 무엇인지, 환율변동 위험을 헤지해야 하는지 등 투자자들이 투자 과정에서 가장 궁금해하는 질문에 명확한 데이터와 분석으로 답한다.

투자의 미래

제러미 시겔 지음 | 이은주 옮김 | 552쪽 | 22,000원

워런 버핏이 "제러미 시겔의 투자 원칙은 반드시 읽고 배워야 한다!"라고 하며 강력 추천한 책이다. 성장 함정의 실체를 파악하고 대응할 수 있는 전략을 제시하며 투자자가 배당금을 효과적으로 활용할 수 있는 방안을 알려 준다.

전미투자대회 우승자들의 핵심 매매 기법 II
주도섹터 돌파매매 전략

초판 1쇄 발행 2025년 10월 4일
    2쇄 발행 2025년 10월 17일

지은이   김대현
펴낸곳   ㈜이레미디어

전　화   031-908-8516(편집부), 031-919-8511(주문 및 관리)
팩　스   0303-0515-8907
주　소   경기도 파주시 문예로 21, 2층
홈페이지   www.iremedia.co.kr
이메일   ireme@iremedia.co.kr
등　록   제396-2004-35호

편집 장아름, 정서린, 이수희 | **디자인** 윤유정, 이소연 | **마케팅** 장아름
재무총괄 이종미 | **경영지원** 김지선

저작권자 ⓒ 김대현, 2025
이 책의 저작권은 저작권자에게 있습니다. 서면에 의한 허락 없이 내용의 전부 혹은 일부를 인용하거나 발췌하는 것을 금합니다.

ISBN 979-11-93394-79-3 (03320)

- 가격은 뒤표지에 있습니다.
- 잘못된 책은 구입하신 서점에서 교환해드립니다.
- 이 책은 투자 참고용이며, 투자 손실에 대해서는 법적 책임을 지지 않습니다.

당신의 소중한 원고를 기다립니다. ireme@iremedia.co.kr